ŒUVRES
DE
FONTENELLE.

—

TOME CINQUIÈME.

IMPRIMERIE DE HOCQUET,
FAUBOURG MONTMARTRE, N° 4.

OEUVRES
DE
FONTENELLE,

PRÉCÉDÉES

D'UNE NOTICE SUR SA VIE ET SES OUVRAGES.

POÉSIES.

PARIS.
SALMON, LIBRAIRE-ÉDITEUR,
QUAI DES AUGUSTINS, N° 19.

PEYTIEUX, LIBRAIRE,
GALERIE DE LORME, N°ˢ 11 ET 13.

1825.

DESCRIPTION
DE L'EMPIRE DE LA POÉSIE.

MERCURE GALANT, 1678.

Cet empire est un grand pays très peuplé. Il est divisé en haute et basse poésie, comme le sont la plupart de nos provinces.

La haute poésie est habitée par des gens graves, mélancoliques, refrognés, et qui parlent un langage qui est, à l'égard des autres provinces de la poésie, ce qu'est le bas-breton pour le reste de la France. Tous les arbres de la haute poésie portent leurs têtes jusques dans les nues. Les chevaux y valent mieux que ceux qu'on nous amène de Barbarie, puisqu'ils vont plus vite que les vents; et pour peu que les femmes y soient belles, il n'y a plus de comparaison entre elles et le soleil.

Cette grande ville que la carte vous représente au-delà des hautes montagnes que vous voyez, est la capitale de cette province, et s'appelle le *Poème épique*. Elle est bâtie sur une terre sablonneuse et ingrate, qu'on ne se donne presque pas la peine de cultiver. La ville a plusieurs journées de chemin, et elle est d'une étendue ennuyeuse. On trouve toujours à la sortie des gens qui s'entretuent; au lieu que quand on passe par le roman, qui est le faubourg du poème épique, et qui est cependant plus grand que la ville, on ne va jamais jusqu'au bout, sans rencontrer des gens dans la joie, et qui se préparent à se marier.

Les montagnes de la tragédie sont aussi dans la province

de la haute poésie. Ce sont des montagnes escarpées, et où il y a des précipices très dangereux. Aussi la plupart des gens bâtissent dans les vallées, et s'en trouvent bien. On découvre encore sur ces montagnes de fort belles ruines de quelques villes anciennes, et de temps en temps on en apporte les matériaux dans les vallons pour en faire des villes toutes nouvelles ; car on ne bâtit presque plus si haut.

La basse poésie tient beaucoup des Pays-Bas ; ce ne sont que marécages. Le burlesque en est la capitale. C'est une ville située dans des étangs très bourbeux. Les princes y parlent comme des gens de néant, et tous les habitans en sont tabarins nés.

La comédie est une ville dont la situation est beaucoup plus agréable ; mais elle est trop voisine du burlesque, et le commerce qu'elle a avec cette ville lui fait tort.

Remarquez, je vous prie, dans cette carte, les vastes solitudes qui sont entre la haute et la basse poésie. On les appelle les déserts du bon sens. Il n'y a point de ville dans cette grande étendue de pays, mais seulement quelques cabanes assez éloignées les unes des autres. Le dedans du pays est beau et fertile ; mais il ne faut pas s'étonner de ce qu'il y a si peu de gens qui s'avisent d'y aller demeurer ; c'est que l'entrée en est extrêmement rude de tous côtés, les chemins étroits et difficiles, et on trouve rarement des guides qui puissent y servir de conducteurs.

D'ailleurs, ce pays confine avec une province où tout le monde s'arrête, parce qu'elle paraît très agréable, et on ne se met plus en peine de pénétrer jusques dans les déserts du bon sens. C'est la province des pensées fausses. On n'y marche que sur les fleurs ; tout y rit, tout y paraît enchanté : mais ce qu'il y a d'incommode, c'est que la terre n'en étant pas solide, on y enfonce partout, et on n'y saurait tenir pied. L'élégie en est la principale ville : on n'y entend que des gens plaintifs ; mais on dirait qu'ils se jouent en se plaignant. La ville est toute environnée de bois et de rochers, où les habitans vont se promener seuls ; ils les prennent pour confidens de tous leurs secrets ; et ils ont tant de peur d'être trahis, qu'ils leur recommandent souvent le silence.

Deux rivières arrosent le pays de la poésie. L'une est la rivière de la rime, qui prend sa source au pied des montagnes de la rêverie. Ces montagnes ont quelques pointes si élevées, qu'elles donnent presque dans les nues. On les appelle les *pointes des pensées sublimes*. Plusieurs y arrivent à force d'efforts surnaturels : mais on en voit tomber une infinité, qui sont long-temps à se relever, et dont la chute attire la raillerie de ceux qui les ont d'abord admirés sans les connaître. Il y a de grandes esplanades qu'on trouve presque au pied de ces montagnes, et qui sont nommés les *terrasses des pensées basses*. On y voit toujours un fort grand nombre de gens qui se promènent. Au bout de ces terrasses, sont les cavernes des rêveries creuses. Ceux qui y descendent le font insensiblement, et s'ensevelissent si fort dans leurs rêveries, qu'ils se trouvent dans ces cavernes sans y penser. Elles sont pleines de détours qui les embarrassent, et on ne saurait croire la peine qu'ils se donnent pour en sortir. Sur ces mêmes terrasses sont certaines gens qui, ne se promenant que dans des chemins faciles, qu'on appelle *chemins des pensées naturelles*, se moquent également, et de ceux qui veulent monter aux pointes des pensées sublimes, et de ceux qui s'arrêtent sur l'esplanade des pensées basses. Ils auraient raison, s'ils pouvaient ne point s'écarter : mais ils succombent presque aussitôt à la tentation d'entrer dans un palais fort brillant, qui n'est pas bien éloigné : c'est celui de la badinerie. A peine y est-on entré, qu'au lieu de pensées naturelles qu'on avait d'abord, on n'en a plus que de rampantes. Ainsi, ceux qui n'abandonnent point les chemins faciles, sont les plus raisonnables de tous. Ils ne s'élèvent qu'autant qu'il faut, et le bon sens se trouve toujours dans leurs pensées.

Outre la rivière de la rime, qui naît au pied des montagnes dont je viens de faire la description, il y en a une autre nommée la *rivière de la raison*. Ces deux rivières sont assez éloignées l'une de l'autre; et comme elles ont un cours très différent, on ne les saurait communiquer que par des canaux qui demandent un fort grand travail; encore ne peut-on pas tirer ces canaux de communication en tout lieu, parce qu'il n'y a qu'un bout de la rivière de la rime qui réponde à celle de la raison ; et de là vient que plusieurs villes situées sur la rime, comme le virelai, la ballade et le chant royal, ne peuvent avoir aucun commerce avec la raison, quelque peine qu'on y puisse prendre. De plus, il faut que ces canaux passent par les déserts du bon sens, comme vous le voyez par la carte, et c'est un pays presque inconnu. La rime est une grande rivière dont le cours est fort tortueux et inégal, et elle fait des sauts très dangereux pour ceux qui se hasardent à y naviguer. Au contraire, le cours de la rivière de la raison est fort égal et fort droit; mais c'est une rivière qui ne porte pas toutes sortes de vaisseaux.

Il y a dans le pays de la poésie une forêt très obscure, et où les rayons du soleil n'entrent jamais. C'est la forêt du galimatias. Les arbres en sont épais, touffus, et tous entrelacés les uns dans les autres. La forêt est si ancienne, qu'on s'est fait une espèce de religion de ne point toucher à ses arbres; et il n'y a pas d'apparence qu'on ose jamais la défricher. On s'y égare aussitôt qu'on y a fait quelques pas, et on ne saurait croire qu'on se soit égaré. Elle est pleine d'une infinité de labyrinthes imperceptibles, dont il n'y a personne qui puisse sortir. C'est dans cette forêt que se perd la rivière de la raison.

La grande province de l'imitation est fort stérile, et ne produit rien. Les habitans y sont très pauvres, et vont glaner dans les campagnes de leurs voisins. Il y en a quelques uns qui s'enrichissent à ce métier là.

La poésie est très froide du côté du septentrion, et par conséquent ce sont les pays les plus peuplés. Là, sont les villes de l'acrostiche, de l'anagramme et des bouts-rimés.

Enfin dans cette mer, qui borne d'un côté les états de la poésie, est l'île de la satire, toute environnée de flots amers. On y trouve bien des salines, et principalement du sel noir. La plupart des ruisseaux de cette île ressemblent au Nil. La source en est inconnue : mais ce qu'on y remarque de particulier, c'est qu'il n'y en a pas un d'eau douce.

Une partie de la même mer s'appelle l'*Archipel des Bagatelles*. Ce sont quantité de petites îles semées de côté et d'autre, où il semble que la nature se joue comme elle fait dans la mer Égée. Les principales sont les îles des madrigaux, des chansons, des impromptus. On peut dire qu'il n'y a rien de plus léger, puisqu'elles flottent toutes sur les eaux[1].

---

[1] Dans le *Mercure Galant* cet article est accompagné d'une carte géographique.

SUR LA POÉSIE
EN GÉNÉRAL.

AVERTISSEMENT.

En lisant ce petit traité, on trouvera peut-être mauvais que j'aille jusqu'à de certaines idées plus métaphysiques, plus abstraites qu'on ne l'eût cru nécessaire. Cela pourrait bien être, absolument parlant : mais j'ai eu en vue de répondre à de certains reproches faits à de la Motte, d'être plus philosophe que poète, d'avoir plus de pensées que d'images, etc. J'espère que l'on approuvera du moins mon zèle pour un homme en qui j'ai vu un génie propre à tout, et les mœurs les plus estimables et les plus aimables, assemblage rare et précieux.

SUR LA POÉSIE
EN GÉNÉRAL.

Toute poésie ajoute aux règles générales de la langue d'un peuple de certaines règles particulières qui la rendent plus difficile à parler. Cela suppose déjà qu'une langue soit assez formée par elle-même, qu'elle ait des règles, et assez de règles assez établies chez tout un peuple pour porter cette nouvelle addition.

Mais pourquoi l'addition? pourquoi s'imposer des contraintes inutiles? Car les hommes s'entendaient très bien; et il est certain qu'ils ne s'entendront pas mieux.

On a inventé la poésie pour le plaisir, direz-vous; elle en fait un bien avéré et bien incontestable. Je conviens qu'il l'est; mais on ne le connaît pas avant qu'elle soit inventée, et on ne recherche pas un plaisir absolument inconnu. Toute invention humaine a sa première origine, ou dans un besoin actuellement senti, ou dans quelque hasard heureux qui a découvert une utilité imprévue.

Je n'imagine guère pour origine de la poésie, que les lois ou le chant, deux choses cependant d'une nature extrêmement différente. On ne savait point encore écrire, et on voulut que certaines lois en petit nombre, et fort essentielles à la société, fussent gravées dans la mémoire des hommes, et d'une manière uniforme et invariable : pour cela, on s'avisa de ne les exprimer que par des mots assujétis à de certains retours réglés, à de certains nombres de syllabes, etc.; ce qui effectivement donnait plus de prise à la mémoire, et empêchait en même temps que différentes personnes ne rendissent le même texte différemment. J'ai vu dans des cathéchismes d'enfans le décalogue mis en vers, qui commence par

> Un seul Dieu tu adoreras
> Et aimeras parfaitement,

et tout le reste allant de suite sur ces deux mêmes rimes. L'intention de l'auteur de ces deux vers là est bien évidente, et peut être ne lui manque-t-il, pour ressembler parfaitement aux premiers inventeurs de la poésie, qu'une poésie encore plus grossière.

Une réflexion peut encore confirmer ce petit système. La prose est constamment le langage naturel, et la poésie n'en est qu'un artificiel. Quand on a eu découvert l'art d'écrire, on devait donc écrire plutôt en prose qu'en vers; c'est précisément le contraire, du moins chez les Grecs, ce qui suffit ici. Ils ont écrit en vers long-temps avant que d'écrire en prose; et il semblerait que la prose n'eût été qu'un raffinement imaginé après les vers, et dont ils eussent été le fondement. D'où a pu venir ce renversement d'ordre si surprenant et si bizarre? C'est qu'avant l'art de l'écriture, on avait mis les lois en vers pour les faire mieux retenir; que quand on a su écrire, on n'écrivit encore que ce qui devait être retenu, quelques préceptes, quelques proverbes; et enfin, quand on en vint à des ouvrages, ou trop étendus, ou moins nécessaires, dont on ne pouvait pas espérer que la mémoire des hommes se chargeât, et qui auraient même coûté trop de travail aux auteurs, il fallut se résoudre à la simple prose.

D'un autre côté, il n'est pas moins vraisemblable que le chant ait donné naissance à la poésie. On aura chanté à l'imitation des oiseaux, de ceux surtout qui nous plaisent tant par des espèces de chansons qui ont un peu de durée, et une légère apparence de suite. On se sera aperçu, en les contrefaisant, que les différens tons que l'on prenait pouvaient avoir plus de suite entre eux que les oiseaux ne leur en donnaient, que même ils en avaient quelqu'une, etc.; car, après cela, je laisse le reste à imaginer : il ne s'agit ici que de saisir de premiers commencemens si minces et si déliés, qu'ils ne donnent presque pas de prise. Dès que le chant a été tant soit peu réglé, il a été très naturel d'y mettre des paroles, qui, par conséquent, ont dû s'y assujétir et en être les esclaves; et voilà les vers.

Avec le temps on vint à reconnaître que les vers, quoique dépouillés du chant, plaisaient plus, du moins aux oreilles fines, que les simples discours communs; et en effet, ils devaient conserver toujours, de leur première formation, quelque égalité de mesures, quelques cadences, je ne sais quoi, qui, par sa seule singularité, aurait été un agrément. On suivit cette faible ouverture, et l'on s'avisa d'imposer à des discours qui ne seraient pas faits sur un chant, autant et même plus de contrainte que le chant n'en avait exigé; enfin, une contrainte qui leur fût particulière. Le succès en fut heureux; il n'empêcha pas que des vers faits indépendamment du chant, ne pussent être revêtus d'un chant: au contraire, et peut-être par respect pour leur première origine, ils étaient tous destinés à recevoir un chant, quel qu'il fût : mais il se fit une espèce de révolution : le chant dont ils avaient d'abord été les esclaves, devint à son tour le leur dans la plupart des occasions.

Les deux origines que nous donnons ici à la poésie, ne s'excluent nullement l'une l'autre; elles ont fort bien pu se trouver ensemble. Seulement il paraît que celle qui n'est mise ici que la seconde, a dû précéder la première; quelques particuliers ont pu chanter avant que l'on songeât en corps à s'imposer des lois, et même le chant a pu servir à l'établissement des lois. Amphion et Orphée sont peut-être devenues législateurs, parce qu'ils étaient chantres. Les deux origines de la poésie supposent des langues suffisamment formées, et par conséquent des peuples sortis de la première barbarie, et parvenus à un certain degré d'esprit.

Les deux origines n'ont point un effet nécessaire ; il est fort possible qu'il y ait des lois et du chant sans poésie ; ce serait une peine inutile que de s'étendre sur tous ces points là.

Nous ne connaissons point de poètes chez les anciens Egyptiens ni Chaldéens : qu'il y en ait eu chez les Hébreux., c'est une question. Tenons-nous-en aux Grecs, chez qui Homère a été, non pas le premier poète, mais fort ancien ; et en effet, si cela était en question, ses beautés et ses défauts prouveraient suffisamment l'un et l'autre.

Quand la poésie fut née, la nouveauté de ce langage, jointe au petit nombre de ceux qui surent le parler, causa une grande admiration au reste des hommes ; admiration bien supérieure à celle que nous avons aujourd'hui pour les plus excellens dans le même art.

Ces premiers poètes n'eurent qu'à se porter pour inspirés par les dieux, pour envoyés des dieux, pour enfans des dieux ; on les en crut, si ce n'est peut-être que quelques esprits nés philosophes, quoique dans un siècle barbare, se contentèrent de se taire par respect.

La gêne, qui fait l'essence et le mérite brillant de la poésie, ne fut pas grande dans les premiers temps. On allongeait les mots, on les accourcissait, on les coupait par la moitié, on choisissait entre les différens dialectes d'une même langue ceux qu'on voulait, tantôt les uns, tantôt les autres, tout cela selon le besoin du vers. Les poètes s'aperçurent peut-être que l'excessive indulgence qu'on avait pour eux nuirait à leur gloire, et qu'ils en seraient moins les enfans des dieux, tout au moins que leur art serait trop facile; et ils se portèrent d'eux-mêmes à se renfermer, par degrés, dans des prisons toujours plus étroites. Il est vrai aussi que la simple raison était trop choquée des licences effrénées d'Homère, et qu'il n'était guère possible qu'on ne vînt avec le temps à s'en dégoûter.

La nécessité indispensable du discours ordinaire aurait souvent produit des métaphores. Mais la nécessité volontaire de la poésie en produisit encore davantage, et de plus hardies, de plus vives; et peut-être servit-elle quelquefois de prétexte à en hasarder de téméraires qui réussirent : on en peut dire autant de toutes les grandes figures du discours. D'ailleurs, cette bizarre multitude de dieux enfantés par les imaginations grossières de peuples très ignorans, fut bien vite adoptée par les imaginations des poètes qui en tiraient de grands avantages. Leur langage, déjà merveilleux par sa singularité, le devenait encore beaucoup plus par celle de tout ce qu'ils étaient en droit d'attribuer aux dieux. L'abus fut général, et tel que la simple nature disparut presque entière, et qu'il ne resta plus que du divin. Il faut avouer cependant que tout ce divin poétique et fabuleux est si bien proportionné aux hommes, que nous qui le connaissons parfaitement pour ce qu'il est, nous le recevons encore aujourd'hui avec plaisir, et nous lui laissons exercer sur nous presque tout son ancien empire, nous retombons aisément en enfance.

Par tout ce qui a été dit, on entrevoit déjà quelles sont les causes du charme de la poésie. Indépendamment du fond des sujets qu'elle traite, elle plaît à l'oreille par son discours mesuré, et par une espèce de musique, quoique assez imparfaite : et qui sait si ce n'est pas elle qui a averti les orateurs attentifs à la perfection de leur art, de mettre aussi une certaine harmonie dans leurs discours? tant l'oreille, l'oreille seule, mérite qu'on ait d'égard pour elle!

Au plaisir que lui font les vers par la régularité des mouvemens dont elle est frappée, il se joint un autre plaisir causé par le premier, et qui par conséquent n'a pas si immédiatement sa source dans un organe corporel : l'esprit est agréablement surpris que le poète, gêné comme il l'était dans la manière de s'exprimer, ait pu s'exprimer bien. Il est visible que cette surprise est d'autant plus agréable que la gêne de l'expression a été plus grande, et l'expression plus parfaite : ce n'est pas que l'esprit fasse à chaque instant cette réflexion en forme ; c'est une réflexion secrète en quelque sorte, parce qu'elle se répand également et uniformément sur l'impression totale que produit un ouvrage de poésie, et par là se fait moins sentir ; seulement en quelques endroits plus marqués elle sort, et se détache du total bien développé.

Sur ce principe, la plupart de nos poètes modernes auraient grand tort de se relâcher sur la rime, comme ils font malgré l'exemple contraire de tous leurs prédécesseurs. Si la difficulté vaincue fait un mérite à la poésie, certainement la difficulté retranchée ou fort diminuée ne lui en fera pas un ; et si la contrainte lui est nécessaire pour la distinguer de la prose, et lui donner droit de s'élever au-dessus d'elle, n'est-ce pas la dégrader que de la rapprocher de ce qu'elle méprisait? Mais cet article ne mérite pas d'être traité plus solidement ni plus à fond ; c'est au public à voir s'il veut donner ses louanges à un prix plus bas qu'il ne faisait. Les poètes ont raison de tâcher d'obtenir de lui cette grâce ; mais il aura encore plus de raison de la refuser.

Le plaisir que la difficulté vaincue fait à l'esprit, n'est pas comparable à celui qu'il reçoit des grandes images qui lui sont présentées par la poésie. Nous avons déjà parlé de tout ce merveilleux, de tout ce divin, dont elle a fait son partage, son domaine particulier : notre éducation nous a tellement familiarisés avec les dieux d'Homère, de Virgile, d'Ovide, qu'à cet égard nous sommes presque nés païens. Il y a plusieurs exemples de poètes fameux qui, au milieu du christianisme et dans des sujets chrétiens, ont employé sérieusement les dieux du paganisme, soit qu'ils ne se soient pas aperçus de la fougue trop violente de leur imagination, soit qu'ils aient cru pouvoir racheter l'absurdité par l'agrément. Quand un sujet a pu, par ses circonstances particulières, permettre le mélange du paganisme et du christianisme, on s'est trouvé fort heureux.

Aux images fabuleuses sont opposées les images purement réelles d'une tempête, d'une bataille, etc., sans l'intervention d'aucune divinité. Il s'agit maintenant de savoir lesquelles conviennent le mieux à la poésie, ou si elles lui conviennent également les unes et les autres. J'entends tous les poètes, et même je crois tous les gens de lettres, s'écrier d'une commune voix, qu'il n'y a pas là de question. *Les images fabuleuses l'emportent infiniment sur vos réelles.* J'avoue cependant que j'en doute. Examinons, supposé néanmoins qu'il nous soit permis d'examiner.

Je lis une tempête décrite en très beaux vers; il n'y manque rien de tout ce qu'ont pu voir, de tout ce qu'ont pu ressentir ceux qui l'ont essuyée; mais il y manque Neptune en courroux avec son trident. En bonne foi, m'aviserai-je de le regretter, ou aurais-je tort de ne pas m'en aviser? Qu'eût-il fait là de plus que ce que j'ai vu? Je le défie de lever les eaux plus haut qu'elles ne l'ont été, de répandre plus d'horreur dans ce malheureux vaisseau, et ainsi de tout le reste ; la réalité seule a tout épuisé.

Qu'on se souvienne de la magnifique description des horreurs du triumvirat dans Cinna, et surtout de ces deux vers :

> Le fils tout dégoûtant du meurtre de son père,
> Et sa tête à la main demandant son salaire.

Voilà une image toute réelle. Y désireriez-vous une Erynnis, une Tisiphone, qui menât ce détestable fils aux triumvirs ? Non, sans doute. L'image est même d'autant plus forte, qu'on voit ce fils possédé de la seule avidité du salaire ; une furie, personnage étranger et puissant, le justifierait en quelque sorte.

Horace, dans son art poétique, défend qu'on représente sur le théâtre les métamorphoses de Prognée en oiseau, et de Cadmus en serpent; et cela, dit-il, parce qu'il hait ces choses là, qu'il ne croit point : *Incredulus odi*. Il parle au nom du peuple, du commun des hommes, puisqu'il s'agit de spectacles. Si le peuple de son temps, sans comparaison plus nourri que nous de fables poétiques, plus intimement abreuvé de mythologie, résistait pourtant à la représentation des métamorphoses, à cause de son incrédulité, notre siècle en a-t-il moins aujourd'hui pour la mythologie entière ?

Un grand défaut des images fabuleuses, qui viendra, si l'on veut, de leur excellence, c'est d'être extrêmement usées. Le fond, si l'on y prend garde, en est assez borné; et il est difficile que les plus grands poètes en fassent un autre usage plus ingénieux que les médiocres : aussi je crois remarquer que ce sont ceux-ci qui en ornent le plus leurs ouvrages; ils croient quasi que c'est leur imagination échauffée d'un feu divin qui enfante Jupiter lançant la foudre, et Neptune bouleversant les élémens.

Quoi qu'il en soit, la mythologie est un trésor si commun, que les richesses que nous y prendrons désormais ne pourrons pas nous faire beaucoup d'honneur. A ce sujet, je ne puis m'empêcher de faire ici une réflexion très légère, et qui n'en vaut peut-être pas la peine. Dans des ouvrages qui se prétendent dictés par l'enthousiasme, il est très ordinaire d'y trouver : *Que vois-je ? où suis-je ? qu'entends-je ?* qui annoncent toujours de grandes choses. Non-seulement cela est trop usé et déchu de sa noblesse par le fréquent usage; mais il me paraît singulier que l'enthousiasme se fasse une espèce de formulaire réglé comme un acte judiciaire.

Quand on saura employer, d'une manière nouvelle, les images fabuleuses, il est sûr qu'elles feront un grand effet. Par exemple, le P. le Moine, dans son poème de Saint-Louis, aujourd'hui très peu connu, dit, en parlant des vêpres Siciliennes :

> Quand du Gibel ardent les noires Euménides
> Sonneront de leur cor ces vêpres homicides.

Voilà un tableau poétique aussi neuf, et produit par un enthousiasme aussi vif qu'il soit possible. Je sais bien que les Euménides et les vêpres ne sont pas du même siècle : mais supposez que dans la Sicile ancienne on célébrait des jeux publics annoncés par des trompettes, où l'on fit un carnage affreux de tous les spectateurs, et lisez ainsi ces deux vers :

> Quand du Gibel ardent les noires Euménides
> Annonçaient de leur cor ces fêtes homicides.

L'image sera, ce me semble, de la plus grande beauté.

Il était bien aisé, même à de grands poètes, de ne la pas trouver.

Tout ce qui vient d'être dit ne va qu'à porter quelque atteinte aux images fabuleuses, quand elles sont ou inutiles ou trop triviales : hors de là, il est indubitable qu'elles doivent très bien réussir. Mais si on a la curiosité, peut-être un peu superflue, de les comparer aux images réelles, lesquelles sont à préférer par elles-mêmes, on dit à l'avantage des fabuleuses, qu'elles animent tout, qu'elles mettent de la vie dans tout cet univers : j'en conviens ; mais les grandes figures d'un discours noble et élevé n'y en mettent-elles pas aussi, sans avoir besoin de ces divinités qui tombent de vieillesse ? Notre sublime consistera-t-il toujours à rentrer dans les idées des plus anciens Grecs encore sauvages ? Il est vrai cependant que comme nous avons une facilité presque honteuse d'y rentrer, et que cette facilité même les rend agréables, les poètes ne doivent pas s'en priver ; seulement il me semble que s'ils les emploient trop fréquemment, ils ne sont guère en droit d'aspirer à la gloire d'esprits originaux. Ce qui a pu passer autrefois pour une inspiration surnaturelle, n'est plus aujourd'hui qu'une répétition dont tout le monde est capable. D'ailleurs, on ne ferait pas mal d'avoir un peu d'égard pour l'incrédulité d'Horace.

Il y a des images demi-fabuleuses, pour ainsi dire, dont cette incrédulité ne serait point blessée : telles sont la gloire, la renommée, la mort. Je me souviens d'avoir vu ces vers sur ce que le feu roi n'avait pas voulu être harangué par les compagnies de justice et par l'académie française, dans une occasion qui cependant en était bien digne :

Aux Muses, à Thémis la bouche fut fermée.
Mais dans les vastes airs la libre Renommée

S'échappa, publiant un éloge interdit.
Avide et curieux, l'univers l'entendit ;
Les Muses et Thémis furent en vain muettes,
Elle les en vengea par toutes ses trompettes [1].

Voilà du moins, à ce qu'il me semble, les images demi-fabuleuses et suffisamment fabuleuses, toutes fort anciennes, mises en œuvre d'une manière et assez nouvelle et assez heureuse.

Cette âme, qu'on veut que les divinités répandent partout, y sera également répandue, si l'on sait personnifier, par une figure reçue de tout le monde, les êtres inanimés, et même ceux qui n'existent que dans l'esprit, mais qui ont un fondement bien réel. Les ruines de Carthage peuvent parler à Marius exilé, et le consoler de ses malheurs. La patrie peut faire ses reproches à César, qui va la détruire. Cet art de personnifier ouvre un champ bien moins borné et plus fertile que l'ancienne mythologie.

Si je veux présenter un bouquet avec des vers, je puis dire ou que Flore s'est dépouillée de ses trésors pour une autre divinité, ou que les fleurs se sont disputé l'honneur d'être cueillies ; et si j'ai à choisir entre ces deux images, je croirai volontiers que la seconde a plus d'âme, parce qu'il semble que la passion de celui qui a cueilli les fleurs ait passé jusqu'à elles.

[1] Ces vers sont tirés d'un poème de mademoiselle *Bernard*, qui remporta le prix de l'Académie française en 1693. Mais comme *Fontenelle* aida cette demoiselle dans quelques pièces de théâtre, et même dans la plupart de ses autres ouvrages, selon *Voltaire* et l'abbé *Trublet*, ces vers pourraient bien être de *Fontenelle* lui-même. Voyez le Mercure d'avril 1757, premier volume, pages 60 et 61.

Fontenelle ne cite pas le dernier vers comme il est dans le recueil de l'Académie. On y lit :

Seule elle les vengea, etc.

Nous n'avons prétendu parler jusqu'ici que de la poésie sérieuse. Quant à la badine et à l'enjouée, il n'y a rien à lui retrancher ; elle saura faire usage de tout, et un usage neuf : la gaieté a mille droits sur quoi il ne faut pas la chicaner.

Tout ce qui a été dit des deux espèces d'images fabuleuses et réelles, n'a eu pour objet que de diminuer la supériorité excessive, selon nous, que d'habiles gens donnent aux fabuleuses, et de relever un peu le mérite des autres, que l'on sent peut-être moins. Si nous avons gagné quelque chose sur ces deux articles, il va se présenter à nous des images d'une nouvelle espèce à examiner. Les fabuleuses ne parlent qu'à l'imagination prévenue d'un faux système ; les réelles ne parlent qu'aux yeux : mais il y en a encore d'autres qui ne parlent qu'à l'esprit, et qu'on peut nommer par cette raison *spirituelles*. Un très agréable poète de nos jours [1] les nomme simplement *pensées*, ce qui revient au même. Si l'on veut faire une opposition plus juste entre les images réelles et spirituelles ou pensées, il vaut mieux changer désormais le nom de réelles en celui de *matérielles*.

Quand de la Motte a appelé les flatteurs :

> Idolâtres tyrans des rois.

ou qu'il a dit :

> Et le crime serait paisible,
> Sans le remords incorruptible
> Qui s'élève encor contre lui.

Ces expressions, *idolâtres tyrans*, *remords incorruptible*, sont des images spirituelles. Je vois les flatteurs qui n'adorent

---

[1] L'abbé *de Bernis*, ode sur les poètes lyriques.

les rois que pour s'en rendre maîtres; et un homme qui, applaudi sur ses crimes par des gens corrompus, porte au-dedans de lui-même un sentiment qui les lui reproche, et qu'il ne peut étouffer. La première image est portée sur deux mots; la seconde sur un seul. On pourrait rapporter du même auteur un très grand nombre d'images pareilles; c'est même sur ce grand nombre qu'on a quelquefois le front de le blâmer.

Les images matérielles n'offrent aux yeux que ce qu'ils ont vu; et si elles le leur rendent plus agréable, ce n'est pas à eux proprement, c'est à l'esprit qui vient alors prendre part au spectacle. Les images spirituelles peuvent n'offrir à l'esprit que ce qu'il aura déjà pensé, et elles le lui rendront aussi plus agréable, ce qui leur sera commun avec les matérielles; mais elles peuvent aussi lui offrir ce qu'il n'aura pas encore pensé. Comparons-les toutes deux sur ces différens points.

Le champ de la pensée est sans comparaison plus vaste que celui de la vue. On a tout vu depuis long-temps; il s'en faut bien que l'on ait encore tout pensé : cela vient de ce qu'une combinaison nouvelle de pensées connues est une pensée nouvelle, et qui frappe plus comme nouvelle, que ne fera une pareille combinaison, si elle est possible, d'objets familiers aux yeux. Je dis si elle est possible; car il ne me le paraît guère de mettre dans la description d'une tempête, d'un printemps, etc., quelque objet qui ne s'y soit déjà montré bien des fois.

Les images matérielles ne nous apprennent rien d'utile à savoir; les spirituelles peuvent nous instruire utilement : tout au moins elles nous exerceront l'esprit, tandis que les autres n'amusent guère que les yeux.

Il y a moins de génies capables de réussir dans les images spirituelles que dans les matérielles. Différens ordres d'esprits qui partent des façons de penser les plus grossières et les plus attachées au corps, vont toujours s'élevant les uns au-dessus des autres, et les plus élevés sont toujours les moins nombreux. Plus de gens diront, *la diligente abeille*, que le *remords incorruptible*.

Tout cela paraît conclure en faveur des pensées comparées aux images, telles que nous les entendons ici; et l'on pourrait assez légitimement croire qu'un ouvrage de poésie, qui aurait moins d'images que de pensées, n'en serait que plus digne de louange.

Nous n'avons encore considéré les images spirituelles que comme parlant purement à l'esprit, et c'est là leur moindre avantage; mais elles peuvent parler aussi au cœur, l'émouvoir, l'intéresser; et elles sont les seules qui aient ce pouvoir, la gloire la plus précieuse où la poésie puisse aspirer. Il semble que ses deux branches principales, l'épique et la dramatique, deux espèces de sœurs, aient partagé entre elles les images. L'épique, comme aînée, a pris les images matérielles, qui sont aussi les plus anciennes : la dramatique a pris les spirituelles, qui parlent au cœur, et qui n'ont paru dans le monde qu'après les autres; mais la cadette se trouve la mieux partagée. Lisons-nous autant Homère, Virgile, le Tasse, que Corneille et Racine? Les lisons-nous avec le même plaisir?

J'entends d'ici les réponses qu'on me ferait; je sais ce que je répondrais à mon tour : mais je n'ai garde de m'engager dans ce labyrinthe; je coupe au plus court, et voici la question réduite à ses termes les plus simples, et débarrassée de toutes circonstances étrangères. Je suppose un poëme épique et une tragédie d'une égale beauté, chacun dans son espèce, d'une égale étendue, écrits dans la même langue; je demande lequel de ces deux ouvrages on lira avec le plus de plaisir? Comme on pourrait dire que les femmes, qui font une moitié du monde, seraient fort suspectes dans ce jugement, parce qu'elles seraient trop favorables à tout ce qui touche le cœur, je consens qu'on les exclue, et qu'il n'y ait que des hommes qui jugent. Je ne les crains plus, dès que j'ai supposé que les ouvrages seraient dans la même langue; car si l'un était en grec, par exemple, et l'autre en français, il y a quantité d'hommes, et même gens de mérite, à qui je ne me fierais pas.

Au-dessus des images, ou les plus nobles, ou les plus vives qui puissent représenter les sentimens et les passions, sont encore d'autres images plus spirituelles, placées dans une région où l'esprit humain ne s'élance qu'avec peine; ce sont les images de l'ordre général de l'univers, de l'espace, du temps, des esprits, de la divinité: elles sont métaphysiques, et leur nom seul fait entendre le haut rang qu'elles tiennent: on pourrait les appeler intellectuelles, pour les faire mieux figurer avec celles dont nous avons parlé, et pour les distinguer de celles qui ne sont que spirituelles. Il s'agit maintenant de savoir si elles conviennent à la poésie. Il me semble que la plupart des gens entendent que la poésie se ferait tort, s'avilirait en traitant ces sortes de sujets; car tout ce qui tient à la philosophie porte avec soi je ne sais quelle idée de pédanterie et de collége, au lieu que la poésie a par elle-même un certain air de cour et du grand monde.

Les productions de cette poésie purement philosophique, seraient telles que peu d'auteurs en seraient capables, j'en conviens; peu de lecteurs capables de les goûter, j'en conviens encore; et de ces deux défauts, l'un qui releverait la gloire des auteurs, les animerait bien moins que l'autre ne les refroidirait; mais cela est étranger à la poésie, qui, par elle-même, a droit de s'élever aux images intellectuelles, si elle peut. La grande difficulté est que ces images ont une langue barbare, dont la poésie ne pourrait se servir sans offenser trop l'oreille, sa maîtresse souveraine, et maîtresse très délicate : mais il peut se trouver un accommodement; la poésie fera un effort pour ne parler des sujets les plus philosophiques qu'en sa langue ordinaire; les figures bien maniées peuvent aller loin; les images même fabuleuses rajeuniront par l'usage nouveau qu'on en fera : un philosophe poète pourra invoquer la muse, et lui dire :

> Sur les ailes de Persée
> Transporte-moi du lycée
> Au sommet du double mont.
> Sévère philosophie,
> Permets que la poésie
> De ses fleurs orne ton front.

Il est vrai qu'après cela le même auteur qui ose traiter la question du vide, une des plus sèches et des plus épineuses de l'école, est forcé par sa matière à devenir plus abstrait, et que les fleurs sont clair semées sur le front de la philosophie. Il dit très bien, mais avec peu d'ornement, et peut-être était-il impossible d'y en mettre :

> La nature est mon seul guide,
> Représente-moi ce vide
> A l'infini répandu;
> Dans ce qui s'offre à ma vue
> J'imagine l'étendue,
> Et ne vois que l'étendu.

Et encore :

> La substance de ce vide,
> Entre les corps suppposé,

> Se répand comme un fluide ;
> Ce n'est qu'un plein déguisé.

Si le fond de l'agrément de la poésie est, comme nous l'avons dit, la difficulté vaincue, certainement traiter ces sortes de matières en vers, c'est entreprendre de vaincre les plus grandes difficultés; rien ne devrait être plus conforme au génie audacieux de la poésie, et son triomphe ne serait jamais plus brillant; mais elle veut être plus modeste, et s'abstenir de toucher aux épines de la philosophie ; soit : elle doit du moins être assez hardie pour ne pas s'effaroucher des grands et nobles sujets philosophiques, quoique peu familiers à la plupart des hommes.

Je serais fâché que Théophile n'eût osé dire que, si Dieu retirait sa main,

> L'impuissance de la nature
> Laisserait tout évanouir.

Et de la Motte, sur la difficulté de connaître la nature de l'âme, que

> Vaincue, elle ne peut se rendre,
> Et ne saurait, ni se comprendre,
> Ni se résoudre à s'ignorer.

Mille autres exemples, et même anciens, s'il le fallait, prouveraient que la poésie s'est souvent alliée heureusement avec la plus haute philosophie. Combien de choses sublimes n'a-t-elle pas dites sur le souverain Être, le plus inaccessible de tous aux efforts de l'esprit humain? Si l'on a tant loué Socrate d'avoir rappelé du ciel la philosophie, pour l'occuper ici-bas à régler les mœurs des hommes, ne doit-on pas savoir gré à ceux qui font monter jusqu'au ciel la poésie, uniquement occupée auparavant d'objets terrestres ou sensibles?

On suppose assez généralement qu'un poëte ne fait que se jouer ordinairement sur la superficie des choses, la décorer, l'embellir; et s'il veut pénétrer plus avant dans leur nature, si parmi des images extérieures et superficielles il en mêle de plus profondes et de plus intimes, en un mot, des réflexions d'une certaine espèce, qui n'appartiennent pourtant pas uniquement à l'école philosophique, on donne à cet auteur le nom de poëte philosophe. J'aurais cru naturellement que c'eût été là une louange : mais non; dans l'intention de la plupart des gens, c'est un blâme. Un poëte doit être tout embrasé d'un feu céleste; et autant qu'il est philosophe, c'est autant d'eau versée sur ce beau feu. Ceci mérite d'être un peu discuté.

Un général d'armée doit être plein de courage, d'ardeur, d'intrépidité; d'un autre côté, il doit être extrêmement prudent, avisé, craignant tout : voilà le chaud et le froid mêlés ensemble, tous deux à un haut degré; sans tout cela, ce n'est plus Turenne.

Sans entrer dans aucun détail, il se trouvera toujours que les grands caractères et les plus estimables sont formés de qualités contraires réunies, et réunies au plus haut point où elles puissent subsister ensemble, malgré leur contrariété. Cette réunion, ainsi conditionnée, ne peut être qu'extrêmement rare; et de là vient qu'on lui doit tant d'estime.

Redescendons à notre sujet. Ne dit-on pas communément le sage Virgile, en prétendant le louer? On suppose bien d'ailleurs que c'est un très grand poëte, et même le plus grand de tous. De sage à philosophe il n'y a pas loin; on pourrait même prouver que Virgile a été, dans ses ouvrages, philosophe proprement dit, autant qu'il l'a pu.

Le poëte philosophe n'est donc pas à blâmer; au contraire, il est très estimable d'avoir réuni en lui deux qualités contraires et rarement jointes : il sera bien plus aisé de trouver des fous de la façon du feu divin.

Mais si on est plus philosophe que poète, qu'en faudra-t-il penser? Premièrement, je voudrais que cette différence fût prouvée. Qu'on me dise laquelle des grandes qualités opposées de Turenne dominait en lui; car je reprends cette comparaison, bien entendu que le poète ne s'en énorgueillira pas trop. Turenne était hardi et entreprenant quand il le fallait, prudent et retenu quand il le fallait : s'il a été plus souvent l'un que l'autre, c'est qu'il le fallait. Pour dire que l'un dominait sur l'autre, il faudrait qu'il eût été l'un quand il fallait être l'autre, et même plusieurs fois. Tout cela s'applique de soi-même au poète philosophe.

En second lieu, si quelque chose a dominé dans Turenne, il me semble que l'on conviendrait assez, quoique sans preuves bien exactes, que ç'a été la partie de la prudence et de la conduite; et cela serait favorable au poète plus philosophe que poète.

Ne faisons aucune grâce à cet homme là, et mettons tout au pis sur son compte. Il a plu, il a diverti comme poète, car il faut nécessairement le supposer bon poète; mais il a beaucoup plus instruit, beaucoup plus approfondi les sujets comme philosophe; et même pour charger encore plus l'accusation, on voit évidemment qu'il a eu plus d'envie d'instruire et de raisonner que de divertir et de plaire. En vérité, aura-t-on le front de lui reprocher de semblables torts?

Il n'est pas douteux que la philosophie n'ait acquis aujourd'hui quelques nouveaux degrés de perfection. De là se répand une lumière qui ne se renferme pas dans la région philosophique, mais qui gagne toujours comme de proche en proche, et s'étend enfin sur tout l'empire des lettres. L'ordre, la clarté, la justesse, qui n'étaient pas autrefois des qualités trop communes chez les meilleurs auteurs, le sont aujourd'hui beaucoup davantage, et même chez les médiocres. Le changement en bien, jusqu'à un certain point, est assez sensible partout. La poésie se piquera-t-elle du glorieux privilége d'en être exempte?

Les philosophes anciens étaient plus poètes que philosophes; ils raisonnaient peu, et enseignaient avec une entière liberté tout ce qu'ils voulaient. Quand les poètes modernes seraient plus philosophes que poètes, on pourrait dire que chacun a son tour; et à parler sérieusement, si ces changemens de scène doivent arriver, ils se trouveront arrangés comme l'ordre naturel des choses le demande.

Après qu'on a accusé un poète d'être plus philosophe que poète, on peut bien l'accuser aussi d'avoir plus d'esprit que de talent; l'un est assez une suite de l'autre; et les idées, quand on vient à les développer, sont bien liées. On entend par le mot de talent un certain mouvement impérieux et heureux qui vous porte vers certains objets, et les fait saisir juste sans avoir aucun besoin du secours de la réflexion. Je dis *aucun;* car pour peu qu'on en ait besoin, c'est autant de rabattu sur l'essence et sur le mérite du talent. L'esprit par opposition au talent, la raison éclairée qui examine les objets, les compare, fait des choix à son gré, et y met autant de temps qu'elle le juge nécessaire. Le talent est comme indépendant de nous, et ses opérations semblent avoir été produites en nous par quelque être supérieur qui nous a fait l'honneur de nous choisir pour ses instrumens : d'ailleurs elles sont promptes, ce qui a encore très bonne grâce. Pour ce qu'on appelle *esprit,* ce n'est que nous; nous sentons trop que c'est nous qui agissons. La difficulté et la lenteur des opérations ne nous permettent pas de l'ignorer. Voilà la cause de cette préférence que l'on donne volontiers au talent sur l'esprit ; car la raison humaine, souvent trop orgueilleuse, peut aussi quelquefois être trop humble.

Ce qu'on appelle *instinct* dans les animaux, est le talent purement talent, et porté à son plus haut point. Nous admirons les loges des castors, les ruches des abeilles, et mille autres effets d'une industrie nullement ou du moins très peu éclairée par une intelligence ; une infinité d'hommes n'en feraient pas autant sans y mettre toute l'intelligence qu'ils auraient en partage. Une ruche est d'une structure sans comparaison plus ingénieuse que la cabane d'un huron. Dans l'enfance du monde, les ruches ont été aussi parfaites qu'elles le sont aujourd'hui. Voilà bien des sujets d'exalter l'instinct ou le talent. Mais les endroits mêmes par où on l'exalterait, sont ceux qui découvrent son extrême imperfection. Il fait bien ce qu'il fait, mais il ne le fait jamais que de la même manière : il est renfermé dans de certaines bornes bien marquées, d'où absolument il ne peut sortir ; il ne se perfectionne jamais. La première ruche valait mieux que la première cabane ; mais elle vaut infiniment moins que les maisons qui ont succédé aux cabanes, que les palais, que les temples.

Il est impossible qu'il y ait des hommes absolument à talent, comme les abeilles ou les castors, et totalement privés de lumières. Il est très difficile qu'il y ait des gens d'un esprit très lumineux, et qui n'aient aucun talent, aucune disposition naturelle et machinale qui les déterminent à porter leurs lumières d'un côté plus que d'un autre. On ne peut que comparer ceux qui auront une forte dose de talent et une faible dose d'esprit, avec ceux dont le caractère sera formé du mélange opposé : lesquels mériteront la préférence ?

Ceux de la première espèce auront dans leurs productions une grande facilité, de la nouveauté, une singularité frappante ; ils seront renfermés dans un genre où ils brilleront dès leurs premiers commencemens, et ne feront pas dans la suite de grands progrès ; ils se corrigeront peu de leurs défauts, même des plus grands, seront mauvais juges de leurs propres ouvrages, peu capables d'instruire.

Ceux de la seconde espèce seront plus lents dans leurs productions, et plus faibles dans les commencemens ; mais ils acquerront toujours, et plus de facilité, et plus de perfection ; ils sauront vaincre leurs défauts, et se rendre maîtres d'eux-mêmes ; ils verront clair à ce qu'ils feront, et pourront communiquer les industries qui leur auront réussi ; ils sortiront à leur gré de leur genre principal, et feront ailleurs des courses heureuses.

On voit assez que, dans les premiers, l'esprit nuit au talent ; il les empêche d'être aussi parfaits que les castors et les abeilles, parce qu'étant aussi imparfait qu'on le suppose ici, il ne fait que traverser, par des lumières fausses, le précieux aveuglement du talent. Dans les seconds, au contraire, le talent faible est infiniment aidé par l'esprit qui l'éclaire, le guide, et en tire ce qu'il n'aurait pas produit abandonné à lui-même : en un mot, l'esprit peut absolument se passer du talent, et le talent ne peut pas également se passer de l'esprit. L'esprit sait quelles sont les sources où la poésie prend ses beautés ; il sait reconnaître les vraies d'avec les fausses : il ira chercher les vraies, et les trouvera peut-être seulement avec plus de travail et plus lentement ; le talent trouvera sans chercher, si l'on veut ; trouvera encore, si l'on veut, les vraies, mais par hasard, et se contentera assez souvent de fausses.

Tout cela ne s'entend que des cas extrêmes qui n'existent peut-être jamais dans la nature, mais qui ont l'avantage d'être plus aisés à saisir, quand on veut entrer dans des discussions un peu fines. Réellement tous les génies au-dessus du commun sont un assemblage d'esprit et de talent combinés, selon une infinité de degrés différens. Les plus parfaits seront certainement ceux où ils se trouveraient égaux dans un haut degré ; mais s'il faut que l'un des deux domine, il me semble qu'on ne devrait pas beaucoup hésiter à se déterminer pour l'esprit. Il est vrai que ce sera lui qui jugera dans sa propre cause ; mais où trouvera-t-on un autre juge ?

Nous avons déjà jeté en avant quelques semences d'une prédiction hasardée. Peut-être viendra-t-il un temps où les poètes se piqueront d'être plus philosophes que poètes, d'avoir plus d'esprit que de talent, et en seront loués. Tout est en mouvement dans l'univers, et à tout égard ; et il paraît bien avéré que le genre humain, du moins en Europe, a fait quelques pas vers la raison : mais une si grande et si pesante masse ne se meut qu'avec une extrême lenteur. Si ce mouvement continuait du même côté, ou supposé qu'il souffrît de grandes interruptions, ce qui n'est que trop naturel, s'il reprenait toujours de ce côté là, ce qu'on peut légitimement espérer, n'en arriverait-il pas des changemens dans les affaires de l'esprit, et ce qui n'est fondé que sur d'agréables fantômes, n'aurait-il rien à craindre ?

J'avoue que la poésie, par son langage mesuré qui flatte l'oreille, et par l'idée qu'elle offre à l'esprit d'une difficulté vaincue, a des charmes réels. Hé bien, ils subsisteront : on les lui laissera, mais à condition qu'elle donnera moins au talent qu'à l'esprit, moins aux ornemens qu'au fond des choses.

Et que serait-ce si l'on venait à découvrir et à s'assurer

que ces ornemens pris dans un système absolument faux et ridicule, exposés depuis long-temps à tous les passans sur les grands chemins du Parnasse, ne sont pas dignes d'être employés, et ne valent pas la peine qu'ils coûtent encore à employer? Qu'enfin, car il faut être hardi quand on se mêle de prédire, il y a de la puérilité à gêner son langage uniquement pour flatter l'oreille, et à gêner au point que souvent on en dit moins ce qu'on voulait, et quelquefois autre chose?

Certainement ce ne sera que dans les matières sérieuses, celles du poème épique, par exemple, que l'on pourra trouver cette puérilité mal placée. Elle aura toujours très bonne grâce dans la poésie galante et enjouée, et même les plus vieilles fables y paraîtront avec de nouvelles parures que ce badinage saura bien leur donner; car il a une infinité de ressources qui n'appartiennent qu'à lui. Quand les hommes se portent pour graves et sérieux, la raison leur tient rigueur, et n'entend pas raillerie; mais quand ils ne se portent que pour enfans, elle joue volontiers elle-même avec eux.

Quelque révolution qui puisse arriver, la musique qui sera immortelle, conserverait la poésie, du moins celle qui lui serait nécessaire; et en ce cas là, si la poésie est née de la musique, elle devrait sa conservation à ce qui lui a donné naissance : il faudrait cependant que l'on ne s'avisât pas de ne chanter qu'en prose, ce qui serait possible, puisque nous chantons depuis long-temps de simple prose, et peu recherchée, avec un si grand succès. Pour l'autre origine de la poésie, qui sont les lois, il y a toute apparence qu'elles ne la conserveront pas, et qu'on ne reviendra jamais à les mettre en vers.

DISCOURS
SUR LA NATURE DE L'ÉGLOGUE.

Lorsque je fis les églogues que l'on va voir, il me vint quelques idées sur la nature de cette sorte de poésie; et pour approfondir encore plus la matière, je m'engageai à faire une revue de la plus grande partie des auteurs qui y ont acquis quelque réputation. Ces idées, et la critique de ces auteurs composent tout le discours que je donne ici.

Il devrait être à la suite des églogues, et cela représenterait l'ordre dans lequel il a été fait. Les églogues ont précédé les réflexions : j'ai composé, et puis j'ai pensé ; et, à la honte de la raison, c'est ce qui arrive le plus communément. Ainsi je ne serai pas surpris si l'on trouve que je n'ai pas suivi mes propres règles, je ne les savais pas bien encore quand j'ai écrit : de plus, il est bien plus aisé de faire des règles, que de les suivre ; et il est établi par l'usage que l'un n'oblige point à l'autre.

J'espère que quand on verra la critique que je fais assez librement d'un grand nombre d'auteurs, on ne me soupçonnera pas d'avoir voulu insinuer que mes églogues valent mieux que toutes les autres. J'aurais beaucoup mieux aimé supprimer ce discours, que de faire naître cette pensée dans les esprits avec quelque fondement : mais je déclare que pour avoir quelquefois aperçu en quoi les autres se sont mépris, je ne m'en tiens pas moins sujet à me méprendre*, même sur les choses où j'aurai aperçu leurs fautes. La censure que l'on exerce sur les ouvrages d'autrui n'engage point à en faire de meilleurs, à moins qu'elle ne soit amère, chagrine et orgueilleuse, comme celle des satiriques de profession. Mais la critique qui est un examen et non pas une satire, qui a de la liberté mais sans fiel et sans aigreur, et surtout que l'on accompagne d'une reconnaissance sincère de son peu de capacité, laisse la liberté de faire encore pis, si l'on veut, que tout ce qu'on s'est mêlé de reprendre. C'est cette dernière espèce de critique que j'ai choisie; et je l'ai prise avec ses priviléges, que je me flatte qui ne me seront pas contestés.

La poésie pastorale est apparemment la plus ancienne de toutes les poésies, parce que la condition de berger est la plus ancienne de toutes les conditions. Il est assez vraisemblable que ces premiers pasteurs s'avisèrent, dans la tranquillité et l'oisiveté dont ils jouissaient, de chanter leurs plaisirs et leurs amours; et il était naturel qu'ils fissent souvent entrer dans leurs chansons leurs troupeaux, les bois, les fontaines et tous les objets qui leur étaient les plus familiers. Ils vivaient à leur manière dans une grande opulence, ils n'avaient personne au-dessus de leur tête, ils étaient pour ainsi dire les rois de leurs troupeaux; et je ne doute pas qu'une certaine joie qui suit l'abondance et la liberté, ne les portât encore au chant et à la poésie.

La société se perfectionna, ou peut-être se corrompit : mais enfin les hommes passèrent à des occupations qui leur parurent plus importantes; de plus grands intérêts les agitèrent, on bâtit des villes de tous côtés, et avec le temps il se forma de grands états. Alors les habitans de la campagne furent les esclaves de ceux des villes; et la vie pastorale étant devenue le partage des plus malheureux d'entre les hommes, n'inspira plus rien d'agréable.

Les agrémens demandent des esprits qui soient en état

de s'élever au-dessus des besoins pressans de la vie, et qui se soient polis par un long usage de la société ; il a toujours manqué aux bergers l'une ou l'autre de ces deux conditions. Les premiers pasteurs dont nous avons parlé, étaient dans une assez grande abondance; mais de leur temps le monde n'avait pas encore eu le loisir de se polir. Il eût pu y avoir quelque politesse dans les siècles suivans; mais les pasteurs de ces siècles là étaient trop misérables. Ainsi, et la vie de la campagne et la poésie des pasteurs, ont toujours dû être fort grossières.

Aussi est-il bien sûr que de vrais bergers ne sont point entièrement faits comme ceux de Théocrite. Croit-on qu'il y en ait quelqu'un qui puisse dire : *aussitôt qu'elle le vit*, aussitôt *elle perdit toute sa raison*, aussitôt *elle se précipita dans les abîmes de l'amour ?*

Qu'on examine encore les traits qui suivent :

« Plût au ciel, Amarillis, que je fusse une petite abeille, pour entrer dans la grotte où tu te retires, en passant au travers des lierres qui t'environnent? Je sais maintenant ce que c'est que l'amour : c'est un dieu bien cruel ; il faut qu'il ait sucé le lait d'une lionne, et que sa mère l'ait nourri dans les forêts.

Cléariste me jette des pommes lorsque mon troupeau passe auprès d'elle, elle murmure en même temps quelque chose de très doux.

Partout on voit le printemps, partout les pâturages sont plus fertiles, partout les troupeaux sont en meilleur état, aussitôt que ma bergère paraît; mais, du moment qu'elle se retire, les herbes sèchent et les bergers aussi.

Je ne souhaite point de posséder les richesses de Pélops, ni de courir plus vite que les vents, mais je chanterai sous cette roche, te tenant entre mes bras, et regardant en même temps la mer de Sicile. » Je crois que l'on trouvera dans tout cela, et plus de beauté et plus de délicatesse d'imagination, que n'en ont de vrais bergers.

Mais je ne sais pourquoi Théocrite, ayant quelquefois élevé ses bergers d'une manière si agréable au-dessus de leur génie naturel, les y a laissé retomber très souvent. Je ne sais comment il n'a pas senti qu'il fallait leur ôter une certaine grossièreté qui sied toujours mal. Lorsque Daphnis, dans la première idylle, est prêt à expirer d'amour, et qu'il est environné d'un grand nombre de dieux qui sont venus le visiter, on lui reproche, au milieu de cette belle compagnie, qu'il est comme les chevriers qui envient les amours de leurs boucs et en sèchent de jalousie; et l'on peut assurer que les termes dont Théocrite s'est servi, répondent fort bien à l'idée.

Dans une autre idylle, Lacon et Comatas se prennent de paroles sur des vols qu'ils se sont faits l'un à l'autre. Comatas a dérobé la flûte de Lacon; Lacon a dérobé à Comatas la peau qui lui servait d'habit, et l'a laissé nu. Ensuite ils se disent de certaines injures qui conviennent à des Grecs, mais qui ne sont assurément pas trop honnêtes : et enfin, après que l'un a fait encore à l'autre un petit reproche de sentir mauvais, ils commencent un combat de chant, qui aurait dû plus naturellement être un combat à coups de poing, vu ce qui avait précédé; et, ce qui est assez plaisant, c'est qu'après avoir débuté par de très vilaines injures, lorsqu'ils en sont à chanter l'un contre l'autre, ils font les délicats sur le choix du lieu où ils chanteront; chacun en propose un dont il fait une description fleurie. J'aurais peine à croire que tout cela fût bien assorti. Il se trouve encore la même bigarrure dans leur combat, où, entre des choses qui regardent leurs amours et qui sont jolies, Comatas fait souvenir Lacon qu'il le battit bien un certain jour; et Lacon répond qu'il ne s'en souvient pas; mais qu'il se souvient d'un jour qu'Eumaras, maître de Comatas, lui donna bien les étrivières. Quand on dit que Vénus, et les grâces, et les amours, ont composé les idylles de Théocrite, je ne crois pas qu'on prétende qu'ils aient mis la main à ces endroits là.

Il y a encore dans Théocrite des choses qui n'ont pas tant de bassesse, mais qui n'ont guère d'agrément, parce qu'elles ne sont simplement que rustiques. La quatrième de ses idylles est toute de ce caractère. Il ne s'agit que d'un Egon, qui, étant allé aux jeux Olympiques, a laissé son troupeau entre les mains de Coridon. Battus reproche à Coridon que le troupeau est bien maigri depuis le départ d'Egon. Coridon répond qu'il y fait de son mieux, et qu'il le mène dans les meilleurs pâturages qu'il connaisse. Battus dit que la flûte d'Egon se gâtera pendant son absence. Coridon répond que non, qu'elle lui a été laissée, et qu'il saura bien en faire usage. Ensuite Battus se fait tirer une épine du pied par Coridon, qui lui conseille de n'aller point à la montagne qu'il ne soit chaussé Ensuite Coridon apprend à Battus qu'il a surpris dans une étable un vieillard avec sa maîtresse aux sourcils noirs; et, ce que ne croiraient peut-être pas ceux qui n'ont point d'habitude avec les anciens, voilà toute l'idylle.

Lorsque, dans un combat de bergers, l'un dit : « Hay, » mes chèvres, allez sur la pente de cette colline; » et l'autre répond : « Mes brebis, allez paître du côté du Le-» vant. »

Ou, « Je hais les renards qui mangent les figues; » et « l'autre, je hais les escargots qui mangent les raisins. »

Ou, « Je me suis fait un lit de peaux de vaches auprès » d'un ruisseau bien frais, et là je ne me soucie non plus » de l'été, que les enfans des remontrances de leur père

» et de leur mère ; » et l'autre, « J'habite un antre agréa-
» ble, j'y fais bon feu, et ne me soucie non plus de l'hiver,
» qu'un homme qui n'a point de dents se soucie de noix
» quand il voit de la bouillie. »

Ces discours ne sentent-ils point trop la campagne, et ne conviennent-ils point à de vrais paysans, plutôt qu'à des bergers d'églogues?

Virgile, qui, ayant eu devant les yeux l'exemple de Théocrite, s'est trouvé en état d'enchérir sur lui, a fait ses bergers plus polis et plus agréables. Si l'on veut comparer sa troisième églogue avec celle de Lacon et de Comatas, on verra comment il a trouvé le secret de rectifier et de surpasser ce qu'il imitait. Ce n'est pas qu'il ne ressemble encore un peu trop à Théocrite, lorsqu'il perd quelques vers à faire dire à ses bergers :

« Mes brebis, n'avancez pas tant sur le bord de la ri-
» vière ; le bélier qui y est tombé n'est pas encore bien
» séché. »

Et, « Tityre, empêche les chèvres d'approcher de la
» rivière; je les laverai dans la fontaine quand il en sera
» temps. »

Et, « Petits bergers, faites rentrer les brebis dans le
» bercail; si la chaleur desséchait leur lait, comme il arriva
» l'autre jour, nous n'en tirerions rien. »

Tout cela est d'autant moins agréable, qu'il vient à la suite de quelques traits d'amour fort jolis et fort galans, qui ont fait perdre au lecteur le goût des choses purement rustiques.

Calpurnius, auteur d'églogues, qui a vécu près de trois cents ans après Virgile, et dont les ouvrages ne laissent pas d'avoir quelque beauté, paraît avoir eu regret que Virgile n'ait exprimé que par les mots, *novimus et qui te*, les injures que Lacon et Comatas se disent dans Théocrite ; encore ce trait aurait-il été meilleur à supprimer tout-à-fait. Calpurnius a trouvé cela digne d'une plus grande étendue, et a fait une églogue qui n'aboutit qu'à ces injures que se disent avec beaucoup de chaleur deux bergers prêts à chanter l'un contre l'autre ; de quoi celui qui les devait juger est si effrayé, qu'il les laisse là et s'enfuit. Belle conclusion !

Il n'y a point d'auteur qui ait fait des bergers si rustiques que Baptiste Mantouan, poète latin du siècle passé, que l'on a comparé à Virgile, quoique assurément il n'ait rien de commun avec lui que d'être de Mantoue. Le berger Faustus, en faisant le portrait de sa maîtresse, dit qu'elle avait un gros visage boursouflé et rouge ; et que, quoiqu'elle fût à peu près borgne, il la trouvait plus belle que Diane. On ne s'imaginerait jamais quelle précaution prend un autre berger avant que de s'embarquer dans un assez long discours; et qui sait si le Mantouan ne s'applaudissait pas en ces endroits d'avoir copié la nature bien fidèlement !

Je conçois donc que la poésie pastorale n'a pas de grands charmes, si elle est aussi grossière que le naturel, ou si elle ne roule précisément que sur les choses de la campagne. Entendre parler de brebis et de chèvres, des soins qu'il faut prendre de ces animaux, cela n'a rien par soi-même qui puisse plaire : ce qui plaît, c'est l'idée de tranquillité attachée à la vie de ceux qui prennent soin des brebis et des chèvres. Qu'un berger dise : « Mes moutons » se portent bien, je les mène dans les meilleurs pâtu- » rages, ils ne mangent que de bonne herbe, » et qu'il le dise dans les plus beaux vers du monde, je suis sûr que votre imagination n'en sera pas beaucoup flattée. Mais qu'il dise : « Que ma vie est exempte d'inquiétude ! Dans quel » repos je passe mes jours ! Tous mes désirs se bornent à

» voir mon troupeau se porter bien ; que les pâturages
» soient bons, il n'y a point de bonheur dont je puisse
» être jaloux, etc. » Vous voyez que cela commence à
devenir plus agréable ; c'est que l'idée ne tombe plus précisément sur le ménage de la campagne, mais sur le peu
de soins dont on y est chargé, sur l'oisiveté dont on y
jouit ; et, ce qui est le principal, sur le peu qu'il en coûte
pour y être heureux.

Car les hommes veulent être heureux, et ils voudraient
l'être à peu de frais. Le plaisir, et le plaisir tranquille,
est l'objet commun de toutes leurs passions, et ils sont
tous dominés par une certaine paresse. Ceux qui sont les
plus remuans, ne le sont pas précisément par l'amour
qu'ils ont pour l'action, mais par la difficulté qu'ils ont à
se contenter.

L'ambition, parce qu'elle est trop contraire à cette paresse naturelle, n'est ni une passion générale, ni une passion fort délicieuse. Assez de gens ne sont point ambitieux :
il y en a beaucoup qui n'ont commencé à l'être que par
des engagemens qui ont précédé leurs réflexions, et qui les
ont mis hors d'état de revenir jamais à des inclinations
plus tranquilles ; et ceux enfin qui ont le plus d'ambition,
se plaignent assez souvent de ce qu'elle leur coûte. Cela
vient de ce que la paresse n'a pas été étouffée ; pour lui
avoir été sacrifiée, elle s'est trouvée plus faible, et n'a
pas emporté la balance ; mais elle ne laisse pas de subsister encore, et de s'opposer toujours aux mouvemens de
l'ambition. Or, on n'est point heureux tant que l'on est
partagé entre deux inclinations qui se combattent.

Ce n'est pas que les hommes pussent s'accommoder
d'une paresse et d'une oisiveté entière ; il leur faut quelque
mouvement, quelque agitation, mais un mouvement et
une agitation qui s'ajustent, s'il se peut, avec la sorte de

paresse qui les possède; et c'est ce qui se trouve le plus heureusement du monde dans l'amour, pourvu qu'il soit pris d'une certaine façon. Il ne doit pas être ombrageux, jaloux, furieux, désespéré; mais tendre, simple, délicat, fidèle, et, pour se conserver dans cet état, accompagné d'espérance. Alors on a le cœur rempli, et non pas troublé; on a des soins, et non pas des inquiétudes; on est remué, mais non pas déchiré; et ce mouvement doux est précisément tel que l'amour du repos, et que la paresse naturelle le peut souffrir.

Il n'est que trop certain, d'ailleurs, que l'amour est de toutes les passions, la plus générale et la plus agréable. Ainsi, dans l'état que nous venons de décrire, il se fait un accord des deux plus fortes passions de l'homme, de la paresse et de l'amour. Elles sont toutes deux satisfaites en même temps; et, pour être heureux, autant qu'on le peut être par les passions, il faut que toutes celles que l'on a s'accommodent les unes avec les autres.

Voilà proprement ce que l'on imagine dans la vie pastorale. Elle n'admet point l'ambition, ni tout ce qui agite le cœur trop violemment; la paresse a donc lieu d'être contente. Mais cette sorte de vie là, par son oisiveté et par sa tranquillité, fait naître l'amour plus facilement qu'aucune autre, ou du moins le favorise davantage; et quel amour? Un amour plus simple, parce qu'on n'a pas l'esprit si dangereusement raffiné; plus appliqué, parce qu'on n'est occupé d'aucune autre passion; plus discret, parce qu'on ne connaît presque pas la vanité; plus fidèle, parce qu'avec une vivacité d'imagination moins exercée, on a aussi moins d'inquiétudes, moins de dégoûts, moins de caprices; c'est-à-dire, en un mot, l'amour purgé de tout ce que les excès de fantaisies humaines y ont mêlé d'étranger et de mauvais.

Il n'est pas surprenant après cela que les peintures de la vie pastorale aient toujours je ne sais quoi de si riant, et qu'elles nous flattent plus que de pompeuses descriptions d'une cour superbe, et de toute la magnificence qui peut y éclater. Une cour ne nous donne l'idée que de plaisirs pénibles et contraints; car, encore une fois, c'est cette idée qui fait tout. Si l'on pouvait placer ailleurs qu'à la campagne la scène d'une vie tranquille et occupée seulement par l'amour, de sorte qu'il n'y entrât ni chèvres, ni brebis, je ne crois pas que cela en fût plus mal; les chèvres et les brebis ne servent de rien : mais comme il faut choisir entre la campagne et les villes, il est plus vraisemblable que cette scène soit à la campagne.

Parce que la vie pastorale est la plus paresseuse de toutes, elle est aussi la plus propre à servir de fondement à ces représentations agréables dont nous parlons ici. Il s'en faut bien que des laboureurs, des moissonneurs, des vignerons, des chasseurs, soient des personnages aussi convenables à des églogues, que des bergers : nouvelle preuve que l'agrément de l'églogue n'est pas attaché aux choses rustiques, mais à ce qu'il y a de tranquille dans la vie de la campagne.

Il y a pourtant dans Théocrite une idylle de deux moissonneurs qui a de la beauté. Un moissonneur demande à un autre d'où vient qu'il travaille si mal, qu'il ne fait point les sillons droits, que les autres le devancent toujours. Il répond qu'il est amoureux, et puis chante quelque chose d'assez joli pour la personne qu'il aime. Mais le premier moissonneur se moque de lui, et lui dit qu'il est fou de s'amuser à être amoureux; que ce n'est point là le métier d'un homme de journée; qu'il faut que, pour se divertir et s'exciter au travail, il chante de certaines chansons qu'il lui marque, qui ne regardent que la moisson. J'avoue que je ne ne suis pas si content de cette fin là; je ne goûte point trop que d'une idée galante on me rappelle à une autre qui est basse et sans agrément.

Sannazar n'a introduit que des pêcheurs dans ses églogues, et j'y sens toujours que l'idée de leur travail dur me blesse. Je ne sais quelle finesse il a entendu à mettre des pêcheurs au lieu des bergers qui étaient en possession de l'églogue : mais si les pêcheurs eussent été en la même possession, il eût fallu mettre les bergers en leur place. Le chant ne convient qu'à eux, et surtout l'oisiveté. Et puis il est plus agréable d'envoyer à sa maîtresse des fleurs ou des fruits, que des huîtres à l'écaille, comme fait le Lycon de Sannazar à la sienne.

Il est vrai que Théocrite a fait une idylle de deux pêcheurs, mais elle ne me paraît pas d'une beauté qui ait dû tenter personne d'en faire de cette espèce. Deux pêcheurs qui ont mal soupé sont couchés ensemble dans une méchante petite chaumière qui est au bord de la mer; l'un réveille l'autre pour lui dire qu'il vient de rêver qu'il prenait un poisson d'or, et son compagnon lui répond qu'il ne laisserait pas de mourir de faim avec une si belle pêche. Était-ce la peine de faire une idylle.

Cependant, quoique l'on ne mette que des bergers dans l'églogue, il est impossible que la vie des bergers, qui est encore très grossière, ne leur abaisse l'esprit et ne les empêche d'être aussi spirituels, aussi délicats et aussi galans qu'on nous les représente ordinairement. L'Astrée de d'Urfé ne paraît pas un roman si fabuleux qu'Amadis; je crois pourtant qu'il ne l'est pas moins dans le fond par la politesse et les agrémens de ses bergers, qu'Amadis le peut être par tous ses enchanteurs, par toutes ses fées et par l'extravagance de toutes ses aventures. D'où vient donc que les bergeries plaisent malgré la fausseté des caractères qui doit toujours blesser? Aimerions-nous que l'on nous représentât les gens de cour avec une grossièreté qui ressemblât autant à celle des vrais bergers, que la délicatesse et la galanterie que l'on donne aux bergers ressemblent à celle des gens de cour?

Non, sans doute; mais aussi le caractère des bergers n'est pas faux, à le prendre par un certain endroit. On ne regarde pas à la bassesse des soins qui les occupent réellement, mais au peu d'embarras que ces soins causent. Cette bassesse exclurait tout-à-fait les agrémens et la galanterie; mais au contraire la tranquillité y sert, et ce n'est que sur elle que l'on fonde tout ce qu'il y a d'agréable dans la vie pastorale.

Il faut du vrai pour plaire à l'imagination; mais elle n'est pas difficile à contenter; il ne lui faut souvent qu'un demi-vrai. Ne lui montrez que la moitié d'une chose, mais montrez-la lui vivement, elle ne s'avisera pas que vous lui en cachiez l'autre, et vous la menerez aussi loin que vous voudrez sur le pied que cette seule moitié qu'elle voit est la chose tout entière. L'illusion et en même temps l'agrément des bergeries consiste donc à n'offrir aux yeux que la tranquillité de la vie pastorale, dont on dissimule la bassesse : on en laisse voir la simplicité, mais on en cache la misère; et je ne comprends pas pourquoi Théocrite s'est plu à nous en montrer si souvent et la misère et la bassesse.

Si les partisans outrés de l'antiquité disent que Théocrite a voulu peindre la nature telle qu'elle est, j'espère que sur ce principe on nous donnera des idylles de porteurs d'eau, qui parleront entre eux de ce qui leur est particulier; elles vaudront tout autant que des idylles de bergers qui ne parleraient uniquement que de leurs chèvres ou de leurs vaches.

Il ne s'agit pas simplement de peindre, il faut peindre des objets qui fassent plaisir à voir. Quand on me représente le repos qui règne à la campagne, la simplicité et la tendresse avec laquelle l'amour s'y traite, mon imagination touchée et émue me transporte dans la condition de berger, je suis berger : mais que l'on me représente, quoiqu'avec toute l'exactitude et toute la justesse possible, les viles occupations des bergers, elles ne me font point d'envie, et mon imagination demeure fort froide. Le principal avantage de la poésie consiste à nous dépeindre vivement les choses qui nous intéressent, et à saisir avec force ce cœur qui prend plaisir à être remué.

En voilà assez, et trop peut-être, contre ces bergers de Théocrite et leurs pareils qui sont quelquefois trop bergers. Ce qui nous reste de Moschus et de Bion dans le genre pastoral, me fait extrêmement regretter ce que nous en avons perdu. Ils n'ont nulle rusticité ; au contraire, beaucoup de galanterie et d'agrément, des idées neuves et tout-à-fait riantes. On les accuse d'avoir un style un peu trop fleuri, et j'en conviendrais bien à l'égard d'un petit nombre d'endroits : mais je ne sais pourquoi les critiques ont plus de penchant à excuser la grossièreté de Théocrite, que la délicatesse de Moschus et de Bion ; il me semble que ce devrait être le contraire. N'est-ce point parce que Virgile a prévenu tous les esprits à l'avantage de Théocrite, en ne faisant qu'à lui seul l'honneur de l'imiter et de le copier ? N'est-ce point que les savans ont un goût accoutumé à dédaigner des choses délicates et galantes ? Quoi qu'il en soit, je vois que toute leur faveur est pour Théocrite, et qu'ils ont résolu qu'il serait le prince des poètes bucoliques.

Les auteurs modernes ne sont pas ordinairement tombés dans le défaut de faire leurs bergers trop grossiers,

D'Urfé ne s'en est que trop éloigné dans son roman, qui d'ailleurs est plein de choses admirables. Il y en a qui sont de la dernière perfection dans le genre pastoral ; mais il y en a aussi, si je ne me trompe, qui demanderaient à être dans Cyrus ou dans Cléopâtre. Souvent les bergers de l'Astrée me paraissent des gens de cour déguisés en bergers, et qui n'en savent pas bien imiter les manières : quelquefois ils me paraissent des sophistes très pointilleux ; car quoique Silvandre fût le seul qui eût étudié à l'école des Massiliens, il y en a d'autres à qui il arrive d'être aussi subtils que lui, et je ne sais seulement comment ils pouvaient l'entendre, eux qui n'avaient pas fait leurs cours chez les Massiliens.

Il n'appartient point aux bergers de parler de toutes sortes de matières, et quand on veut s'élever, il est permis de prendre d'autres personnages. Si Virgile voulait faire une description pompeuse de ce renouvellement imaginaire que l'on allait voir dans l'univers à la naissance du fils de Pollion, il ne fallait point qu'il priât les muses pastorales de le prendre sur un ton plus haut qu'à leur ordinaire ; leur voix ne va point jusqu'à ce ton là : ce qu'il y avait à faire, était de les abandonner, et de s'adresser à d'autres qu'à elles. Je ne sais cependant s'il ne devait pas s'en tenir aux muses pastorales ; il eût fait une peinture agréable des biens que le retour de la paix allait produire à la campagne, et cela, ce me semble, eût bien valu toutes ses merveilles incompréhensibles qu'il emprunte de la sybille de Cumes, cette nouvelle race d'hommes qui descendra du ciel, ces raisins qui viendront à des ronces, et ces agneaux qui naîtront de couleur de feu ou d'écarlate, pour épargner aux hommes la peine de teindre leur laine. On aurait mieux flatté Pollion par des choses qui eussent un peu plus de vraisemblance : peut-être cependant celle-là n'en manquait-elle pas trop ; il est bien difficile que les louanges en manquent pour ceux à qui elles s'adressent.

Oserais-je avouer qu'il me paraît que Calpurnius, auteur qui n'est pas du mérite de Virgile, a pourtant mieux traité un sujet tout semblable ? Je ne parle que du dessein et non pas du style. Il introduit deux bergers, qui, pour se garantir de l'ardeur du soleil, se retirent dans un antre, où ils trouvent des vers écrits de la main du dieu Faunus, qui sont une prédiction du bonheur dont l'empereur Carus va combler tous ses sujets. Il s'arrête assez, selon le devoir d'un poète pastoral, au bonheur qui regarde la campagne ; ensuite il s'élève plus haut, parce qu'il en a droit en faisant parler un Dieu : mais il n'y mêle rien de semblable aux prophéties de la sybille. C'est dommage que Virgile n'ait fait les vers de cette pièce ; encore ne serait-il pas nécessaire qu'il les eût fait tous.

Virgile se fait dire par Phébus au commencement de la sixième églogue, que ce n'est point à un berger à chanter des rois et des guerres ; mais qu'il doit s'en tenir à ses troupeaux, et à des sujets qui ne demandent qu'un style simple. Assurément le conseil de Phébus est fort bon : mais je ne comprends pas comment Virgile s'en souvient si peu, qu'il se met aussitôt après à entonner l'origine du monde, et la formation de l'univers selon le système d'Épicure, ce qui était bien pis que de chanter des guerres et des rois. En vérité, je ne sais du tout ce que c'est que cette pièce là ; je ne conçois point quel en est le dessein, ni quelle liaison les parties ont entre elles. Après ces idées de philosophie, viennent les fables d'Hilas et Pasiphaé, et des sœurs de Phaëton, qui n'y ont aucun rapport ; et au milieu de ces fables, qui sont prises dans des temps fort reculés, se trouve placé Cornelius Gallus, contemporain de Virgile, et les honneurs qu'on lui rend au Parnasse : après quoi reviennent aussitôt les fables de Scylla et de Philomèle. C'est Silène qui fait tout ce discours bizarre. Virgile dit que le bonhomme avait beaucoup bu le jour précédent ; mais ne s'en sentait-il point encore un peu ?

Ici je prendrai encore la liberté d'avouer que j'aime mieux le dessein d'une pareille églogue que nous avons de Nemesianus, auteur contemporain de Calpurnius, et qui n'est pas tout-à-fait à mépriser. Des bergers qui trouvent Pan endormi, veulent jouer de sa flûte ; mais des mortels ne peuvent tirer de la flûte d'un dieu qu'un son très désagréable. Pan s'en éveille, et il leur dit que s'ils veulent des chants, il va les contenter. Alors il leur chante quelque chose de l'histoire de Bacchus, et s'arrête sur la première vendange qui ait jamais été faite, dont il fait une description qui me paraît agréable. Ce dessein là est plus régulier que celui du Silène de Virgile, et même les vers de la pièce sont assez bons.

C'est un usage assez ordinaire chez les modernes, de mettre en églogue des matières élevées. Ronsard y a mis les louanges des princes et de la France ; et presque tout le pastoral de ces églogues consiste à avoir appelé Henri II, Henriot ; Charles IX, Carlin, et Catherine de Médicis, Catin. Il est vrai qu'il avoue lui-même qu'il n'a pas suivi les règles ; mais il aurait mieux valu les suivre, et éviter le ridicule que produit la disproportion du sujet et de la forme de l'ouvrage. C'est ainsi que, dans sa première églogue, il tombe justement en partage à la bergère Margot de faire l'éloge de Turnèbe, de Budé et de Vatable, les premiers hommes de leur siècle, en grec ou en hébreu, mais qui assurément ne devaient pas être de la connaissance de Margot.

Parce que les bergers sont des personnages agréables,

on en abuse. On les prendra volontiers pour leur faire chanter les louanges des rois dans tout le sublime dont on est capable, et pourvu qu'on ait parlé de flûtes, de chalumeaux, de fougère, on croira avoir fait une églogue. Quand des bergers louent un héros, il faudrait qu'ils le louassent en bergers; et je ne doute pas que cela ne pût avoir beaucoup de finesse et d'agrément : mais il serait besoin d'un peu d'art; et c'est bien le plus court de faire parler à des bergers la langue ordinaire des louanges, qui est fort élevée, mais fort commune, et par conséquent assez facile.

Les églogues allégoriques ne sont pas non plus sans difficulté. Le Mantouan, qui était carme, en a fait une où des bergers disputent en représentant deux carmes, dont l'un est de l'étroite observance, et l'autre est mitigé : le Bembe est leur juge. Ce qu'il y a de meilleur, c'est qu'il leur fait ôter leurs houlettes de peur qu'ils ne se battent. Du reste, quoique l'allégorie ne soit pas mal gardée, il est trop ridicule de voir le différend de ces deux espèces de carmes traité en églogue.

J'aimerais encore mieux qu'un berger représentât un carme, que de le voir faire l'épicurien, et de lui entendre dire des impiétés. Cela arrive quelquefois aux bergers du Mantouan, quoiqu'ils soient très grossiers, et que le Mantouan fût religieux. Amintas, dans une mauvaise humeur où il est contre les lois et contre l'honnêteté, parce qu'il est amoureux, dit que l'homme est bien fou de s'imaginer qu'il ira dans les cieux après sa mort ; et il ajoute que tout ce qui en arrivera sera, peut-être, qu'il passera dans un oiseau qui volera dans les airs. En vain le Mantouan, pour excuser cela, dit qu'Amintas avait passé bien du temps à la ville. En vain Badius, son commentateur (car tout moderne qu'est le Mantouan, il a un commentateur, et aussi zélé que le serait celui d'un ancien), tire de là cette belle réflexion, que l'amour fait qu'on doute des choses de la foi. Il est certain que ces erreurs là, qui doivent être détestées de tous ceux qui les connaissent, doivent être ignorées des bergers.

En récompense le Montouan fait quelquefois ses bergers fort dévots. Vous voyez dans une églogue un dénombrement de toutes les fêtes de la Vierge; dans une autre une apparition de la Vierge, qui promet à un berger que quand il aura passé sa vie sur le Carmel, elle l'enlevera dans des lieux plus agréables, et lui fera à jamais habiter les cieux, avez les dryades et les hamadryades : nouvelles saintes que nous ne connaissions pas encore dans le paradis.

Ces ridicules sensibles, pour ainsi dire palpables, sont bien aisés à éviter dans le caractère des bergers; mais il y en a d'autres un peu plus fins, où l'on tombe plus aisément. Il ne faut point que des bergers disent des choses brillantes. Il en échappe quelquefois à ceux de Racan, quoiqu'ils aient coutume d'être assez retenus sur cet article. Pour les auteurs italiens, ils sont toujours si remplis de pointes et de fausses pensées, qu'il semble qu'on doive leur passer ce style comme leur langue naturelle. Ils ne se contraignent nullement, quoiqu'ils fassent parler des bergers, et ils n'en emploient pas des figures moins hardies ni moins outrées.

L'auteur *de la manière de bien penser dans les ouvrages d'esprit*, condamne la Sylvie du Tasse, qui, en se mirant dans une fontaine, et en se mettant des fleurs, leur dit qu'elle ne les porte pas pour se parer, mais pour leur faire honte. Il trouve la pensée trop recherchée et trop peu naturelle pour une bergère : on ne peut se dispenser de souscrire à ce jugement. Mais après cela on doit s'épargner la peine de lire des poésies pastorales du Guarini, du Bonarelli et du cavalier Marin, pour y trouver rien de pastoral ; car la pensée de Sylvie est la chose du monde la plus simple, en comparaison de celles dont ces auteurs sont pleins.

L'Aminte du Tasse est en effet ce que l'Italie a de meilleur dans le genre pastoral. Cet ouvrage a certainement de grandes beautés ; cet endroit même de Sylvie, hormis ce qu'on y vient de remarquer, est une des plus agréables choses et des mieux peintes que j'aie jamais vues ; et l'on doit être bien obligé à un auteur italien de ne s'être pas davantage abandonné aux pointes. Mais je ne crois pas que tous les poètes de l'Italie ensemble en puissent fournir de plus ridicules que celles de cette églogue de Marot, où le berger Colin dit sur la mort de Louise de Savoie, mère de François Ier :

> Rien n'est ça-bas qui cette mort ignore ;
> Coignac s'en coigne en sa poitrine blême ;
> Romorantin la perte remémore,
> Anjou fait joug, Angoulême est de même,
> Amboise en boit une amertume extrême,
> Le Maine en meine un lamentable bruit, etc.

De Segrais, dont les poésies pastorales sont fort estimées, avoue qu'il n'a pas toujours exactement gardé le style qui y est propre. Il dit qu'il a été quelquefois obligé de s'accommoder au goût de son siècle, qui demandait des choses figurées et brillantes ; mais il ne l'a fait qu'après avoir bien prouvé qu'il savait parfaitement attraper, quand il voulait, les vraies beautés de l'églogue. On ne sait quel est le goût de ce temps-ci ; il n'est déterminé ni en bien ni en mal, et il paraît qu'il va flottant, tantôt d'un côté, tantôt de l'autre. Ainsi je crois que puisqu'on hasarde toujours également de ne pas réussir, il vaut mieux suivre les règles et les véritables idées des choses.

Entre la grossièreté ordinaire des bergers de Théocrite, et le trop d'esprit de la plupart de nos bergers modernes, il y a un milieu à tenir; mais loin qu'il soit aisé à prendre dans l'exécution, il n'est seulement pas aisé à marquer dans la théorie. Il faut que les bergers aient de l'esprit, et de l'esprit fin et galant; ils ne plairaient pas sans cela. Il faut qu'ils n'en aient que jusqu'à un certain point, autrement ce ne seraient plus des bergers. Je vais tâcher de déterminer quel est ce point, et hasarder l'idée que j'ai là-dessus.

Les hommes qui ont le plus d'esprit, et ceux qui n'en ont que médiocrement, ne diffèrent pas tant par les choses qu'ils sentent, que par la manière dont ils les expriment. Les passions portent avec tout leur trouble une espèce de lumière, qu'elles communiquent presque également à tous ceux qu'elles possèdent. Il y a une certaine pénétration, de certaines vues attachées, indépendamment de la différence des esprits, à tout ce qui nous intéresse et nous pique. Mais ces passions qui éclairent à peu près tous les hommes de la même sorte, ne les font pas tous parler les uns comme les autres. Ceux qui ont l'esprit plus fin, plus étendu, plus cultivé, en exprimant ce qu'ils sentent, y ajoutent je ne sais quoi qui a l'air de réflexion, et que la passion seule n'inspire point; au lieu que les autres expriment leurs sentimens plus simplement, et n'y mêlent pour ainsi dire rien d'étranger. Un homme du commun dira bien : « J'ai si fort souhaité que ma maîtresse fût fidèle, que j'ai cru qu'elle l'était, » mais il n'appartient qu'à la Rochefoucault de dire : « L'esprit a été en moi la dupe du cœur. » Le sentiment est égal, la pénétration égale; mais l'expression est si différente, que l'on croirait volontiers que ce n'est plus la même chose.

On ne prend pas moins de plaisir à voir un sentiment exprimé d'une manière simple que d'une manière plus pensée, pourvu qu'il soit toujours également fin : au contraire, la manière simple de l'exprimer doit plaire davantage, parce qu'elle cause une espèce de surprise douce et une petite admiration. On est étonné de voir quelque chose de fin et de délicat sous des termes communs et qui n'ont point été affectés ; et sur ce pied là, plus la chose est fine sans cesser d'être naturelle, et les termes communs sans être bas, plus on doit être touché.

L'admiration et la surprise ont tant d'effet, qu'elles peuvent même faire valoir les choses au-delà de ce qu'elles valent. Tout Paris a retenti des dits notables des ambassadeurs Siamois, tout Paris y a applaudi. Que des ambassadeurs d'Espagne ou d'Angleterre en eussent dit autant, on n'y eût pas songé. Mais nous supposions que des gens venus du bout du monde, de couleur olivâtre, habillés autrement que nous, que les Européens avaient toujours traités de barbares, ne devaient pas avoir le sens commun : nous avons été bien étonnés de leur en trouver, et les moindres choses de leur part nous ont jetés dans l'admiration, admiration dans le fond assez injurieuse pour eux. Il en va de même de nos bergers ; on est plus touché de les voir penser finement dans leur style simple, parce qu'on s'y attend moins.

Encore une chose qui convient au style des bergers ; c'est de ne parler que par faits, et presque point par réflexions. Les gens qui ont médiocrement d'esprit, ou l'esprit médiocrement cultivé, ont un langage qui ne roule que sur les choses particulières qu'ils ont senties ; et les autres s'élevant plus haut, réduisent tout en idées générales. Leur esprit a travaillé sur leurs sentimens et sur leurs expériences ; ce qu'ils ont vu les a conduits à ce qu'ils n'ont point vu : au lieu que ceux qui sont d'un ordre inférieur ne poussent point leur vue au-delà de ce qu'ils sentent ; ce qui y ressemble le plus, pourra leur être encore nouveau. De là vient dans le peuple une curiosité insatiable des mêmes objets, une admiration presque toujours égale pour les mêmes choses.

Une suite de cette sorte d'esprit est de mêler aux faits que l'on rapporte beaucoup de circonstances utiles ou inutiles. C'est que l'on a été extrêmement frappé du fait particulier, et de tout ce qui l'accompagnait. Les grands génies, au contraire, méprisant tout ce petit détail, vont saisir dans les choses je ne sais quoi d'essentiel, et qui est ordinairement indépendant des circonstances.

Croirait-on bien que dans les choses de passion, il vaut mieux imiter le langage des personnes d'un esprit médiocre que celui des autres ? A la vérité on ne rapporte guère que des faits, et on ne s'élève pas jusqu'aux réflexions ; mais rien n'est plus agréable que des faits exposés de manière qu'ils portent leur réflexion avec eux. Tel est ce trait admirable de Virgile : « Galatée me jette une pomme, et » s'enfuit derrière des saules, et veut être aperçue aupara- » vant. » Le berger ne vous dit point quel est le dessein de Galatée, quoiqu'il le sente parfaitement bien ; mais il a été frappé de l'action, et selon qu'il vous la représente, il est impossible que vous n'en deviniez le dessein. Or l'esprit aime les idées sensibles, parce qu'il les saisit facilement : et il aime à pénétrer, pourvu que ce soit sans effort, soit parce qu'il se plaît à agir jusqu'à un certain point, soit parce qu'un peu de pénétration flatte sa vanité. Il a le double plaisir et d'embrasser une idée facile, et de pénétrer lorsqu'on lui présente des faits pareils à celui de

Galatée. L'action et, pour ainsi dire, l'âme de l'action, s'offrent tout ensemble à ses yeux; il ne peut avoir rien de plus, ni plus promptement, et il ne lui en peut coûter moins.

Lorsque Coridon, dans la seconde églogue de Virgile, dit, pour vanter sa flûte, que Dametas la lui donna en mourant, et lui dit, *Tu es le second maître qu'elle a eu*, et qu'Amintas fut jaloux de ce qu'on ne lui avait pas fait ce présent, toutes ces circonstances sont parfaitement du génie pastoral. Il pourrait même y avoir de la grâce à faire qu'un berger s'embarrassât dans celles qu'il rapporterait, et eût quelque peine à s'en démêler; mais cela voudrait être ménagé avec art.

Il n'y a point de personnages à qui il sied mieux de charger un peu leurs discours de circonstances, qu'aux amans. Elles ne doivent pas être adsolument inutiles ou prises trop loin, car cela serait ennuyeux, quoique peut-être naturel : mais celles qui n'ont qu'un demi rapport au fait dont il s'agit, et qui marquent plus de passion qu'elles ne sont importantes, ne peuvent manquer de faire un effet agréable. Ainsi, lorsque dans une églogue de Segrais une bergère dit :

> Ménalque et Licidas ont su faire des vers,
> Dignes d'être chantés par cent peuples divers;
> Mais mon jaloux berger, sous ce vieux sicomore,
> En fit un jour pour moi, que j'aime mieux encore :

La circonstance du sicomore est jolie, en ce qu'elle serait inutile pour tout autre que pour une amante.

Selon l'idée que nous nous formons ici des bergers, les récits et les narrations leur conviennent fortbien ; mais de leur faire faire des harangues pareilles à celles de l'Astrée, pleines de réflexions générales et de raisonnemens liés les uns aux autres, en vérité je ne crois pas que leur caractère le permette.

Il n'est pas mal qu'ils fassent des descriptions, pourvu qu'elles ne soient pas fort longues. Celle de la coupe que le chevrier promet à Tircis dans la première idylle de Théocrite passe un peu les bornes ; et, sur cet exemple, Ronsard et Remi Belleau, son contemporain, en ont fait qui l'emportent en longueur. Quand leurs bergers ont à décrire un panier, un bouc, un merle, qu'ils mettent pour prix d'un combat, ils ne finissent point. Ce n'est pas que ces descriptions n'aient quelquefois bien de la beauté, et un art merveilleux ; au contraire, elles en ont trop pour des bergers.

Vida, fameux poète latin du seizième siècle, dans l'églogue de Nicé, qui est, à ce que je crois, Victoire Colonne, veuve de Davalos, marquis de Pesquaire, fait décrire au berger Damon un panier de jonc qu'il fera pour elle. Il dit qu'il y représentera Davalos mourant, et regrettant de ne pas mourir dans un combat ; des rois, des capitaines et des nymphes en pleurs autour de lui ; Nicé priant en vain les dieux ; Nicé évanouie à la nouvelle de la mort de Davalos, revenant à peine par l'eau que ses femmes lui jettent sur le visage ; et il ajoute qu'il aurait exprimé bien des plaintes et des gémissemens, s'ils se pouvaient exprimer sur le jonc. Voilà bien des choses pour un panier, et même je ne rapporte pas tout ; mais je ne sais comment tout cela se peut représenter sur du jonc, ni comment Damon, qui n'y saurait exprimer les plaintes de Nicé, n'est point embarrassé à y exprimer le regret qu'a le marquis de Pesquaire de mourir dans son lit. Je soupçonne que le bouclier d'Achille pourrait bien nous avoir produit le panier de Damon.

Je vois que Virgile a fait entrer beaucoup de comparaisons dans les discours de ses bergers. Elles sont assez bien imaginées pour tenir la place de ces comparaisons triviales, et principalement des proverbes grossiers dont les vrais bergers se servent presque toujours. Mais comme ces traits là sont fort aisés à attraper, c'est ce qui a été le plus imité de Virgile. On ne voit autre chose dans tous les auteurs d'églogues, que des bergères qui surpassent toutes les autres autant que le pin surpasse le houx, et que le chêne est au-dessus de la fougère ; on ne parle que des rigueurs d'une ingrate qui sont à un berger ce qu'est la bise aux fleurs, la grêle aux moissons, etc. A l'heure qu'il est, je crois tout cela usé ; et, à dire vrai, ce n'est pas un grand malheur. Naturellement les comparaisons ne sont pas trop du génie de la passion, et les bergers ne s'en devraient servir que par la difficulté de s'exprimer autrement. Alors elles auraient beaucoup de grâce ; mais je n'en connais guère de cette espèce.

Ainsi, nous avons trouvé à peu près la mesure d'esprit que peuvent avoir des bergers, et la langue qu'ils peuvent parler. Il en va, ce me semble, des églogues comme des habits que l'on prend dans des ballets pour représenter des paysans. Ils sont d'étoffes beaucoup plus belles que ceux des paysans véritables ; ils sont même ornés de rubans et de points, et on les taille seulement en habits de paysans. Il faut aussi que les sentimens, dont on fait la matière des églogues soient plus fins et plus délicats que ceux des vrais bergers ; mais il faut leur donner la forme la plus simple et la plus champêtre qu'il soit possible.

Ce n'est pas qu'on ne doive mettre de la simplicité et de la naïveté jusques dans les sentimens, mais on doit prendre garde aussi que cette naïveté et cette simplicité n'excluent que les raffinemens excessifs, tels que sont ceux des gens du grand monde, et non pas des lumières que la nature et les passions fournissent d'elles-mêmes ; autrement l'on tomberait dans des puérilités qui feraient rire. C'en est une une excellente dans son genre, que celle de ce jeune berger, qui, dans une églogue de Remi Belleau, dit sur un baiser qu'il avait pris à une jolie bergère :

> J'ai baisé des chevreaux qui ne faisaient que naître,
> Le petit veau de lait dont Colin me fit maître,
> L'autre jour dans ces prés; mais ce baiser vraiment
> Surpasse la douceur de tous ensemblement.

Une puérilité serait encore plus pardonnable à ce jeune berger qu'au cyclope Polyphême. Dans l'idylle de Théocrite, qui porte son nom, et qui est belle, il songe à se venger de ce que sa mère, nymphe marine, n'a jamais pris soin de le mettre dans les bonnes grâces de Galatée, autre nymphe de la mer; il la menace de dire, pour la faire enrager, qu'il a mal à la tête et aux deux pieds. On ne peut guère croire que, fait comme il était, sa mère fût assez folle de lui pour être bien fâchée de lui voir de petits maux, ni qu'il imaginât une vengeance si mignonne. Son caractère est mieux gardé, lorsqu'il promet à Galatée, comme un présent fort agréable, quatre petits ours qu'il nourrit exprès pour elle. A propos d'ours, je voudrais bien savoir pourquoi Daphnis, en mourant, dit adieu aux ours et aux loups cerviers, aussi tendrement qu'à la belle fontaine d'Aréthuse et aux fleuves de Sicile. Il me semble qu'on n'a guère coutume de regretter une pareille compagnie.

Il ne me reste plus à faire qu'une remarque qui n'a point de liaison avec les précédentes; c'est sur les églogues qui ont un refrain à peu près comme des ballades, ou un vers qui se répète plusieurs fois. Il n'est pas besoin de dire qu'il faut ménager à ces refrains des chutes heureuses, ou tout au moins justes : mais on ne sera peut-être pas fâché de savoir que tout l'art dont Théocrite s'est servi dans une idylle de cette espèce, a été de prendre son refrain, et de le jeter dans son idylle à tort et à travers, sans aucun égard pour le sens des endroits où il le mettait, sans égard même pour les phrases qu'il ne faisait pas difficulté de couper par le milieu. Un moderne ne serait pas admiré, s'il en faisait autant.

Voilà bien du mal que j'ai dit de Théocrite et de Virgile, tout anciens qu'ils sont; et je ne doute pas que je ne paraisse bien impie à ceux qui professent cette espèce de religion que l'on s'est faite d'adorer l'antiquité. Il est vrai que je n'ai pas laissé de louer assez souvent Virgile et Théocrite : mais enfin je ne les ai pas toujours loués, et je n'ai pas dit que leurs défauts mêmes, s'ils en avaient, étaient de beaux défauts ; je n'ai pas forcé toutes les lumières naturelles de la raison pour les justifier ; je les ai en partie approuvés, et condamnés en partie comme des auteurs de ce siècle, que je verrais tous les jours en personne; et c'est dans toutes ces choses là que consiste le sacrilége.

POÉSIES PASTORALES.

AVERTISSEMENT.

La pièce qui suit avait été faite pour être mise en musique, quoiqu'il soit arrivé qu'on ne l'y a point mise. On avait même demandé qu'elle fût sur le retour d'une belle personne; ce qui est un sujet assez stérile, et que je n'eusse point choisi, si on m'eût laissé le choix.

LE RETOUR DE CLIMÈNE,

PASTORALE.

SCÈNE PREMIÈRE.

ALCIDON, TIRCIS.

ALCIDON.

Tircis, rends-moi raison
De tout ce qu'en ces lieux j'admire :
Pourquoi, quand l'été se retire,
Vois-je renaître ici des fleurs sur leur gazon ?
Tircis, que veut dire
Un si doux zéphire
Hors de la belle saison ?
J'attendais désormais la neige et la froidure :
Aurons-nous le printemps deux fois ?

TIRCIS.

Climène est de retour, Berger ; et la nature
L'apprend à nos oiseaux, à nos prés, à nos bois.
Vois comme en ces climats elle se renouvelle,
Elle n'a jamais eu d'appas plus éclatans ;
Elle en veut faire autant pour cette belle
Qu'elle en ferait pour le printemps.

ALCIDON.

Ah ! je ne devais pas attendre
Qu'on m'apprît qu'elle est de retour ;
Et ne sentais-je pas qu'en ce charmant séjour,
Il vient de se répandre
Un air plus amoureux, plus tendre ?

TIRCIS.

Aimons, en ce charmant séjour
On ne respire plus qu'amour.

TOUS DEUX.

Aimons, en ce charmant séjour
On ne respire plus qu'amour.

TIRCIS.

Qui pourrait s'en défendre ?

ALCIDON.

Tous les cœurs enchantés se rendront à leur tour.

TOUS DEUX.

Aimons, en ce charmant séjour
On ne respire plus qu'amour.

SCÈNE II.

ALCIDON, TIRCIS, THAMIRE.

THAMIRE.

Entendrai je toujours retentir nos bocages
    De ces vaines chansons?
Pourquoi rendre à l'amour ces indignes hommages?
    Il trouble seul, par ses cruels ravages,
    Le repos dont nous jouissons.
    S'il n'était point d'amour au monde,
    Que les bergers seraient heureux!
    Les charmes d'une paix profonde,
Les innocens plaisirs n'étaient faits que pour eux.
    S'il n'était point d'amour au monde,
    Que les bergers seraient heureux!
    Ne souffrons point qu'il nous enchaîne;
Qui résiste d'abord, en triomphe toujours.

TIRCIS.

Berger, vous cesserez de tenir ce discours ;
　Vous n'avez jamais vu Climène.

THAMIRE.

J'ai vu mille beautés qui ne m'ont point surpris ;
J'ai vu Sylvie, Aminte, et Lisette, et Doris,
Attaquer mon repos dont leur fierté s'offense ;
Mon cœur s'est éprouvé contre tous leurs appas :
　Je suis sorti de ces divers combats
　　Plus assuré de mon indifférence.
　　　Que puis-je avoir à redouter ?
S'il faut combattre encor, ma victoire est certaine.

ALCIDON.

Berger, tout cet orgueil se laissera dompter ;
　Vous n'avez jamais vu Climène.

THAMIRE.

Hé bien, qu'elle paraisse avec tous ses attraits ;
　Elle n'a jamais vu Thamire,
Elle apprendra qu'on peut braver ses traits ;
J'insulterai ces yeux dont l'éclat vous attire,
　En conservant une profonde paix.

ALCIDON ET TIRCIS.

Ah ! ne poursuivez pas, vous vous rendez coupable ;
　De son pouvoir l'amour est trop jaloux.
　　Quelle vengeance effroyable
　　Vous prépare son courroux !
　　Nous en frémissons pour vous.

THAMIRE.

Ne craignez rien pour moi, je saurai me défendre.
L'empire de l'amour aurait peine à s'étendre,
Si de l'indifférence on savait mieux le prix.
　　Tout son pouvoir se borne à prendre
　　De faibles cœurs qui veulent être pris.

SCÈNE III.

TIRCIS, ALCIDON.

TIRCIS ET ALCIDON.

N'imitons point ce téméraire ;
Craignons toujours l'amour, évitons sa colère.
ALCIDON.
L'amour, le plus grand des vainqueurs,
Soumet tout à ses lois, et l'univers l'adore ;
Mais les cœurs des bergers lui doivent plus encore
Que tous les autres cœurs.

SCÈNE IV.

TIRCIS, ALCIDON, FLORISE.

FLORISE.

Je cours de toutes parts, le désespoir dans l'âme :
Bergers, on ne doit plus se fier aux sermens ;
Le plus tendre des amans,
Philène, a trahi ma flamme.
Doux nœuds qu'avaient formés d'innocentes amours,
Que nous prenions plaisir à serrer tous les jours
Par une tendresse nouvelle,
Hélas! ne pouviez-vous, avec tous vos attraits,
Arrêter plus long-temps un amant infidèle,
Vous qui m'engagiez pour jamais?
TIRCIS.
Mais, Bergère, avez-vous une entière assurance
De ce funeste changement?
Souvent un cœur jaloux en croit trop aisément
La plus faible apparence.

FLORISE.

Mon malheur n'est que trop certain,
Une agréable erreur ne peut flatter ma peine.
Je me déguiserais en vain
Le crime de Philène;
Je viens de voir sur le sein de Climène
Des fleurs qu'il tenait de ma main.

ALCIDON.

Je ne suis point surpris que Climène l'engage;
Il faut aimer Climène, il faut lui rendre hommage,
Dût-on quitter l'objet dont on avait fait choix.
Tous les cœurs sont faits pour ses lois;
L'amour en sa faveur permet qu'on soit volage.
Il faut aimer Climène, il faut lui rendre hommage,
Dût-on quitter l'objet dont on avait fait choix.

FLORISE.

Est-ce là, juste ciel! dans mes douleurs pressantes,
Le soulagement que j'attends?

TIRCIS ET ALCIDON.

Climène est de retour; que nous verrons d'amantes
Pleurer des amans inconstans!

SCÈNE V.

TIRCIS, ALCIDON, THAMIRE.

THAMIRE.

Bergers, pourrez-vous bien m'en croire?
Je viens de voir Climène, et ne me connais plus.
Je suis tombé dans un trouble confus,
Je n'ai point à ses yeux disputé leur victoire;
Je ressens des transports qui m'étaient inconnus,

J'ai déjà perdu la mémoire
De ces projets si fiers jusqu'ici soutenus.

TIRCIS ET ALCIDON.

O redoutable amour! ô puissante Vénus!
Quel triomphe pour vous! quelle éclatante gloire!

THAMIRE.

A l'aimable Climène il voulait réserver
   Un cœur qui fut toujours rebelle;
  Ils m'ont permis long-temps de les braver,
Pour rendre ma défaite encor plus digne d'elle.

ALCIDON.

Que nous sommes charmés de votre ardeur nouvelle!
Vous ne serez donc plus le seul de ces hameaux,
Qui chante sur des tons si différens des autres?
   Vous aimez, et vos chalumeaux
   Vont s'accorder avec les nôtres.

THAMIRE.

A des chants amoureux il n'ont jamais servi :
Bergers, récompensons un temps que je regrette.
Désormais je n'ai plus de voix ni de musette,
   Que pour chanter les yeux qui m'ont ravi.

TOUS TROIS.

  Chantons l'aimable souveraine
   De mille et mille cœurs;
  Chantons des traits toujours vainqueurs;
   Chantons, chantons Climène.

TIRCIS.

En quelques lieux qu'elle tourne ses pas,
Mille tendres amours y marquent sa présence.

THAMIRE.

   La fière indifférence
  Fuit toujours devant ses appas.

ALCIDON.
Elle nous défend l'espérance,
Et ses rigueurs ne nous guérissent pas.
TOUS TROIS.
Chantons l'aimable souveraine
De mille et mille cœurs ;
Chantons des traits toujours vainqueurs ;
Chantons, chantons Climène.

PERSONNAGES.

ÉNONE, fille du fleuve Scamandre.
IDALIE, bergère.
PARIS.
HECTOR.
CHŒUR DE BERGERS.

ÉNONE,
PASTORALE.

ACTE PREMIER.

SCÈNE PREMIÈRE.

ENONE, CHŒURS DE BERGERS.

ÉNONE.

Mon berger revient aujourd'hui;
Suivez de mes transports la douce violence,
Bergers, occupons-nous de lui;
Cueillons pour lui des fleurs en son absence.

UN BERGER.

Nous sommes tous intéressés.
A servir un amour si tendre;
Vous êtes fille de Scamandre,
Et vous nous faites voir par vos soins empressés,
Qu'à l'amour d'une nymphe un berger peut prétendre.
Nous sommes tous intéressés
A servir un amour si tendre.
Un aimable pasteur a su plaire à vos yeux,
Les pasteurs à l'envi chantent cette victoire :
La gloire de Pâris est la commune gloire
De tous les bergers de ces lieux.

CHŒUR.

Un aimable pasteur, etc.

ÉNONE.

Dans l'empire d'amour on tient le rang suprême,
Dès que l'on sait charmer.
Le dieu Pan et Jupiter même
N'y sont point reconnus, s'ils ne se font aimer :
Et c'est un demi dieu que le berger qu'on aime.

UN BERGER.

Aimez sans crainte, livrez-vous
Aux innocens plaisirs d'une ardeur mutuelle.
Vous êtes nymphe et belle,
Vous aimez; votre amour et des appas si doux
Ne sauraient trouver d'infidèle.

ÉNONE.

Mon berger m'aimera toujours,
Il me le jure tous les jours;
J'en crois l'ardeur, dont il le jure,
J'en crois ses doux transports et ses soins assidus;
Mais j'en crois peut-être encor plus
Mon cœur même qui m'en assure.

SCÈNE II.

ÉNONE, IDALIE, CHŒUR.

IDALIE.

Nymphe, Pâris est arrivé.

ÉNONE.

Il me cherche sans doute; ah ! courons, Idalie,
Dans les lieux où tu l'as trouvé.

IDALIE.

Je l'ai trouvé rêveur, plein de mélancolie,
Assis sous ces arbres voisins;
Et ses soupirs marquait une âme ensevelie
Dans de profonds chagrins.

ÉNONE.

Il ne me cherche pas! Ah! Dieux! quelle nouvelle!
Il est si près d'Énone, et ne la cherche pas?
Quel retour d'un amant! deux jours d'absence, hélas!
Ont-ils changé ce cœur si tendre et si fidèle!

IDALIE.

Mais, sans doute, il ressent une peine cruelle.

ÉNONE.

Ah! que ne la vient-il partager avec moi!
  Si nos peines ne sont communes,
Si je n'adoucis plus toutes ses infortunes,
   Il me manque de foi.
 Je frissonne déjà des maux que j'envisage :
Un désordre confus agite mes esprits.
  Dieux! quel est cet affreux présage?
  Allons, allons chercher Pâris.

SCÈNE III.

IDALIE, CHŒUR.

IDALIE.

Pour les cœurs délicats l'amour a trop d'alarmes,
Ils en devraient toujours éviter le danger;
Mais les cœurs délicats, trop touchés de ses charmes,
  Sont les plus prêts à s'engager.

CHŒUR.

Pour les cœurs délicats, etc.

ACTE II.

SCÈNE PREMIÈRE.

PARIS.

Aimables lieux, agréables retraites,
  Qui m'avez vu goûter
  Des douceurs si parfaites,
Non je ne saurais vous quitter.
  Vous me représentez sans cesse
Les plaisirs dont mon cœur s'est laissé transporter.
Vous promettez encor ces biens à ma tendresse
  Non, je ne saurais vous quitter.
  Mais je vois la nymphe que j'aime.
Lieux trop charmans, qu'elle vient vous prêter
  D'appas pour m'arrêter!
Soyez toujours témoins de mon ardeur extrême;
  Non, je ne saurais vous quitter.

SCÈNE II.

PARIS, ÉNONE

PARIS.

Enone, savez-vous quel ennui me tourmente?
On me veut arracher des lieux où je vous voi.
  J'étais berger, vous receviez ma foi,
  Mon bonheur passait mon attente;
Mais je reviens de Troie, où j'ai vu, malgré moi,
  Que ma fortune est trop brillante.
J'ai reçu les respects d'une cour éclatante,
  Qui fait trembler tout sous sa loi.

En vous le racontant ma douleur en augmente.
Chère Énone, j'apprends que je suis fils du roi.

ÉNONE.

Vous êtes fils du roi! quel coup pour une amante!

PARIS.

Le roi m'a commandé de ne le quitter pas;
La reine à chaque instant me serrait dans ses bras;
 Sur moi seul leur suite nombreuse
Attachait ses regards flatteurs et curieux:
Mais je n'ai pu souffrir, d'un sort si glorieux,
 La contrainte trop rigoureuse;
Je me suis dérobé, j'ai volé dans ces lieux.

ÉNONE.

Retournez, retournez dans cette cour pompeuse.

PARIS.

Votre amour seul m'est précieux.

ÉNONE.

Ah! ne m'abusez plus par votre ardeur trompeuse.

PARIS.

Fiez-vous, belle Énone, au pouvoir de vos yeux.

ÉNONE.

Laissé mourir Énone, elle est trop malheureuse.
 Je croyais n'aimer qu'un berger,
 Faut-il que vous cessiez de l'être!
 Lorsque vous sûtes m'engager,
Je descendis du rang où le ciel m'a fait naître,
 Je me plus à le négliger.
Qui jamais eût prévu que vous dussiez changer
Par le nouvel éclat où vous allez paraître?
 Je croyais n'aimer qu'un berger,
 Faut-il que vous cessiez de l'être!

PARIS.

Ah! si pour conserver de si tendres amours,
Il faut être berger, je le serai toujours.
Oui, mon cœur désavoue une illustre fortune;
Je refuse à jamais sa faveur importune [1],
Qui m'accable d'un bien qui ne me peut flatter;
  Je reprends la houlette
Qu'avec vous si long-temps ces bois m'ont vu porter,
  Je reprends la musette
  Accoutumée à vous chanter;
Et touché désormais des seuls regards d'Énone,
  Possédé de ses seuls appas,
  Mon cœur ne se souviendra pas
Qu'il soit dans l'univers ni couronne, ni trône.

ÉNONE.

Pourriez-vous à ce point signaler votre foi?
Vous laisseriez la cour pour vivre en ces bocages!

PARIS.

Nymphe, n'avez-vous pas de votre rang pour moi
  Quitté les avantages?
  J'ai du plaisir de savoir
  Qu'un monarque soit mon père,
  Puisqu'enfin je puis avoir
  Un sacrifice à vous faire.

TOUS DEUX.

  Pour demeurer dans vos liens,
  Est-il rien que je n'abandonne?
Quand on connaît les biens que l'amour donne,
  On ne connaît plus d'autres biens.

---

[1] Voilà la même faute que Racine a faite au commencement de la première scène d'Andromaque.

SCÈNE III.
PARIS, ÉNONE, IDALIE.

IDALIE.

Un guerrier dans ces lieux arrive,
Il y cherche Pâris avec empressement.
ÉNONE.
Que ma frayeur est vive!
Tu veux, cruel destin, m'arracher mon amant.
PARIS.
Ah! plutôt du jour même il faudra qu'on me prive.
Le destin ne peut rien sur un nœud si charmant.

ACTE III.
SCÈNE PREMIÈRE.
HECTOR, PARIS.

HECTOR.

Quoi! vous vous obstinez à vivre en ces retraites?
Oubliez-vous déjà, mon frère, qui vous êtes,
Quel sang vous a donné le jour?
PARIS.
Seigneur, j'ai peine encore à vous nommer mon frère,
Hélas! vous ne connaissez guère
Les biens de ce charmant séjour.
Une éternelle paix tient ici son empire:
On se fait à la cour mille divers malheurs,
Dont jamais en ces lieux un berger ne soupire;

A peine savons-nous les noms de vos douleurs ;
Les dieux dans leurs trésors n'ont rien qui pût suffire
    Pour contenter vos cœurs.
Ici quelques troupeaux, de l'ombrage, un zéphire,
    Qui nous fasse naître des fleurs,
    Voilà tous les biens qu'on désire ;
Et ce qui passe encor tout ce qu'on peut vous dire,
On aime ici, mon frère, on n'aime point ailleurs.

HECTOR.

Ne rougissez-vous point de l'indigne mollesse.
    Qu'aux yeux d'Hector vous laissez éclater ?
Lorsque de votre sang vous voyez la noblesse,
Par quels honteux appas un sort plein de bassesse
    Peut-il vous enchanter.

PARIS.

Souffrez qu'à vos regards ma faiblesse s'expose.
Sensible au seul plaisir d'aimer et d'être aimé,
    Je ne suis point accoutumé
    Aux devoirs que la gloire impose.
Je ne connais encor que cette douce loi
    Que mon âme a toujours suivie.
D'aujourd'hui seulement je suis fils d'un grand roi.
    Je fus berger toute ma vie.

                (*Le reste manque.*)

ÉGLOGUES.

A MADAME LA DAUPHINE.

PREMIÈRE ÉGLOGUE.

» Dans un bois qu'arrose la Seine,
» Je marchais sans tenir une route certaine,
» Et rêvais presque sans objet;
» Un beau jour, un ruisseau, les fleurs de nos prairies,
» Suffisent pour causer de douces rêveries,
» J'entendis quelques voix que je crus reconnaître;
« C'était Lise et Cloris, qui toutes deux font naître
» De nos hameaux les plus tendres amours :
» J'écoutai sans vouloir paraître,
» Trahison qui se fait toujours
» Aux belles dont on veut surprendre les discours.

» Non, disait Cloris, j'en suis sûre,
» C'était une déesse, et tu lui fais injure
» D'être d'un avis différent.
» D'une divinité les marques naturelles
» Eclatent dans cet air qui touche et qui surprend;
» Lise, as-tu donc vu des mortelles
» Avoir l'air si noble et si grand?

» Tu ne peux à sa vue avoir été frappée
» D'un respect plus profond que moi,
» Répondait Lise; et cependant je croi,
» Ma Cloris, que tu t'es trompée,
» Et que j'en juge mieux que toi.

» Les déesses, toujours fières et méprisantes,
» Ne rassureraient point les bergères tremblantes,
» Par d'obligeans discours, par des souris gracieux :
　» Mais tu l'as vu: cette auguste personne
　　» Qui vient de paraître en ces lieux,
» Prend soin de rassurer au moment qu'elle étonne.
» Sa bonté descendant sans peine jusqu'à nous,
» Semblait, par ses regards, nous faire des caresses.
　　» Cloris, as-tu vu des déesses
　　» Avoir un air si facile et si doux ?

» Alors je me présente aux yeux des deux bergères,
　　» Qui ne traitaient point ces mystères
» Que des témoins cachés sont ravis d'écouter ;
» Je ne dois pas, leur dis-je, avoir beaucoup de gloire
» En devinant ici qui vous fait disputer ;
　　» Ce ne peut être que Victoire.
　　» Pour vous dire ce que j'en croi,
» Je suis, je l'avoûrai, du sentiment de Lise ;
» Mais Cloris, car il faut parler de bonne foi,
　　» Cloris ne s'est guère méprise.

» Comment en sais-tu tant, toi qui n'es qu'un berger,
» Dit Cloris? à quel droit prétends-tu nous juger?
» Bergère, je consens, repris-je, à vous l'apprendre.
» Quoique simple berger, j'ai voulu voir la cour,
» Cette cour, d'où LOUIS prend plaisir à répandre
» Les biens dont est comblé ce rustique séjour.
» N'attendez pas de moi que je vous représente
» Combien de ces beaux lieux la pompe est éclatante ;
» Je fus, à leur aspect, interdit, ébloui ;
» Cent prodiges divers ont troublé ma mémoire ;
» Et de plus, tout doit bien s'en être évanoui :
» Mes yeux furent long-temps attachés sur Victoire.

» Car, le croiriez-vous bien? on me vit là chantant
    » Ces airs d'une muse champêtre,
  » Ces mêmes airs que vous connaissez tant.
» Victoire le voulut, se délassant peut-être
» De ces airs plus polis que sans cesse elle entend.
» Je tremblais devant elle, et je chantai pourtant.
    » O ciel! qu'elle fit bien connaître
» Jusqu'où va son esprit, jusqu'où son goût s'étend!
» Les endroits dont je crois qu'on peut être content,
    » Un souris fin, qui venait à paraître,
      » Les marquait dans le même instant.
      » Quand un berger qui vous adore,
  » Chante des vers qui furent faits pour vous,
» Vous devez bien savoir s'ils sont touchans et doux,
      » Victoire le sait mieux encore.

      » Puisqu'elle daigne m'écouter,
  » Toujours mes chants seront jugés par elle.
      » Et pourquoi ne la pas chanter,
  » Me direz-vous? La matière est si belle!
  » Je le sais bien; mais un simple hautbois,
  » A votre avis, y pourrait-il suffire?
      » Phœbus lui-même avec sa lyre,
    » Y penserait plus d'une fois. »

ALCANDRE.

DEUXIÈME ÉGLOGUE.

A MONSIEUR...

« Quand je lis d'Amadis les faits inimitables,
» Tant de châteaux forcés, de géans pourfendus,

» De chevaliers occis, d'enchanteurs confondus,
» Je n'ai point de regret que ce soient là des fables;
» Mais quand je lis l'Astrée, où dans un doux repos
» L'amour occupe seul de plus charmans héros,
» Où l'amour seul de leur destin décide,
» Où la sagesse même a l'air si peu rigide,
» Qu'on trouve de l'amour un zélé partisan
» Jusques dans Adamas, le souverain druide;
» Dieux! que je suis fâché que ce soit un roman!
» J'irais vous habiter, agréable contrée,
   » Où je croirais que les esprits
   » Et de Céladon et d'Astrée
» Iraient encore errans, des mêmes feux épris;
» Où le charme secret, produit par leur présence,
   » Ferait sentir à tous les cœurs
   » Le mépris des vaines grandeurs,
   » Et les plaisirs de l'innocence.
» O rives de Lignon! ô plaines de Forez!
   » Lieux consacrés aux amours les plus tendres,
» Montbrison, Marcilli, noms toujours pleins d'attraits,
» Que n'êtes-vous peuplés d'Hylas et de Silvandres!
» Mais pour nous consoler de ne les trouver pas,
   » Ces Silvandres et ces Hylas,
» Remplissons nos esprits de ces douces chimères,
» Faisons-nous des bergers propres à nous charmer;
» Et puisque dans ces champs nous voudrions aimer,
   » Faisons-nous aussi des bergères.

» Souvent en s'attachant à des fantômes vains,
» Notre raison séduite avec plaisir s'égare,
» Elle-même jouit des plaisirs qu'elle a feints;
» Et cette illusion pour quelque temps répare
» Le défaut des vrais biens que la nature avare
   » N'a pas accordés aux humains.

» Ami, dans ce dessein je t'offre cet ouvrage;
» Nous avons eu du ciel l'un et l'autre en partage
   » Le même goût pour les bergers.
» Nous n'imiterons pas du héros de Cervantes
      » Dans de ridicules dangers
      » Les prouesses extravagantes.
» Sans doute nos esprits ne seront point blessés
» Du fol entêtement de la chevalerie,
» Jamais par nous des torts ne seront redressés;
» Mais pour cette puissante et douce rêverie,
» Qui fit errer Lisis dans les plaines de Brie,
» Avec quelques moutons à peine ramassés,
      » Rétablissant la bergerie
      » Dans l'éclat des siècles passés,
      » Cher ami, sans plaisanterie,
      » N'en sommes-nous point menacés ? »

Les bergers d'un hameau célébraient une fête;
Chacun d'eux plus paré méditait sa conquête;
Ne respirait qu'amour, et n'était appliqué
Qu'au soin de voir, de plaire et d'être remarqué.
Ce soin, mais plus secret, occupait les bergères;
On avait pris conseil des ondes les plus claires,
On avait dérobé des fleurs aux prés naissans;
Rien n'était oublié des secours innocens
Qu'en ces lieux la nature, et si simple et si belle,
Peut recevoir d'un art presqu'aussi simple qu'elle.
Ici, sous des rameaux exprès entrelacés,
Où jouaient les rayons dont ils étaient percés,
On formait tour à tour des danses différentes:
Heureux ceux qui tenaient la main de leurs amantes!
Là, dans une campagne on disputait un prix;
L'amour plus que la gloire anime les esprits,

Les belles aux bergers inspirent de l'adresse :
Heureux qui met le prix aux pieds de sa maîtresse!
Tout l'air retentissait du bruit confus et doux
Des flûtes, des hautbois, et des oiseaux jaloux;
Il naissait mille amours, ce temps les favorise;
Ils étaient moins craintifs, ce temps les autorise;
De toutes parts enfin, par mille jeux divers,
A la joie, au plaisir les cœurs étaient ouverts;
Alcandre, Alcandre seul n'en était point capable;
A peine il reconnut un jour si remarquable :
En voyant ce spectacle, il s'en trouva surpris;
Triste, mais tendre effet de l'absence d'Iris.
Il se dérobe, il fuit une importune foule;
Par des chemins couverts en secret il se coule.
Aussitôt qu'il arrive au milieu d'un coteau
D'où les yeux aisément découvrent le hameau,
Il y voit l'allégresse en tous lieux répandue,
Pour un amant qui souffre insupportable vue.
Il s'arrête, et pressé de ses vives douleurs :
Tout rit, tout est en joie; et moi, dit-il, je meurs.
Deux fois du sein des eaux la lumière est sortie,
Depuis que du hameau ma bergère est partie;
Je faisais de la voir le plus doux de mes soins;
Si je ne la voyais, je la cherchais du moins;
L'amour me conduisait, et je ne manquais guère
A découvrir les lieux qui cachaient la bergère.
Mais maintenant, hélas! j'erre en ces mêmes lieux,
Plein d'elle, et sans espoir qu'elle s'offre à mes yeux.
Ciel! que le soleil marche à pas lents sur nos têtes!
Quels jours! quelle tristesse! et l'on songe à des fêtes!
On danse en ce hameau! que je me tiens heureux
D'être ici solitaire, éloigné de ces jeux!
Et qu'y ferais-je? quoi! je pourrais voir Doride

De louanges toujours et de douceurs avide,
Et Madonte qui croit qu'Iris ne la vaut pas,
Et Stelle qui jamais n'a loué ses appas,
Y briller en sa place, y triompher de joie !
Goûtez bien le bonheur que le ciel vous envoie,
Bergères ; jouissez de mille vœux offerts
Dans l'absence d'Iris, les momens vous sont chers.
Qu'elle eût orné les jeux ! que d'yeux tournés sur elle !
Et qu'on m'eût rendu fier en la trouvant si belle !
Elle eût mis cet habit qu'elle-même a filé,
Chef-d'œuvre de ses doigts qu'on n'a point égalé :
Souvent à cet ouvrage un peu trop attachée,
Il semblait de mon chant qu'elle fût moins touchée.
Il est vrai cependant que, pour mieux m'écouter,
La belle quelquefois voulait bien le quitter.
Elle aurait mis en nœuds sa longue chevelure,
La jonquille à ces nœuds eût servi de parure ;
Elle est jaune, Iris brune, et sans doute l'emploi
De cueillir cette fleur ne regardait que moi.
Peut-être dans les jeux elle eût bien voulu prendre
Le moment d'un regard mystérieux et tendre,
Qu'avec un air timide elle m'eût adressé,
Et de tous mes tourmens j'étais récompensé.
Peut-être qu'à l'écart si je l'eusse trouvée,
D'une troupe jalouse un peu moins observée,
Elle m'eût, en fuyant, dit quelques mots tout bas,
Avec sa douce voix et son doux embarras.
Elle l'a déjà fait aux noces de Sylvie,
Ce plaisir imprévu pensa m'ôter la vie ;
Mon cœur se trouble encore à ce seul souvenir.
Quel moment ! ah ! grands Dieux ! s'il pouvait revenir !
Alcandre, que dis-tu ? La bergère est absente,
Peut-être pour long-temps, peut-être peu constante ;

Et jusqu'à ses faveurs tu portes ton espoir?
Tu serais trop heureux seulement de la voir.

SILVANIRE ET DELPHIRE.

TROISIÈME ÉGLOGUE.

ATIS, LICIDAS.

ATIS.

« Ou vas-tu, Licidas?

LICIDAS.

» Je traverse la plaine,
» Et vais même monter la colline prochaine.

ATIS.

» La course est assez longue.

LICIDAS.

» Ah! s'il était besoin
» Pour le sujet qui me mène,
» J'irais encor plus loin.

ATIS.

» Il est aisé de t'entendre;
» Toujours de l'amour?

LICIDAS.

» Toujours.
» Que faire sans les amours?
» Qui viendrait me les défendre,
» Je finirais là mes jours.
» Au hameau d'où je suis tout le monde s'engage,
» En aucun autre lieu l'amour n'est mieux servi :
» Bergères et bergers nous lui rendons hommage;

PASTORALES.

» Il n'est point parmi nous d'usage
» Plus ancien ni mieux suivi.

ATIS.

» Et n'est-ce pas chez nous la même chose ?
» Un berger rougirait de n'être pas amant ;
» Au doux péril d'aimer de soi-même on s'expose.
» Qu'il arrive un événement,
» Il n'en faut pas chercher bien loin la cause ;
» C'est l'amour, c'est lui sûrement.
» Par nos Iris et nos Sylvies
» Tous nos destins sont décidés.
» Les troupeaux, il est vrai, sont assez mal gardés :
» Mais les belles sont bien servies.

LICIDAS.

» Dans tout notre hameau nous ne pouvions compter
» Qu'une jeune beauté qui fût indifférente ;
» Maintenant c'en est fait, Silvanire est amante,
» L'amour n'a point voulu qu'on la pût excepter.

ATIS.

» Dis-moi, Berger, par quelle voie
» Il l'a soumise à son pouvoir :
» Je suis curieux de savoir
» Les divers moyens qu'il emploie.
» Aussi bien je suivrai la route que tu tiens
» Pendant un assez long espace ;
» Dans de semblables entretiens,
» Tu sais comme le temps se passe.

LICIDAS.

» Mais, Berger, tu me conteras
» De ton hameau quelque histoire pareille.

ATIS.

» J'y consens ; ce serait une grande merveille
» S'il ne nous en fournissait pas. »

LICIDAS.

Silvanire vivait sans avoir de tendresse,
Elle perdait le temps d'une aimable jeunesse ;
Et, ce qui méritait de plus grands châtimens,
Elle le faisait perdre à deux ou trois amans.
Souvent contre l'amour, même contre sa mère,
Contre l'aimable troupe adorée en Cythère,
Elle tint des discours offensans et hardis ;
Je serais bien fâché de les avoir redits.
Elle quitta pourtant sa fierté naturelle
Non sur de nouveaux soins qu'un amant eut pour elle ;
L'amour n'en fit pas tant, et la réduisit bien :
Toute cette fierté cessa presque sur rien.
Un jour elle épia Mirène avec Zélide :
Tandis que le soleil brûlait la terre aride,
Sous un ombrage épais ces amans retirés,
Du reste des mortels se croyaient délivrés.
Un buisson les trahit aux yeux de Silvanire ;
D'un entretien d'amans elle eut dessein de rire,
Plaisir qui lui devait sans doute être interdit.
Dieux ! quels discours charmans Silvanire entendit !
Devine-les, Atis, toi qui sais comme on aime ;
C'étaient de ces discours dictés par l'amour même,
Que les indifférens ne peuvent imiter,
Qu'un amant hors de là ne saurait répéter.
Ils étaient quelquefois suivis par un silence ;
Au défaut de la voix, les yeux d'intelligence,
Confondaient des regards vifs, quoique languissans,
Et craintifs et flatteurs, doux ensemble et perçans.
Zélide en rougissait ; et cette honte aimable
Exprimait mieux encore un amour véritable,
Et Mirène charmé lisait, dans sa rougeur,
Des secrets qu'à demi cachait encor son cœur.

Tantôt de leurs amours l'histoire est retracée :
La rencontre où d'abord leur âme fut blessée,
Le lieu, même l'habit que Zélide avait pris ;
Rien n'est indifférent à des cœurs bien épris.
Les premières rigueurs qu'eut à souffrir Mirène,
Dont la bergère alors ne convenait qu'à peine,
Mille riens amoureux pour eux seuls importans,
Quels sujets d'entretien à des amans contens?
Ils s'occupent tantôt d'un simple badinage,
Qui des tendres amours est le charmant partage,
Que le respect pourtant accompagne toujours ;
Doux respect, qui lui-même aide aux tendres amours.
Mais pour les amuser, ce qui pouvait suffire,
Par quel art, cher Atis, se pourrait-il décrire?
Quelque débat entre eux survenu pour un chant,
Que chacun croyait rendre encore plus touchant,
Quelque fleur que Mirène arrachait à la belle,
Et dans le mouvement que causait la querelle,
Une main de Zélide ou bien un bras baisé,
Un vain courroux d'amante aussitôt apaisé :
Que sais-je ? mille jeux que l'amour autorise,
Une innocente offense, une feinte surprise,
D'une liberté douce effets pleins d'agrémens,
Voilà ce qui changeait leurs heures en momens.
Silvanire conçut qu'elle était moins heureuse ;
De ce lieu solitaire elle sortit rêveuse :
Les plus beaux de ses jours, quoiqu'exempts de souci,
Tranquilles, fortunés, ne coulaient point ainsi.
Elle croyait toujours voir Zélide et Mirène,
Toujours de leurs discours sa mémoire était pleine,
Présage d'une ardeur qui s'allait allumer ;
Elle sentit enfin qu'il lui manquait d'aimer.
Bientôt de ses amans Lisis le plus aimable,

A ses vœux empressés la trouva favorable ;
Bientôt.... mais qu'ai-je encore, Atis, à te conter?
Silvanire en chemin ne doit pas s'arrêter ;
Bientôt sur tous les soins que la tendresse inspire,
On ne distingua plus Zélide et Silvanire.
De l'amour cependant admire les attraits ;
Le mal se prend à voir deux amans de trop près.

ATIS.

« Licidas, tu ne saurais croire
» Quel plaisir m'a fait ton histoire.
» Je suis ravi, lorsque j'entends
» Que notre commun maître obtient une victoire.
» Viens m'en redemander le détail dans vingt ans,
» Et tu verras si j'ai bonne mémoire.
» Je pourrais bien les soirs oublier quelquefois
» Combien on a mené de mes moutons au bois ;
» J'oublierai bien des secrets qu'on m'enseigne
» Pour guérir un troupeau qui périt chaque jour ;
» Mais il ne faut pas que l'on craigne
» De me voir oublier une histoire d'amour.

LICIDAS.

» Puisque ta mémoire est si bonne,
» Acquitte-toi, Berger, de ce que tu me dois.

ATIS.

» Tu ne perdras rien de tes droits ;
» Vois si je sais payer les plaisirs qu'on me donne. »

Trois jours s'étaient passés, trois jours qu'avaient perdus
Et Delphire et Damon, qui ne s'étaient point vus ;
Leurs troupeaux, jusqu'alors confondus dans la plaine,
Tristement séparés, ne paissaient qu'avec peine.
Tandis que le berger ne songeait qu'à choisir

Les lieux, les sombres lieux où l'on rêve à loisir;
La bergère affectait de paraître suivie
Des plus jeunes bergers dont elle fût servie;
Mais elle était distraite, et des soupirs secrets
Allaient après Damon jusqu'au fond des forêts.
Vois de quelle rigueur était cette bergère.
Damon lui déroba quelque faveur légère,
Delphire le bannit dans un premier courroux;
Peut-être un peu plus tard l'ordre eût été plus doux.
Un soir que les troupeaux, sortant du pâturage,
D'un pas tardif et lent marchaient vers le village,
Et que tous les bergers chantaient à leur retour
Les douceurs du repos qui suit la fin du jour,
Delphire qui, malgré l'ombre déjà naissante,
Vit Damon d'aussi loin que peut voir une amante,
S'arrêta sur sa route, et prit soin d'y chercher
L'endroit le plus obscur où l'on se pût cacher.
Rêveur, plein d'une triste et sombre nonchalance,
Tel qu'on peut souhaiter un amant dans l'absence,
Il laissait ses brebis errer en liberté,
Et son hautbois oisif pendait à son côté.
Delphire en fut touchée, et pour être aperçue,
Elle fit quelque bruit : il détourna la vue;
Et quand vers la bergère il adressa ses pas,
Elle le reçut mal, mais elle ne fuit pas.
Que ne lui dit-il point ? les nymphes du bocage
N'entendirent jamais de plus tendre langage;
L'écho, qui des bergers connaît tous les amours,
Ne répéta jamais de plus tendres discours.
Tantôt il condamnait lui-même son audace,
D'un ton de suppliant il demandait sa grâce;
Et tantôt moins soumis, il trouvait trop cruel
Qu'un léger attentat l'eût rendu criminel.

Par quels soins assidus, et par quelle constance
Avait-il prévenu cette amoureuse offense?
Et combien voyait-on d'amans moins empressés,
Moins ardens qu'il n'était, et mieux récompensés?
A la fin cependant il revenait à dire
Qu'il était trop content, puisqu'il aimait Delphire;
Et que sans ses faveurs, sans cet heureux secours,
Il conserverait bien d'éternelles amours.
Plein de sa passion, alors Damon lui jure
Que la simple amitié ne serait pas plus pure;
Il semble que ses yeux le jurent à leur tour :
L'amour fait qu'il renonce à tous les biens d'amour;
Et dans le même instant qu'avec tant de tendresse
Il tâche à réparer son trop de hardiesse,
Au milieu des sermens de ne prétendre rien,
Poussé par un transport qu'il ne connaît pas bien,
Troublé par des regards dont la douceur l'attire,
Il s'approche, il avance, il embrasse Delphire.
On dit que le berger, lorsqu'on l'avait banni,
Pour un moindre sujet avait été puni ;
Et, sans savoir pourquoi, Delphire moins sévère,
Sur ce crime nouveau n'entre point en colère.

LICIDAS.

« JE te l'avoue, Atis, tu t'es bien acquitté.
» J'aime Delphire et sa fierté.

ATIS.

» Ton goût est assez raisonnable,
» Berger; et je ne doute pas
» Que l'on ne te prépare une fierté semblable
» Aux lieux où tu tournes tes pas.
» Mais je t'y laisse aller, il faut que je te quitte.
» Adieu.

LICIDAS.
» Je vois d'ici ce que ton cœur médite ;
» Ton voyage, Berger, ressemble assez au mien.
ATIS.
» A dire vrai, cela se pourrait bien.
» Va, puisses-tu jamais ne trouver de cruelles !
LICIDAS.
» Les cruelles ne me sont rien,
» Je ne crains que les infidèles. »

DÉLIE.
QUATRIÈME ÉGLOGUE.

A MAD...

Quittons, mes chers moutons, le cours de la rivière ;
L'herbe sera meilleure aux lieux que j'aperçois ;
Vous m'allez désormais occuper tout entière ;
Myrtille, qui m'aimait, ne songe plus à moi.

Hélas! j'allais l'aimer, je n'en suis que trop sûre ;
Déjà je prononçais son nom avec plaisir,
Déjà je pensais moins à vous qu'à ma parure,
Déjà pour vous garder je manquais de loisir.

Moi, qui fus toujours rigoureuse,
Je ne l'étais presque plus que par art,
Qu'afin de redoubler son ardeur amoureuse :
Puisqu'il m'a dû quitter, ciel ! que je suis heureuse
Qu'il ne m'ait pas quittée un peu plus tard !

Encore quelques soins, il n'était plus possible
Que mon cœur ne se rendît pas :

J'en eusse été touchée, et maintenant, hélas!
Ce cœur regretterait d'avoir été sensible;
  J'éprouverais mille chagrins jaloux :
Quel péril j'ai couru! cependant abusée
   Par des commencemens trop doux,
Je ne soupçonnais pas que j'y fusse exposée.

 Je tremble encore en songeant aujourd'hui
   Que j'ai pensé dire à Myrtille
  La chanson que je fis pour lui,
Quoiqu'à faire des vers je ne sois pas habile.

La crainte que j'avais qu'elle ne fût pas bien,
  Peut-être encore une autre honte,
Empêcha que ma langue alors ne fût trop prompte,
  Et par bonheur je ne dis rien.
   J'en mourrais si je l'avais dite;
Quoi donc, il la saurait! et pour mieux m'insulter,
  Celle pour qui l'ingrat me quitte,
  Corinne oserait la chanter?

Je connais maintenant ce que l'amour prépare
   Aux faibles cœurs dont il s'empare;
Je connais ce que c'est qu'un tendre engagement :
Mais lorsque mon printemps à peine encor commence,
Faut-il avoir acquis, par mon premier amant,
   Une si triste expérience?

Profitons-en pourtant, évitons les pasteurs,
Leurs danses, leurs chansons, leurs fêtes dangereuses,
  Mais surtout leurs discours flatteurs;
 Fuyons aussi les bergères heureuses :
Si d'un pareil bonheur je formais le souhait,
Mon cœur en deviendrait plus facile à surprendre.
  Et ne dois-je pas bien comprendre
Que ce n'est pas pour moi qu'un sort si doux est fait.

Inutile et vaine jeunesse,
Toi qui devais m'amener de beaux jours,
Qu'ai-je affaire de toi pour sentir la tristesse
De vivre loin des jeux, des plaisirs, des amours?
Hâte, précipite ton cours,
Tu ne saurais voler avec trop de vitesse.

Venez remplir ces jours dont je crains le danger,
Soins de ma bergerie, amusemens utiles;
Vous n'êtes pas touchans, mais vous êtes tranquilles :
Ah! ne me laissez pas le loisir de songer
Que l'on puisse avoir un berger.
Fontaines, fleurs, oiseaux, charmes pleins d'innocence,
Aidez à m'occuper, j'aurai recours à vous;
Sauvez-moi de l'amour : hélas! pour ma défense
Sera-ce assez que vous conspiriez tous?

D'où vient que je suis effrayée
Des efforts qu'il me va coûter?
N'en serais-je pas bien payée,
Et le repos peut-il trop s'acheter?
Les plus tendres bergers, et Myrtille lui-même,
N'ébranleraient pas mon dessein.
Non, Myrtille à mes pieds l'entreprendrait en vain :
Quand on a le cœur tendre, il ne faut pas qu'on aime.

Ainsi parla Délie; alors du dieu du jour
Le char penchait un peu vers la fin de son tour;
Mais le char de la nuit n'avait pas pris sa place
Que Délie à Myrtille avait déjà fait grâce.
Il n'était point volage : il avait seulement
Eprouvé sa bergère, et feint un changement;
Crime qu'avec plaisir on pardonne au coupable,
Après que d'un plus grand on l'a jugé capable.

Myrtille en peu de temps se vit assez aimé,
Pour savoir le dessein que l'on avait formé.
Il ne demeura pas tout-à-fait inutile ;
Quelquefois il fit rire et Délie et Myrtille.

« Ce présent pastoral doit-il être pour vous ?
» Hélas ! je ne vous trouve aucun trait de bergère.
   » Vous n'avez point ce tendre caractère,
» Des belles de nos bois l'agrément le plus doux ;
      » Mais vous avez en récompense
» Dans l'air, dans le visage assez de majesté,
      » Dans l'humeur assez de fierté,
      » Et peut-être un peu d'inconstance ;
» Enfin vous êtes nymphe, à ce que font juger
» Vos appas, vos défauts, trop bizarre mélange,
» Et trop capable encor de plaire et d'engager :
» Vous êtes nymphe, et moi, qui sous vos lois me range,
      » Je ne suis qu'un simple berger.
» Tendresse qui jamais n'étale ses services,
      » Délicatesse sans caprices,
      » Soins plus amoureux que brillans,
» Timidité flatteuse, ardeurs toujours égales,
» Transports qui sont ensemble et doux et violens,
» Respect, constance, enfin les vertus pastorales,
      » Voilà quels sont tous mes talens.
      » Mais toute nymphe que vous êtes,
» Que vous faut-il de plus que des flammes parfaites ;
      » Un berger fidèle a de quoi
      » Payer le cœur des nymphes même,
» Et qui d'un certain ton peut dire, je vous aime,
      » Ne voit rien au-dessus de soi.
      » Je ne crois pas qu'on vous irrite
      » En vous tenant ce superbe discours ;

» Chacun, autant qu'il peut, fait valoir son mérite,
» Les bergers ne sauraient vanter que leurs amours. »

DAPHNÉ.

CINQUIÈME ÉGLOGUE.

ARCAS, PALEMON, TIMANTE.

« Arcas et Palemon, tous deux d'un âge égal,
» L'un pour l'autre tous deux concurrens redoutables,
» Se répondant tous deux par des chansons semblables,
   » Formaient un combat pastoral.
   » Ce n'était point la méprisable gloire,
» Ou du chant, ou des vers, qui piquait leurs esprits.
   » Ils disputaient un plus illustre prix ;
      » Chacun prétendait la victoire
      » Pour la beauté dont il était épris.
      » Timante les jugeaient ; Timante
» Qui dans ses jeunes ans enflamma tant de cœurs,
      » Qu'une expérience savante
» Rendait en fait d'amour l'oracle des pasteurs,
      » Et dont la vieillesse galante
» Souvent par ses avis se plaisait à former
      » Quelque beauté simple et naissante,
» Qui n'eût su qu'être aimable et non se faire aimer.
» Le berger qui des deux aurait le moins su plaire,
» Ne devait point payer deux chevreuils et leur mère
      » A son rival victorieux,
» Dans des temps plus grossiers peine assez ordinaire !
      » Il fallait, ô loi plus sévère !

TOM. V. 7

» Et que n'eût-il pas aimé mieux ?
» Que du berger vainqueur il chantât la bergère.
» Aussi de quel beau feu ne furent-ils pas pleins ?
» Quels efforts des deux parts ! O toi, muse rustique,
» Qui, laissant à tes sœurs la trompette héroïque,
» N'enfles que des pipeaux assemblés par tes mains,
   » Toi, qui du superbe Parnasse
   » Négligeant les lauriers sacrés,
» Te couronnes le front avec autant de grâce
   » Des simples fleurs qui naissent dans les prés,
» Redis-moi le combat ardent, quoique paisible,
   » Que se livrèrent les bergers.
» Tu n'as jamais connu de combat plus terrible,
» Tes héros n'ont jamais couru d'autres dangers.

ARCAS.

Au parti de Philis tu dois la préférence,
Amour ; elle n'a point de mépris pour tes lois.

PALEMON.

Si Daphné n'aime pas, tu sais en récompense,
Amour, combien Daphné fait aimer dans ces bois.

ARCAS.

De Vénus quelquefois avez-vous vu l'image ?
Elle a les cheveux blonds, et ma bergère aussi.

PALEMON.

Avec ses cheveux noirs Daphné plaît davantage ;
Pardonne-moi, Vénus, mon cœur en juge ainsi.

ARCAS.

Quand Philis a mêlé des fleurs dans sa coiffure,
Quel charme pour les yeux, quel péril pour les cœurs !

PALEMON.

Quand Daphné se fait voir sans aucune parure,
Elle sait mieux charmer qu'une autre avec des fleurs.

PASTORALES.

ARCAS.
L'enjoûment de Philis la rend encor plus belle,
Et de jeux et de ris une troupe la suit.

PALEMON.
Daphné dans sa langueur a les grâces pour elle,
Et les grâces toujours ne font pas tant de bruit.

ARCAS.
D'une foule d'amans Philis est entourée,
Et je vois que mon choix s'est trop fait approuver.

PALEMON.
Daphné fuit ses amans, elle vit retirée :
Heureux qui lui pourrait fournir de quoi rêver !

ARCAS.
Pour gagner tous les cœurs, le ciel fit ma bergère ;
Sa beauté, sa douceur, tout plaît au même instant.

PALEMON.
Lorsque l'on voit Daphné douce ensemble et sévère,
On n'oserait l'aimer, mais on l'aime pourtant.

ARCAS.
N'est-ce pas à Philis que tous les vœux s'adressent,
S'il vient en ce hameau des pasteurs étrangers ?

PALEMON.
Oui, pendant leur séjour autour d'elle ils s'empressent ;
Daphné n'est pas si propre aux amans passagers.

ARCAS.
Dans le cristal des eaux souvent Philis se mire,
Et là contre mon cœur elle apprête des traits.
Ruisseaux, peignez-lui bien la beauté qui m'attire,
Philis en croira mieux les sermens que je fais.

PALEMON.
Daphné ne cherche point le cristal des fontaines
Le soin de sa beauté ne l'inquiète pas.

Soupirs que j'ai poussés, doux tourmens, tendres peines,
Vous seuls vous instruisez Daphné de ses appas.

ARCAS.

Souviens-toi de quel air Philis entre en la danse,
D'un éclat tout nouveau ses yeux sont allumés :
Il brille sur son front une aimable assurance ;
Elle sait que les cœurs vont tous être charmés.

PALEMON.

Daphné danse encor mieux, et n'en est pas si sûre :
Soudain elle rougit, sa rougeur lui sied bien :
De louanges en vain elle entend un murmure ;
Tous les cœurs sont charmés, seule elle n'en sait rien.

ARCAS.

Aux soupirs d'Alcidon Philis était sensible ;
Mais quel est mon bonheur, de voir que chaque jour
Je détruis auprès d'elle un rival si terrible !
J'y perdrais si Philis n'avait point eu d'amour.

PALEMON.

Je n'ai point le plaisir de rendre méprisable
Un rival pour qui seul on avait eu des yeux :
Daphné n'aima jamais, elle en est plus aimable ;
Je puis même espérer qu'elle en aimera mieux.

ARCAS.

Alcidon l'autre jour au milieu d'une foule,
Prit la main de Philis qu'il serrait tendrement :
Soudain, sans qu'il me vit, près d'elle je me coule ;
Elle me donna l'autre et sourit finement.

PALEMON.

En ma faveur Daphné ne s'est point déclarée,
J'espère cependant avoir un jour sa foi ;
Non pas que j'en jurasse encor par Cythérée :
Mon cœur me le promet, c'est mon cœur que j'en croi.

ARCAS.

Ma Philis fait des vers d'un tendre caractère ;
Elle en fera pour moi, je l'ai trop mérité :
C'est toujours le berger qui chante la bergère ;
Quel plaisir que lui-même en soit aussi chanté !

PALEMON.

De la voix de Daphné que le doux son me touche !
Je ne puis plus souffrir les hôtes de ces bois ;
On sent aller au cœur ce qui sort de sa bouche.
O Dieu ! et j'entendrais j'*aime* de cette voix !

ARCAS.

Tu dois bien t'offenser, Philis ; on te compare,
Philis, c'est à Daphné ; quel étrange rapport !
Se peut-il jusques là que Palemon s'égare ?
Moi qui prends ton parti, ne t'ai-je point fait tort ?

PALEMON.

Daphné, quoiqu'en ces lieux nulle autre ne l'égale,
Ne viendrait pas plutôt à savoir nos débats,
Qu'elle voudrait céder le prix à sa rivale ;
Mais Timante, je crois, ne le permettrait pas.

ARCAS.

Punis de Palemon l'insupportable audace ;
A t'aimer sans espoir fais qu'il soit condamné :
Philis, je te connais des regards pleins de grâce,
Qui détruiraient soudain l'empire de Daphné.

PALEMON.

Daphné, n'entreprends pas une telle vengeance ;
Laisse Arcas comme il est, et mes vœux sont remplis.
Sa Philis lui fera sentir son inconstance ;
Tes rigueurs vaudraient mieux que l'amour de Philis.

TIMANTE.

Bergers, c'en est assez, je vois que votre zèle
    Pousserait trop loin la querelle ;

Vous ne parleriez bientôt plus
Du mérite de l'une et de l'autre bergère ;
Vous perdriez le temps en discours superflus ;
Conclusion trop ordinaire.
Ecoutez-moi, Bergers ; voici mon jugement.
Philis est la plus agréable.

PALEMON.

Ah ! Timante !

TIMANTE.

Écoutez, Bergers, tranquillement.
Mais je crois Daphné plus aimable.

ARCAS.

Et c'est ainsi...

TIMANTE.

Bergers, je me sers de mes droits ;
Et mon autorité doit être ici suivie.
Il vaudrait mieux aimer Philis pour quelques mois,
Et Daphné pour toute sa vie.
Vous, Arcas, préparez quelque chant pour Daphné.
Mais comme elle n'a pas aussi tout l'avantage,
Je veux que de la main du berger qu'elle engage,
A Philis sa rivale un bouquet soit donné.
L'air sera tendre et doux, les fleurs seront nouvelles ;
Les fleurs valent leur prix, mais elles valent moins
Qu'un air qui veut du temps, de la peine et des soins :
Ce partage convient assez juste aux deux belles.

ÉRASTE.
SIXIÈME ÉGLOGUE.

A MONSIEUR...

» Le berger [1] qui jadis hérita le hautbois
  » Du grand [2] pasteur de Syracuse,
  » Et dont même aujourd'hui la muse
» De l'aimable Mantoue énorgueillit les bois,
» Voulait que des forêts la demeure sauvage,
» D'un consul quelquefois fût un digne séjour.
  » J'entreprends un plus grand ouvrage,
  » Moi qui voudrais rendre digne d'un sage,
  » Des forêts où règne l'amour.
» Pourquoi non cependant? Ces sages de la Grèce,
» Ces Thalès, ces Bias, grands et superbes noms,
  » L'emportent-ils pour la sagesse
  » Sur nos Tyrcis et nos Damons?
» J'en doute. Dans nos champs la vertu toute pure
  » Agit sans dessein d'éclater;
» Tout l'art de la raison ne saurait imiter
  » De nos bergers l'innocente droiture;
    » Ils ne se laissent point flatter
    » Aux plaisirs remplis d'imposture,
    » Que sans l'aveu de la nature
    » L'opinion ose inventer.
    » Ce n'est point chez eux qu'on achète
» Un bien imaginaire aux dépens d'un vrai bien :
    » Mais pour la sagesse parfaite,

[1] Virgile.
[2] Théocrite.

» Il leur manque des mots, un sévère maintien,
    » Et par malheur ils ont une boulette.
» Encore un grand défaut, ils sont toujours amans ;
» De je ne sais quels feux qui leur semblent charmans,
    » Leur âme est sans cesse remplie.
» Mais quoi ! tous les humains sont fous par quelque endroit.
» Et l'amour n'est-il pas la plus sage folie
» Dont on puisse payer le tribut que l'on doit ?
» Vous donc que la sagesse admet dans ces mystères ;
» Qui, simple spectateur des passions vulgaires,
» De leurs ressorts en nous considérez le jeu,
    » Prenez des yeux qui ne soient point austères
    » Pour un berger qui vous ressemble peu.
» Ne riez pas de voir sa raison égarée
» Par tant d'états divers passer en un seul jour.
    » Un amant est chose sacrée,
» Et qui par un vrai sage est toujours révérée ;
» Le sage tant qu'il vit est en prise à l'amour. »

Les oiseaux qui du jour annoncent la naissance,
Laissaient encor les champs dans un profond silence,
Lorsqu'Éraste s'éveille, et croit qu'à son réveil
Déjà Thétis s'apprête à rendre le soleil.
Il court de sa cabane ouvrir une fenêtre
Il regarde le ciel ; mais il ne voit paraître,
Ni les vives couleurs que l'aurore produit,
Ni ce douteux éclat qui se joint à la nuit.
La mère des amours à peine renaissante,
Commençait à jeter sa lumière perçante,
Dont tous les autres feux n'ont point le doux brillant ;
Éraste entre en courroux contre le jour trop lent.
Iris lui voulait bien parler dans un bocage,
Quand le soir renverrait les troupeaux au village ;

Et pour cet entretien Eraste est éveillé
Avant que sur les monts le soleil ait brillé.
Quelques momens après il appelle Tityre :
Depuis que le berger pour son Iris soupire,
Tityre a pris le soin des troupeaux du berger ;
Ils allaient tous périr sans ce maître étranger.
Éraste ose lui faire un injuste reproche :
Vous dormez, lui dit-il, lorsque le jour approche ;
Les troupeaux devraient être aux plaines d'alentour ;
Partez. En le hâtant, il croit hâter le jour.
Le jour est loin encore aux yeux d'Éraste même ;
Il ne découvre rien ! quelle lenteur extrême !
Quel siècle jusqu'au soir ! Il mesure des yeux
Le tour que le soleil doit faire dans les cieux ;
Il faut que sur ces monts ce grand astre renaisse,
S'élève lentement, et lentement s'abaisse,
Et se perde à la fin derrière ces grands bois ;
Il mesure ce tour, et frémit mille fois.
Le jour si souhaité, le jour enfin arrive :
Mais son inquiétude en est encor plus vive ;
Ses désirs, ses transports, ses divers mouvemens,
Lui font de tout ce jour sentir tous les momens.
Souvent pour modérer cette ardeur empressée,
Il voudrait éloigner Iris de sa pensée ;
Tantôt de ses troupeaux tâchant à s'occuper,
Tantôt dans ses vergers s'amusant à couper
D'un arbre trop chargé l'inutile branchage,
Tantôt de joncs tissus commençant quelque ouvrage,
En vain, toujours Iris, toujours cet heureux soir,
L'agitent malgré lui par un trop doux espoir.
Il vaut mieux qu'à l'amour tout son cœur s'abandonne ;
Il prend ce doux hautbois qui sans cesse résonne
De l'excès de sa flamme et des beautés d'Iris ;

Il chante ou le teint vif, ou les yeux qui l'ont pris.
Il repasse des airs qu'il a faits pour la belle ;
Imprudence d'amant! Il se remplit trop d'elle,
Le jour en est plus long, il en souffre : mais quoi!
Peut-il en l'attendant se faire un autre emploi?
A peine le soleil commençait à descendre,
Au bocage déjà le berger va se rendre ;
Il se flatte qu'Iris, conduite par l'amour,
Y pourra bien venir avant la fin du jour ;
Et quelquefois il craint que trop indifférente,
Iris, la même Iris ne trompe son attente.
Elle vient à la fin, il n'était point trop tard :
Son air marque à demi qu'elle vient par hasard ;
Elle vient, mille amours arrivent avec elle.
Qui de ce rendez-vous apprenant la nouvelle,
D'un désir curieux avaient été touchés.
Les uns près des amans sous un buisson cachés,
Prêtent à leurs discours une oreille attentive ;
D'autres à qui de loin la voix à peine arrive,
Sur des arbres touffus, montés de toutes parts,
Pour savoir ce qu'on dit, observent les regards.
Dans le bocage alors Eraste et la bergère
Respirèrent cet air qu'on respire à Cythère,
Et par les doux transports dont ils furent atteints,
Sentirent les amours dont ces lieux étaient pleins.
Combien en se voyant, Dieux! combien ils s'aimèrent!
Ils s'aimaient encor plus quand ils se séparèrent ;
Mais Iris, appliquée à déguiser son feu,
Croyait avoir trop dit, et le berger trop peu.

LIGDAMIS.
SEPTIÈME ÉGLOGUE.
ADRASTE, HYLAS.

ADRASTE.
« Tu connais Ligdamis ?

HYLAS.
» Qui ne le connaît pas ?
» C'est lui qui de Climène adore les appas.

ADRASTE.
» Lui-même.

HYLAS.
» Quel berger ! il est du caractère
» Dont un amant m'eût plu, si j'eusse été bergère ;
» Il ne connaît nul art en aimant, que d'aimer ;
» Son cœur ne fut jamais trop prompt à s'enflammer.
» Il aime, mais forcé par les yeux d'une belle ;
» Et son amour devient un éloge pour elle.
» Le bonheur d'être aimé n'est pour lui qu'un bonheur,
» Il en sent le plaisir, et renonce à l'honneur.
» Il n'en prend point le droit d'augmenter son audace,
» Les faveurs qu'on lui fait sont toujours une grâce.

ADRASTE.
» As-tu vu de ses vers ?

HYLAS.
» Je les sais presque tous.
» O ciel ! qu'il en chantait de tendres et de doux,
» Quand Climène à la ville allait faire un voyage !
» Je n'en sais point de lui que j'aime davantage.

ADRASTE.
» Moi, je ne les sais point, j'étais alors absent.

» Que tu me trouverais un cœur reconnaissant,
» Si tu prenais la peine, Hylas, de me les dire!
HYLAS.
» Je t'obéis, écoute un amant qui soupire. »

Vous allez donc quitter, pour la première fois,
　De ces hameaux la demeure tranquille?
Soyez quelques momens attentive à ma voix.
Climène, vous partez, vous allez à la ville ;
Climène, il vous sera peut-être difficile
　De retrouver du plaisir dans nos bois.

Là, d'illustres amans vous rendront leurs hommages;
Leur rang, ou leur adresse à vous faire la cour,
Tout vous éblouira dans ce nouveau séjour.
Que deviendrai-je, hélas! au fond de nos bocages,
　　Moi qui n'ai pour tous avantages
　　Qu'une musette et mon amour?

Ils vous mettront sans doute au-dessus de leurs belles,
Ils vous prodigueront un encens dangereux :
Leurs éloges sont doux, mais souvent infidèles ;
Cependant vous viendrez à mépriser pour eux
　　Ces louanges si naturelles
　Que vous donnaient mes regards amoureux.
Tout ce qu'ils vous diront, je vous l'ai dit, Climène;
Mais ils vous le diront d'un air plus assuré,
Avec un art flatteur des bergers ignoré :
Moi, je ne vous l'ai dit qu'en trouble, qu'avec peine,
　　D'une voix craintive, incertaine ;
　　Je l'ai dit, et j'ai soupiré.

　　N'allez pas quitter, pour leur plaire,
Les manières qu'on prend dans nos petits hameaux,
　Rapportez-moi cette rougeur sincère,

Ce timide embarras, enfin tous ces défauts
  D'une jeune et simple bergère;
  Rapportez-moi jusqu'à cet air sévère
Que vous avez pour moi comme pour mes rivaux.
Vous verrez à la ville un exemple contraire;
Mais de votre rigueur je ne veux vous défaire,
  Que par la pitié de mes maux.

J'ai vu la même ville où vous allez paraître,
Pour la belle Climène, elle a vu mes langueurs;
Parmi tous les plaisirs qui flattaient tant de cœurs,
  J'y regrettais notre séjour champêtre,
  Et votre vue, et même vos rigueurs.

  Non, je n'ai garde de prétendre
  Que tout vous y semble ennuyeux;
Mais de quelque côté que vous tourniez les yeux,
Dites, et ne craignez jamais de vous méprendre,
Et dites, s'il se peut, d'une manière tendre:
  C'est ici que l'on aima mieux
  S'occuper de moi, que de prendre
  Tous les plaisirs de ces beaux lieux!

ADRASTE.

« O Pan! ou si c'est toi qu'il faut que l'on implore,
» Phœbus, ou toi plutôt que l'un et l'autre adore,
» Amour, donne à mes vers cet air doux, naturel,
» Et je vais de mes dons enrichir ton autel.

HYLAS.

» Il t'en peut coûter moins, et Ligdamis lui-même
» N'offre rien aux autels de l'amour, mais il aime;
» Il aime, et fait ces vers que tu trouves charmans.

ADRASTE.

» Ce charme ne suit pas tous les vers des amans.

» Ligdamis même en fit au retour de Climène,
» Qui cèdent à ceux-ci, quoiqu'ils cèdent à peine.
» Peut-être on chante mieux un départ qu'un retour,
» Peut-être un air content ne sied pas à l'amour.

HYLAS.
» Et ces vers là, Berger, tu les sais?

ADRASTE.
» Oui, sans doute.

HYLAS.
» Tu peux donc me payer ceux que j'ai dits.

ADRASTE.
» Ecoute. »

MA bergère revient, c'est demain que ces lieux
  S'embellissent par sa présence ;
J'irai, j'irai m'offrir le premier à ses yeux.
  Ah! ciel, si de quelque distance
Elle me reconnaît à mon impatience,
  Que mon sort sera glorieux!
Oui, je serai le seul dont la joie éclatante,
Par d'assez vifs transports, marquera ce beau jour;
J'aurai seul une ardeur digne de son retour :
Elle ne pourra plus paraître indifférente,
  Je lui prépare trop d'amour.

Que dis-je? cette ardeur est-elle donc nouvelle?
N'ai-je encor rien senti d'aussi vif en aimant?
  Quand j'étais une heure, un moment,
 Un moment seul, éloigné de ma belle,
  Pour me retrouver auprès d'elle,
 N'avais-je pas le même empressement?

Vous n'aurez que mes soins, mes transports ordinaires;
Mais maintenant, Climène, ils devraient vous charmer:

Vos yeux depuis long-temps n'ont vu d'amans sincères,
Et pourraient-ils jamais s'en désaccoutumer ?
　　Ceux qu'à la ville ils viennent d'enflammer,
Par leurs faibles ardeurs, par leurs amours légères,
　　Auraient bien dû vous apprendre à m'aimer.
　　　　La ville est pleine de contrainte,
　　De faux sermens et de vœux indiscrets.
　　　　Que ne l'avez-vous vu exprès,
Pour savoir de quel prix est cet amour sans feinte
　　　Qui se trouve dans nos forêts ;
De quel prix sont nos bois pour s'y parler sans crainte,
Et ma voix pour chanter une amoureuse plainte,
　　　Et mon cœur pour sentir vos traits ?

　　　Revenez plus bergère encore
　　　Que vous n'étiez en nous quittant ;
Songez qu'il est au monde un cœur qui vous adore.
Une belle au milieu des soupirs qu'elle entend,
Au milieu d'une cour dont sa fierté s'honore,
　　　N'en peut pas toujours dire autant.

HYLAS.

« ADRASTE, j'avoûrai que ma suprise est grande,
» Que contre de tels chants Climène se défende.

ADRASTE.

» Et pourquoi le crois-tu ? Les vers par leurs attraits
» Ont soumis les lions, entraîné les forêts ;
» Après cela, je crois, le moins qu'ils puissent faire
» C'est d'adoucir le cœur d'une jeune bergère.
» L'amour les a fait naître, et les vers à leur tour
» Ne manquèrent jamais à bien servir l'amour.

HYLAS.

» Mais Climène, dit-on, est fière, inexorable.

ADRASTE.

» Mais, Berger, Ligdamis est amoureux, aimable.

HYLAS.

» N'a-t-on jamais poussé des soupirs superflus ?

ADRASTE.

» Hé bien, je te dirai quelque chose de plus.
» Nous étions l'autre jour sous l'orme de Silène,
» Une assez grosse troupe, où se trouva Climène ;
» On loua Ligdamis, chacun en dit du bien ;
» Prends bien garde, Berger, seule elle n'en dit rien :
» Mais dès les premiers mots jetés à l'aventure,
» Elle se détourna rajustant sa coiffure,
» Où je ne voyais rien qui fût à rajuster,
» Et feignit cependant de ne pas écouter.

HYLAS.

» Je me rends.

ADRASTE.

» Je remporte une grande victoire,
» Une belle est sensible, et tu veux bien le croire. »

LA STATUE DE L'AMOUR.

HUITIÈME ÉGLOGUE.

« Dans le fond d'un bocage impénétrable au jour
   » Est un petit temple rustique,
» Où le dieu des bergers reçoit un culte antique ;
   » Ce dieu n'est point Pan, c'est l'Amour.
   » D'un simple bois on y voit sa figure ;
» Elle n'a point ces traits hardis et délicats
» Qu'aurait sous son ciseau fait naître Phidias.

» On reconnaît pourtant le roi de la nature ;
    » L'ouvrier champêtre était plein
    » De ce dieu qu'exprimait sa main.
» L'autel suffit à peine aux festons, aux guirlandes,
    » Qu'y portent d'innocens mortels ;
    » Il est de plus riches autels,
    » Mais ils sont moins chargés d'offrandes.
» Là parut un berger, qui d'un secret souci
    » Portait dans l'âme une profonde atteinte :
    » Profanes cœurs, n'écoutez point sa plainte ;
    » Au dieu d'amour il s'exprimait ainsi : »

Toi, qu'avec nos bergers Jupiter même adore,
Amour, tu le veux donc, tu veux que j'aime encore !
Tu n'avais fait sur moi qu'un essai de tes coups,
Le dernier de tes traits est le plus fort de tous.
Je ne murmure point de ton ordre suprême,
On doit avec excès aimer celle que j'aime ;
Et si de faibles vœux s'offraient à tant d'appas,
Ou même si mon cœur ne les adorait pas,
S'il leur manquait un cœur si tendre et si fidèle,
On te reprocherait d'être injuste envers elle.
Mais quand je me soumets au devoir de l'aimer,
Pourquoi ne suis-je pas plus propre à l'enflammer ?
Je ne suis qu'un berger, elle égale Diane ;
Mes vœux sont trop hardis, sa beauté les condamne :
J'espère quelquefois en mes soins assidus ;
Mais je la vois paraître, et je n'espère plus.
A force d'être aimable, elle devient terrible ;
Dieux ! pour oser l'aimer qu'il faut être sensible !
Cependant elle daigne écouter ces chansons,
Où je ne fais, Amour, que te prêter des sons ;
Où ce que tu répands de tendresse et de flamme,

Satisfait quelquefois aux transports de mon âme.
Mais c'est là ce qui fait mon plus cruel tourment,
Ma musette est pour elle un simple amusement;
Elle écoute un berger de qui la voix l'attire,
Et ne s'aperçoit pas de l'amant qui soupire :
Sans songer au sujet, elle goûte mes chants;
Ils ne la touchent point, et lui semblent touchans.
Je n'ai que mon amour, mais enfin je présume
Qu'il doit être flatteur pour celle qui l'allume :
Vif et soumis, plus fort que son propre intérêt,
Il lui fait bien sentir tout le prix dont elle est.
Aussi n'a-t-elle pas, grand Dieu, je t'en rends grâce,
De toute sa fierté terrassé mon audace.
J'aimais, et j'ai parlé ; mes hommages, mes soins,
Paraissent plaire assez : mais quoi je lui plais moins.
Ce n'est qu'à mon amour qu'il est permis de plaire :
Sûre de son repos, elle en est moins sévère ;
Sa tranquille bonté regarde sans danger
Un trouble qu'elle cause et ne peut partager.
On fléchit les rigueurs, on désarme la haine ;
Mais comment surmonter sa douceur inhumaine,
Sa funeste douceur, qui m'ôte enfin l'espoir
Qu'elle-même d'abord m'avait fait concevoir ?
Quel sera mon destin? tu peux seul me l'apprendre;
Ne me reste-t-il plus, Amour, rien à prétendre?
A mon plus grand bonheur suis-je donc arrivé?
Est-ce là tout le prix que tu m'as réservé?

« En achevant ces mots, il attachait sa vue
  » Sur le Dieu qu'implorait sa voix ;
» Il vit, ou les amans se trompent quelquefois,
  » Il vit sourire la statue.
» Ce prodige douteux flatta pourtant son cœur :

» Mais enfin qu'aurait voulu dire
» Le plus incontestable et le plus vrai sourire?
» C'était peut-être un sourire moqueur.

THAMIRE.

NEUVIÈME ÉGLOGUE.

AMARILLIS, FLORISE, SYLVIE.

AMARILLIS.

Les bergers tous les jours font entre eux des combats
  Et de chansons et de musettes ;
Lorsque vous vous trouvez seules comme vous êtes,
  Pourquoi ne les imiter pas ?
Quoi ! les grâces du chant sont-elles nécessaires
  A des bergers plutôt qu'à vous ?

FLORISE.

Et quel sujet chanterions-nous ?

AMARILLIS.

Je n'en connais qu'un seul pour de jeunes bergères.

SYLVIE.

Nos amours?

AMARILLIS.

Et quoi donc !

FLORISE.

Prenons garde en ces lieux
  Que quelques bergers curieux
N'écoutent des récits peut-être trop sincères.

SYLVIE.

Ne craignez point ces dangers
Dans des lieux si solitaires.

FLORISE.
Je crains partout les bergers.
AMARILLIS.
Chantez sans tarder davantage :
Voyons qui de vous deux sait le mieux engager
　　Ceux dont elle reçoit l'hommage;
　　Mon expérience et mon âge
　　Me rendent propre à vous juger.
Que sans feinte avec moi votre cœur se déclare :
Entre belles je sais que la franchise est rare ;
Mais elle doit ici régner dans vos discours.
　　Par un combat tel que le vôtre,
　　Vous apprendrez l'une de l'autre
　　A bien conduire vos amours.
　　Quand on y destine sa vie,
　　On ne s'y peut trop exercer.
　　Allons, agréable Sylvie,
　Je le vois bien, vous voulez commencer.

SYLVIE.
Lycas brûle pour moi de l'amour le plus tendre,
Que faire, Amarillis? quel parti puis-je prendre?
　　Je n'y sais que d'aimer Lycas.
FLORISE.
Il n'est fidèle amant que mon amant n'efface ;
J'aime, mais j'en voudrais voir quelqu'autre en ma place;
　　Elle ne s'en sauverait pas.
SYLVIE.
Aimer est un plaisir, mais il ne peut suffire;
Il y faut joindre encor le plaisir de le dire :
　　J'aime Lycas, Lycas le sait.
FLORISE.
Ce plaisir est bien doux, mais je me le refuse;

Je sais trop qu'il n'est point de berger qui n'abuse
D'un bonheur qu'on rend trop parfait.
SYLVIE.
Je suis simple et naïve, et de feindre incapable;
Et je crois ma franchise encore plus aimable
Que l'éclat qu'on trouve à mes yeux.
FLORISE.
Je pourrais, comme vous, être simple et naïve;
Mais ce n'est pas ainsi qu'un amant se captive,
Et mon amant m'est précieux.
SYLVIE.
Si l'on cache le feu dont on se sent éprise,
Ce n'est pas à l'amant du moins qu'on le déguise;
Qui le cause, s'en aperçoit.
FLORISE.
Je consens qu'avec soin un amant m'examine;
Mais il est plus piqué d'un amour qu'il devine,
Qu'il ne l'est de celui qu'il voit.
SYLVIE.
Dans vos regards, mes yeux, l'amour ose se peindre;
Mes yeux, vous dites tout : mais je ne puis m'en plaindre,
On vous répond trop tendrement.
FLORISE.
Quand mon berger paraît trop vif et trop sensible,
Détournez-vous de lui, mes yeux, s'il est possible,
Détournez-vous pour un moment.
SYLVIE.
Je feignis quelque temps, moins par art que par honte;
Mais je trouvai Lycas si tendre un certain jour,
Un jour qu'on célébrait la reine d'Amathonte,
Que je découvris mon amour.
FLORISE.
Je dissimulais moins hier qu'à l'ordinaire :

Si l'on ne fût venu troubler notre entretien,
Je ne sais plus comment Thamire avait su faire,
    Mon secret ne tenait à rien.

SYLVIE.

Pour faire à mon berger l'aveu de ma tendresse,
La fête de Vénus était un temps heureux ;
Je m'en suis aperçue, et, grâce à la déesse,
    Il n'en est que plus amoureux.

FLORISE.

Je sais bien dans mon cœur que je suis obligée
Au jaloux Alcidor qui nous interrompit :
Du péril où j'étais je me vis dégagée ;
    J'en eus cependant du dépit.

SYLVIE.

Souvent nous disputons sur l'ardeur qui nous touche,
Et mon berger et moi, l'amour juge entre nous ;
Et je dis en moi-même, à prendre un air farouche,
    J'y perdrais des combats si doux.

FLORISE.

Lorsqu'avec des regards attentifs, pleins de flamme,
Thamire cherche en moi ce qu'ont produit ses soins,
Je triomphe ; et je dis dans le fond de mon âme,
    J'y perdrais à me cacher moins.

SYLVIE.

J'imagine toujours quelques faveurs nouvelles,
Des présens que l'amour a soin d'assaisonner ;
Lycas aura bientôt jusqu'à mes tourterelles,
    Je ne sais plus que lui donner.

FLORISE.

J'évite de n'avoir qu'une même conduite :
Mes faveurs pour Thamire ont un air inégal ;
Je le prends à danser deux ou trois fois de suite,
    Mais après je prends son rival.

SYLVIE.

Voyez jusqu'à quel point va ma douceur extrême :
Un jour Lycas et moi nous caressions mon chien,
Nous le baisions ensemble, il me baisa moi-même;
    Je feignis de n'en sentir rien.

FLORISE.

Avec art quelquefois j'adoucis mon empire :
Il tomba l'autre jour un œillet de mon sein,
Il y fut replacé de la main de Thamire,
    Quoiqu'il conduisît mal sa main.

« Sylvie allait encor reprendre après Florise,
  » Quand l'une et l'autre fut surprise
» D'entendre un buisson qui trembla.
  » Que des amans l'instinct fidèle
» Les conduit sûrement sur les pas d'une belle!
  » Lycas et Thamire étaient là.
» L'agréable combat que celui des bergères,
» Pour les témoins cachés qui vinrent l'écouter,
» Pour Thamire surtout, que par de longs mystères
  » On avait voulu tourmenter!
» Florise fut confuse, et d'une prompte course
  » Hors de ces lieux précipita ses pas ;
    » Dernière, mais faible ressource
    » Dans de semblables embarras.
» Thamire la suivit; que pouvait-elle faire?
» Refuser de le voir, marquer de la colère,
» Qu'il surprît un secret si long-temps renfermé :
» Encor quelle colère, et quelle faible cause,
  » D'accuser un amant aimé!
  » Elle le fit, et ce fut peu de chose.
    » Bientôt son cœur se fut rendu.
» Thamire qu'animait sa fortune présente,

» Payait par les transports d'une flamme contente
   » Tout ce qu'il avait entendu.
   » Mais Amarillis que fit-elle?
», Personne ne prit garde à ce qu'elle devint;
      » Sans doute Amarillis se tint
   » Peu nécessaire à vider la querelle. »

ISMÈNE.

DIXIÈME ÉGLOGUE.

A MADEMOISELLE...

« Vous qui par vos treize ans à peine encor fournis,
» Par un éclat naissant de charmes infinis,
» Par la simplicité compagne de votre âge,
» D'un rustique hautbois vous attirez l'hommage ;
» Vous dont les yeux déjà causeraient dans nos champs
» Mille innocens combats et de vers et de chants ;
» Pour des muses sans art convenable héroïne,
» Écoutez ce qu'ici la mienne vous destine ;
» Voyez comment un cœur va plus loin qu'il ne croit,
» Comment il est mené par un amant adroit,
» Quels piéges tend l'amour à ce qui nous ressemble.
» Ce n'est pas mon dessein que votre cœur en tremble,
» Ni qu'à vos jeunes ans ces piéges présentés,
» Avec un triste soin soient toujours évités.
» Ce n'est pas mon dessein non plus de vous les peindre
» Si charmans, que jamais vous ne les puissiez craindre;
» Ils ont quelque péril, je ne déguise rien.
» Et que prétends-je donc? je ne le sais pas bien.
» Dans des vers sans objet, sous des histoires feintes,

» Vous parler de désirs, de tendresse, de plaintes.
» Ces mots plairaient toujours, n'eussent-ils que le son.
» Du reste, point d'avis, moins encor de leçon;
» Aimer ou n'aimer pas, est une grande affaire :
» Que sur ces deux partis votre cœur délibère ;
» On les peut l'un et l'autre et louer et blâmer.
» Quand tout est dit pourtant, on prend celui d'aimer. »

Sur la fin d'un beau jour, aux bords d'une fontaine,
Corylas sans témoins entretenait Ismène;
Elle aimait en secret, et souvent Corylas
Se plaignait de rigueurs qu'on ne lui marquait pas.
Soyez content de moi, lui disait la bergère ;
Tout ce qui vient de vous est en droit de me plaire.
J'entends avec transport les airs que vous chantez,
J'aime à garder les fleurs que vous me présentez ;
Si vous avez écrit mon nom sur quelque hêtre,
Aux traits de votre main j'aime à vous reconnaître,
Pourriez-vous bien encor ne vous pas croire heureux ;
Mais n'ayons point d'amour, il est trop dangereux.

Je veux bien vous promettre une amitié plus tendre
Que ne serait l'amour que vous pourriez prétendre;
Nous passerons les jours dans nos doux entretiens,
Vos troupeaux me seront ausi chers que les miens;
Si de vos fruits pour moi vous cueillez les prémices,
Vous aurez de ces fleurs dont je fais mes délices;
Notre amitié peut-être aura l'air amoureux :
Mais n'ayons point d'amour, il est trop dangereux.

Dieux! disait le berger, quelle est ma récompense!
Vous ne me marquerez aucune préférence :
Avec cette amitié dont vous flattez mes maux,
Vous vous plairez encore au chant de mes rivaux.

Je ne connais que trop votre humeur complaisante;
Vous aurez avec eux la douceur qui m'enchante,
Et ces vifs agrémens, et ces souris flatteurs,
Que devraient ignorer tous les autres pasteurs.
Ah! plutôt mille fois... Non, non, répondait-elle,
Ismène à vos yeux seuls voudra paraître belle.
Ces légers agrémens que vous m'avez trouvés,
Ces obligeans souris vous seront réservés;
Je n'écouterai point sans contrainte et sans peine
Les chants de vos rivaux, fussent-ils pleins d'Ismène.
Vous serez satisfait de mes rigueurs pour eux :
Mais n'ayons point d'amour, il est trop dangereux.

Hé bien, reprenait-il, ce sera mon partage
D'avoir sur mes rivaux quelque faible avantage;
Vous savez que leurs cœurs vous sont moins assurés,
Moins acquis que le mien, et vous me préférez :
Tout autre l'aurait fait; mais enfin dans l'absence
Vous n'aurez de me voir aucune impatience;
Tout vous pourra fournir un assez doux emploi.
Et vous trouverez bien la fin des jours sans moi.
Vous me connaissez mal, ou vous feignez peut-être,
Dit-elle tendrement, de ne me pas connaître :
Croyez-moi, Corylas, je n'ai pas le bonheur
De regretter si peu ce qui flattait mon cœur.
Vous partîtes d'ici quand la moisson fut faite,
Et qui ne s'aperçut que j'étais inquiète?
La jalouse Doris, pour me le reprocher,
Parmi trente pasteurs vint exprès me chercher.
Que j'en sentis contre elle une vive colère!
On vous l'a raconté, n'en faites point mystère;
Je sais combien l'absence est un temps rigoureux;
Mais n'ayons point d'amour, il est trop dangereux.

Qu'aurait dit davantage une bergère amante!
Le mot d'amour manquait, Ismène était contente.
A peine le berger en espérait-il tant;
Mais sans le mot d'amour il n'était point content.
Enfin, pour obtenir ce mot qu'on lui refuse,
Il songe à se servir d'une innocente ruse.
Il faut vous obéir, Ismène; et dès ce jour,
Dit-il en soupirant, ne parler plus d'amour.
Puisqu'à votre repos l'amitié ne peut nuire,
A la simple amitié mon cœur va se réduire;
Mais la jeune Doris, vous n'en sauriez douter,
Si j'étais son amant, voudrait bien m'écouter.
Ses yeux m'ont dit cent fois : Corylas, quitte Ismène;
Viens ici, Corylas, qu'un doux espoir t'amène.
Mais les yeux les plus beaux m'appelaient vainement,
J'aimais Ismène alors comme un fidèle amant.
Maintenant cet amour que votre cœur rejette,
Ces soins trop empressés, cette ardeur inquiète,
Je les porte à Doris, et je garde pour vous
Tout ce que l'amitié peut avoir de plus doux.
Vous ne me dites rien! Ismène à ce langage
Demeurait interdite, et changeait de visage.
Pour cacher sa rougeur, elle voulut en vain
Se servir avec art d'un voile ou de sa main;
Elle n'empêcha pas son trouble de paraître;
Et quels charmes alors le berger vit-il naître!
Corylas, lui dit-elle, en détournant les yeux,
Nous devions fuir l'amour, et c'eût été le mieux:
Mais puisque l'amitié vous paraît trop paisible,
Qu'à moins que d'être amant vous êtes insensible,
Que la fidélité n'est chez vous qu'à ce prix,
Je m'expose à l'amour, et n'aimez point Doris.

TIRCIS ET IRIS.
ONZIÈME ÉGLOGUE.

« Dans le fond d'un valon est un lieu solitaire,
 » Proche cependant d'un hameau ;
» Rarement un berger y mena son troupeau,
» Mais un berger souvent y suivit sa bergère.
 » D'arbres épais il est environné ;
» Il s'y conserve une ombre, il y règne un silence
 » Qui s'attirent la confidence
 » D'un cœur tendre et passionné.

» Un clair ruisseau tombant d'une colline,
» Y roule entre les fleurs qu'il y vient abreuver ;
» Et quoiqu'il soit encor près de son origine,
» Déjà ses petits flots savent faire rêver.
» La beauté de ces lieux, toute inculte et champêtre
 » Ne permet point que l'art ose y paraître ;
» L'art même leur nuirait s'il les voulait parer :
 » Tel en est l'aimable imposture,
 » Que quand on vient s'y retirer,
 » On se croit seul dans toute la nature.

 » Là, sortant du hameau prochain
» Par différens chemins deux amans se rendirent
» Sans en être d'accord, l'un et l'autre comprirent
 » Qu'ils ne s'y rendraient pas en vain.
» Quand ils se virent seuls, une joie amoureuse,
» Mieux que dans leurs discours, éclata dans leurs yeux :
» Seulement la bergère en fut un peu honteuse,
 » Mais s'en songer à sortir de ces lieux.
» Ils s'assirent tous deux sur une douce pente
 » Que revêtait l'herbe tendre et naissante,

» Iris un peu plus haut, Tircis un peu'plus bas :
» L'amour aux pieds d'Iris marquait toujours sa place ;
» Et voici leurs discours, dont le charme et la grâce
» Aux cœurs indifférens ne se montrera pas. »

TIRCIS, IRIS.

TIRCIS.

On aime en ces hameaux, on songe assez à plaire ;
Cependant cherchez-y quelque berger sincère,
Et je veux bien, Iris, vous rendre votre foi,
Si vous en trouvez un sincère comme moi.

IRIS.

Il est quelques beautés qu'on trompe, ou que l'on quitte;
Mais il en est plus d'une aussi qui le mérite.
Et quoi! voulez-vous donc qu'avec fidélité
On aime Cléonice et son air affecté ?
Voulez-vous que l'on soit fidèle pour Madonte,
Qui toujours sur ses ans, nous impose sans honte ?
Mais Climène, mais Lise ont de vrais agrémens,
Et je répondrais bien, Berger, de leurs amans.

TIRCIS.

Ne vous y trompez pas; pour être jeune et belle,
On n'en a pas toujours un amant plus fidèle.
Vous parlez de Climène ? Il n'est pas d'air plus doux,
Et même elle a, dit-on, quelque chose de vous ;
Mais si je vous disais que Climène est trahie ?
Menalque, qui devrait l'aimer plus que sa vie,
Qui souvent la voit seule près d'un certain buisson,
Menalque pour une autre a fait une chanson.
Et Lise, à votre avis, est-elle plus heureuse,
Elle que ses beaux yeux rendent si dédaigneuse ?
Elle osa l'autre jour devant d'autres pasteurs,

Choisir son Licidas pour lui donner des fleurs :
A l'amour du berger elle les crut bien dues !
Hélas ! le lendemain il les avait perdues.

IRIS.

Tircis, je vous entends, vous n'aimez pas ainsi ;
Mais ne me puis-je pas faire valoir aussi ?
Croyez-vous que pour être et fidèle et sincère.
On en trouve toujours autant dans sa bergère ?
Damon y gagnerait, nous sommes tous témoins
Combien à Timarète il a plu par ses soins.
L'autre jour cependant elle vint par derrière
Au fier et beau Thamire ôter sa panetière ;
Damon était présent, elle ne lui dit rien :
Pour moi, de leurs amours je n'augurai pas bien ;
Ces tours là ne se font qu'aux bergers que l'on aime ;
Vous vous plaindriez bien si j'en usais de même.
On croit que Lisidor a lieu d'être content :
J'ai vu pourtant Alphise, elle qui l'aime tant,
A qui Daphnis mettait ses longs cheveux en tresse ;
La belle avait un air de langueur, de paresse.
Au contraire, Daphnis, d'un air vif, animé,
S'acquittait d'un emploi dont il était charmé.
Alphise en ce moment rougit d'être surprise,
Et je rougis aussi d'avoir surpris Alphise.

TIRCIS.

Iris qu'avez-vous dit ? on se fût figuré,
Que le fidèle amour, des villes ignoré,
S'était fait dans nos bois des retraites tranquilles :
Mais on l'ignore ici comme on fait dans les villes.
Ah ! qui pourrait souffrir Menalque et Licidas ?
Charmé de leurs chansons, je suivais tous leurs pas.
Maintenant que je sais qu'ils sont tous deux coupables,
Je les fuis ; leurs chansons ne sont plus agréables.

PASTORALES.

IRIS.

Alphise et Timarète ont l'entretien charmant,
Je les cherchais toujours avec empressement :
Mais depuis que je sais qu'Alphise et Timarète
N'ont point pour leurs amans la foi la plus parfaite,
J'évite de les voir; et les jours les plus longs
J'aime mieux les passer seule avec mes moutons.

TIRCIS.

Puisque dans ce hameau les amours dégénèrent,
Car tous nos vieux bergers, on sait comme ils aimèrent,
Abandonnons ces lieux, Iris, retirons-nous,
On y verra du ciel éclater le courroux.

IRIS.

Non, vivons en des lieux où je serai charmée,
Parmi tant de beautés, d'être la plus aimée;
Où par mes tendres soins Tircis sera nommé
Parmi tant de pasteurs l'amant le plus aimé.
Qu'il ne soit point ici de feux tels que les nôtres ;
Jouissons du plaisir d'aimer plus que les autres,
Et voyons en pitié tant de faibles amours,
Qui souffrent le partage et changent tous les jours.

TIRCIS.

Si je change jamais, si mon cœur se partage,
Puissé-je en aucuns jeux n'obtenir l'avantage ;
Puisse déplaire à tous mon plus doux chalumeau,
Et ma voix faire fuir les belles du hameau.

IRIS.

Ruisseaux qui murmurez, bois chargés de verdure,
Ecoutez mon berger, écoutez ce qu'il jure.
S'il trouve en son Iris un amour moins constant,
Je veux que tous mes traits changent au même instant,
Et que sans ressentir une secrète peine,
Je ne puisse jamais rencontrer de fontaine.

TIRCIS.

O vous, Dieu des pasteurs, Déesse des amans,
Ecoutez ma bergère, écoutez ses sermens.

IRIS.

Bergers, qu'en ces hameaux on trouve redoutables,
Vous tâcheriez en vain de me paraître aimables;
Ne songez pas qu'Iris voie encore le jour,
Pour Iris dans le monde il n'est qu'un seul amour.

TIRCIS.

Bergères, qui causez tant de soupirs, de larmes,
Ne comptez plus sur moi pour admirer vos charmes,
Ne comptez plus sur moi pour ressentir vos traits;
Mes yeux à vos appas sont fermés pour jamais.

« Alors de mille voix ensemble confondues,
 » Et dans ce lieu tout à coup répandues,
 » Des deux amans l'entretien fut suivi:
 » Les nymphes, les sylvains dans leurs grottes obscures,
 » Témoins de ces ardeurs, si fidèles, si pures,
   » Leur applaudissaient à l'envi.

ENDIMION,

PASTORALE.

AVERTISSEMENT.

Le prologue qui suit n'est pas sérieux, aussi ne l'a-t-on pas mis à la tête de la pièce [1]. Elle devait être jouée chez une dame, et ce prologue n'a été fait que par rapport à elle.

[1] Dans cette édition nous avons cru devoir l'y placer.

PROLOGUE.

SCÈNE PREMIÈRE.
MERCURE.

Plaisirs, jeux, agrémens, venez, accourez tous ;
Venez de tous les lieux que le soleil éclaire ;
   Rassemblez tout ce qui peut plaire :
   Je reçois ici tous les goûts,
L'ennuyeuse tristesse est la seule étrangère.
Plaisirs, jeux, agrémens, venez accourez tous ;
Venez de tous les lieux que le soleil éclaire :
   S'il en est même parmi vous
   Quelques uns qui soient un peu fous,
Qu'ils n'en viennent pas moins, je ne suis pas sévère.
Plaisirs, jeux, agrémens, venez, accourez tous ;
Venez de tous les lieux que le soleil éclaire.

SCÈNE II.
MERCURE, TROUPE DE PLAISIRS.

CHOEUR.

   Nous voici, Mercure ; ordonnez :
Quel est l'emploi que vous nous destinez ?

MERCURE.

Divertir la beauté qui dans ces lieux commande.
   Gardez-vous de vous négliger ;
De vous, de vos appas elle sait bien juger :
Vous avez à lui plaire, et l'entreprise est grande ;
   Les mortels n'osent y songer.
   Essayez-vous, en ma présence,
   Et sur le chant et sur la danse,
   Avant que de rien hasarder.

POÉSIES

Aimable troupe, où règne l'imprudence
Il sera bon de vous voir préluder.

(*Entrée.*)

MERCURE.

Attendez pour quelques instans
J'oubliais deux mots importans.
Si vous voulez avoir la gloire
De plaire à la jeune beauté,
    Vivacité,
    Diversité,
C'est ce qu'il faut, et vous pouvez m'en croire;
Mettez bien dans votre mémoire
    Vivacité,
    Diversité.

UN DES PLAISIRS.

Vivacité brillante,
Tu sais relever la beauté;
Sans ton secours la victoire est trop lente,
Tu soumets tout avec rapidité.
Vivacité brillante,
Tu sais relever la beauté.

UN AUTRE.

Diversité charmante,
Tu produis la félicité.
L'amour languit dans une ardeur constante,
Le triste ennui suit la fidélité.
Diversité charmante,
Tu produis la félicité.

CHŒUR.

Vivacité brillante,
Tu sais relever la beauté.
Diversité charmante,
Tu produis la félicité.

MERCURE.

Faisons l'essai de toute la folie
Que nous peut fournir l'Italie.
Fuyez loin d'ici, tristes lois,
Qui ne vous faites que trop craindre ;
Cessez de contraindre
Nos pas et nos voix.
(Entrée de Scaramouches, d'Arlequins et de Matassins.)

SCÈNE III.

L'AMOUR qui descend du ciel, MERCURE, LE CHŒUR.

L'AMOUR.

Finissez ce vain badinage ;
Quoiqu'enfant je suis sérieux :
Je veux qu'un spectacle plus sage
Occupe ici les yeux
A qui je rends hommage.
Faites voir qu'un mortel peut aspirer au cœur
De la déesse la plus fière.
La sœur du dieu de la lumière
Reconnut autrefois un berger pour vainqueur.
Que l'on en rappelle l'histoire ;
J'ai choisi cette victoire
Entre mes plus grands exploits,
Et j'ai mes raisons pour ce choix.

CHŒUR.

O toi, dont nous suivons les pas,
Maître de l'univers, vois notre obéissance,
Répands sur nous tes dons, prête-nous tes appas.
Fais régner par nos soins ton aimable puissance.

PERSONNAGES.

DIANE.
PAN.
ENDIMION, berger.
ISMÈNE, bergère.
LICORIS, confidente de Diane.
EURILAS, confident d'Endimion.
CHŒUR de Satyres et de Faunes.
CHŒUR des Nymphes de Diane.
CHŒUR des Bergers.
CHŒUR des Heures.
CHŒUR de ceux qui ont été métamorphosés en Etoiles.

ENDIMION,
PASTORALE.

ACTE PREMIER.

Le Théâtre représente un bois.

SCÈNE PREMIÈRE.

PAN, UN SATYRE, LICORIS.

LICORIS à Pan.

Cessez, cessez d'être amant d'une ingrate.
LE SATYRE.
Choisissez mieux l'objet de vos désirs.
LICORIS.
Dans votre amour il n'est rien qui vous flatte.
LE SATYRE.
Ne perdez point de précieux soupirs.
LICORIS.
   Diane est belle et charmante,
   Mais elle est indifférente ;
   Sa froideur ne doit-elle pas
   Vous la faire voir sans appas ?
LE SATYRE.
Elle a contre l'amour armé tout son courage.
Un soupir amoureux, un seul regard l'outrage ;
Avec si peu d'espoir, pourquoi vous embarquer ?
Laissez-lui sa fierté, c'est un triste avantage :

On ne peut mieux punir une vertu sauvage,
Qu'en ne daignant pas l'attaquer.

LE SATYRE ET LICORIS.

Cessez, cessez d'être amant d'une ingrate,
Choisissez mieux l'objet de vos désirs ;
Dans votre amour il n'est rien qui vous flatte,
Ne perdez point de précieux soupirs.

PAN.

La froideur et l'indifférence
Ne sont qu'une fausse apparence
Qui ne doit pas décourager.
   Près d'un amant fidèle
   Est-il une cruelle
   Qui ne soit en danger ?

LICORIS.

Quittez une vaine espérance.

LE SATYRE.

Du moins vous courez le hasard
De soupirer sans récompense.

LICORIS.

Quittez une vaine espérance.

LE SATYRE.

Dussiez-vous être heureux, vous le seriez trop tard.

PAN.

Je ne sens point mon cœur effrayé des obstacles,
Pour les surmonter tous il est d'heureux momens ;
   Mais quand l'amour fait des miracles,
Ce n'est pas en faveur des timides amans.

(Pan sort avec le Satyre, et Licoris demeure seule pendant quelques
momens.

SCÈNE II.

DIANE, LICORIS.

LICORIS à Diane qu'elle voit arriver.

Quel bonheur vous conduit dans ce lieu solitaire,
  Sans y trouver un amant odieux?
    Pan vient de sortir de ces lieux.
    Malgré votre humeur sévère,
    Le moins aimable des dieux
    A fait dessein de vous plaire.
     Rien ne marque mieux
    Que la raison ne tient guère
    Contre l'éclat de vos yeux.

DIANE.

Laissons à cet amant une audace si vaine,
Elle aura le succès qu'elle peut mériter.
    Mais que me veut Ismène?
    Il la faut écouter.

SCÈNE III.

DIANE, LICORIS, ISMÈNE.

ISMÈNE.

Déesse, à vos genoux, qu'avec respect j'embrasse,
  Je viens tâcher d'obtenir une grâce.
Mon cœur s'est dégagé d'un malheureux amour:
Souffrez que désormais je vous suive à la chasse:
    Recevez-moi dans votre cour.
L'amour n'ose sur vous étendre sa puissance,
Je connais ses rigueurs, je crains encore ses coups;

Je ne puis être en assurance,
Si je ne suis auprès de vous.

DIANE.

Quels malheurs, quels destins contraires,
De l'amour pour jamais vous font rompre les nœuds
Endimion toujours néglige-t-il vos vœux?

ISMÈNE.

Il redouble pour moi ses mépris ordinaires,
Il renonce au projet qu'avaient formé nos pères
De nous unir tous deux.

Trop funeste projet, où je crus tant de charmes,
Combien m'as-tu coûté de larmes!
Hélas! tu n'as fait qu'exciter
Un feu qu'il faut éteindre;
Tu me donnais, pour l'augmenter,
De vains sujets de me flatter,
Et le triste droit de me plaindre.

DIANE.

Quand l'amour est en courroux,
Son courroux n'est pas durable.
Endimion est aimable;
S'il revient jamais vers vous.
Serez-vous inébranlable?
Vous ne répondez point, je vois votre embarras.

ISMÈNE.

Daignez me presser moins, il n'y reviendra pas.

DIANE ET LICORIS.

Vous aimez, vous aimez encore,
Vos liens ne sont pas rompus.

ISMÈNE.

Non, non, mes liens sont rompus.

DIANE ET LICORIS.

Vous aimez, vous aimez encore.

PASTORALES.

ISMÈNE.
Si j'aime encor, j'implore
Votre secours pour n'aimer plus.

DIANE.
Vous, dont je suis la souveraine,
Nymphes, qui sur mes pas vous plaisez à chasser,
Recevez parmi vous Ismène;
A l'amour, comme vous, elle veut renoncer.

SCÈNE IV.

DIANE, NYMPHES DE DIANE, ISMÈNE.

CHŒUR DES NYMPHES.

Nous goûtons une paix profonde;
  Venez, venez parmi nous.
Que l'amour au reste du monde
  Fasse ressentir ses coups,
  Ils n'iront point jusqu'à vous.
  Venez, venez parmi nous,
Nous goûtons une paix profonde,
  Venez, venez parmi nous.

(Danses des Nymphes.)

UNE NYMPHE.
Les biens qui contentent nos cœurs,
Viennent s'offrir à nous sans nous coûter de larmes;
L'amour le plus heureux a toujours ses alarmes,
Aux innocens plaisirs il ôte leurs douceurs :
Les chansons des oiseaux, les ombrages, les fleurs,
  Les doux zéphyrs ont pour nous tous leurs charmes.

SCÈNE V.

DIANE, NYMPHES, ISMÈNE, BERGERS amans d'Ismène.

DEUX BERGERS.

Bergère, quel chagrin loin de nous vous entraîne ?
    Pourquoi voulez-vous nous quitter ?
    N'était-ce pas le nom d'Ismène
Que sans cesse aux échos nous faisions répéter ?
N'étions-nous pas toujours occupés à chanter
    Et vos appas et notre peine ?
Bergère, quel chagrin loin de nous vous entraîne ?
    Pourquoi voulez-vous nous quitter ?

(Danse des Bergers qui tâchent à fléchir Ismene.)

CHŒUR DES BERGERS.

Voyez notre douleur sincère,
Rendez-vous à nos soupirs.

CHŒUR DES NYMPHES.

Dans les amans rien n'est sincère,
N'écoutez point leurs soupirs.

CHŒUR DES BERGERS.

Fuyez les maux qu'amour peut faire,
Suivez du moins ses plaisirs.

CHŒUR DES NYMPHES.

Fuyez les maux qu'amour peut faire,
Fuyez même ses plaisirs.

ISMÈNE.

Je sais ce que je dois, Bergers, à votre zèle ;
Mais mon dessein est pris ; allez, oubliez-moi.

PASTORALES.

CHŒUR DES BERGERS.
Ah ! quelle injuste loi !
Pour vous-même et pour nous que vous êtes cruelle !

(Ils sortent.)

DIANE à Ismène.
Puisque rien désormais n'ébranle votre choix,
Recevez de ma main et l'arc et le carquois.

CHŒUR DES NYMPHES.
Jouissez de l'heureux partage
  Qui vous est présenté.
L'amour de toutes parts fait un affreux ravage ;
  Goûtez-en davantage
  Le prix de la tranquillité.
  Quand tout gémit dans l'esclavage,
  Qu'il est doux d'être en liberté !

(Elles sortent avec Ismène.)

SCÈNE VI.

DIANE, LICORIS.

DIANE.

Que tu prends un soin inutile,
Ismène ! quelle erreur conduit ici tes pas !
Tu veux auprès de moi rendre ton cœur tranquille ;
  Et le mien ne l'est pas.
  Tu fuis Endimion. Hélas !
  Que tu choisis mal ton asile !

LICORIS.
Sans savoir de quel trait votre cœur est atteint,
Elle se plaint à vous d'une flamme fatale ;
  Avec plaisir on voit une rivale
    Qui souffre et qui se plaint.

DIANE.

En écoutant ses maux ma honte était extrême,
D'imposer à ses yeux par un calme apparent.
J'ai bravé de l'amour la puissance suprême,
    Et l'on me croit toujours la même ;
Mais je ne jouis plus des honneurs qu'on me rend,
    Et l'on me reproche que j'aime,
Quand on vient me vanter mon cœur indifférent.

LICORIS.

    Bannissez l'amour de votre âme,
Son empire pour vous aurait trop de rigueur ;
Toujours votre fierté combattrait votre flamme :
L'amour ne répand point ses douceurs dans un cœur,
    S'il n'en est paisible vainqueur.

Dégagez-vous, songez que vous êtes déesse.
    Et daignez voir quel choix vous avez fait.

DIANE.

    Je rougis de ma tendresse,
    Et non pas de son objet.
    L'aimable berger que j'adore,
N'a point besoin d'un rang qui s'attire les yeux ;
Il a mille vertus que lui-même il ignore,
    Et qui feraient l'orgueil des dieux.
    L'amour lui paraît méprisable ;
Et même en n'aimant rien, il en est plus aimable.
    Que sa fierté dure toujours,
Que toujours à l'amour elle soit plus rebelle.
Hélas ! pour soutenir la mienne qui chancelle,
    Il me faut ce triste secours.

LICORIS.

Mais s'il ne sort jamais de son indifférence....

DIANE.

Je sais trop à quel maux je dois me préparer.
    Un éternel silence
Cachera cet amour dont ma gloire s'offense ;
En secret seulement j'oserai soupirer.
    Je languirai sans espérance ;
    Et craindrai même d'espérer.

DIANE ET LICORIS.

Ah ! faut-il que les cœurs sensibles à la gloire
    Soient capables de s'attendrir ?
On ne peut de l'amour empêcher la victoire ;
    Il faut lui céder et souffrir.

ACTE II.

Temple rustique que les Bergers ont élevé pour Diane et qui n'est pas encore consacré.

SCÈNE PREMIÈRE.

ENDIMION, EURILAS.

ENDIMION.

Quel jour, quel heureux jour je vais voir célébrer !
Nos bergers pour Diane ont secondé mon zèle ;
Ce temple par mes soins s'est élevé pour elle,
    Et nous allons le consacrer.

Jamais par des soupirs mon amour ne s'exprime,
Du moins par des autels je le marque sans crime :
    Ce détour, ce déguisement
    Convient à mon respect extrême ;
    Et mon cœur, pour cacher qu'il aime,
    Feint qu'il adore seulement.

EURILAS.

Cachez moins un amour fidèle ;
Vous n'êtes qu'un berger,
Diane est immortelle ;
Mais des appas d'une belle,
Tous les yeux peuvent juger,
Et tous les cœurs ont droit de s'engager.

ENDIMION.

Si j'étais immortel, et Diane bergère,
Je craindrais encor sa colère.
Mes feux n'osent paraître au jour ;
Je gémis sous les lois que le respect m'impose :
Mais sa divinité n'en est pas tant la cause,
Que ses appas et mon amour.

EURILAS.

Que peut prétendre un amant dont la peine
Ne doit jamais se découvrir?
Que n'avez-vous pris soin de vous guérir
Par l'hymen de l'aimable Ismène?

Près d'un objet dont on est adoré,
On oublie à la fin une beauté cruelle :
D'une funeste flamme un cœur n'est délivré,
Que par une flamme nouvelle ;
Et contre les amours,
Les amours seuls sont un secours.

ENDIMION.

Je meurs d'un feu trop beau pour le vouloir éteindre ;
Je ne puis espérer, et je n'ose me plaindre :
Cependant un plaisir qui ne peut s'exprimer,
Adoucit en secret des peines si cruelles ;
Au milieu de mes maux, je m'applaudis d'aimer
La plus fière des immortelles.

EURILAS.

La fierté plaît, lorsque l'on est flatté
 Du doux espoir de la victoire;
 Mais vous ne pouvez croire
Que Diane jamais perde sa liberté :
 Quel charme a pour vous sa fierté?

ENDIMION.

 Elle redouble sa gloire,
 Et le prix de sa beauté.

Je vois de nos bergers la troupe qui s'avance;
Eurilas, il est temps que la fête commence.

SCÈNE II.

ENDIMION, TROUPE DE BERGERS.

ENDIMION.

Écoutez ces bergers qui parlent par ma voix,
 Déesse, daignez quelquefois
 Visiter ce temple rustique :
On vous élève ailleurs des temples éclatans;
 Mais dans un lieu plus magnifique,
On n'offre pas des vœux plus purs ni plus constans.

(*Danses des bergers.*)

UN BERGER.

Brillant astre des nuits, vous réparez l'absence
 Du dieu qui nous donne le jour;
 Votre char, lorsqu'il fait son tour,
Impose à l'univers un auguste silence,
Et tous les feux du ciel composent votre cour.

DEUX BERGERS.

En descendant des cieux, vous venez sur la terre
 Régner dans les vastes forêts;

Votre noble loisir sait imiter la guerre,
Les monstres dans vos jeux succombent sous vos traits.

TROIS BERGERS.

Jusques dans les enfers votre pouvoir éclate :
Les manes en tremblant écoutent votre voix ;
 Au redoutable nom d'Hécate,
Le sévère Pluton rompt lui-même ses lois.

CHŒUR.

Que le ciel, que la terre et le sombre rivage,
Que tout rende à Diane un éternel hommage.
Que de vœux différens elle doit recevoir !
 Chantons sa puissance suprême,
 Le maître des dieux même
 N'étend pas si loin son pouvoir.

ENDIMION.

Vos éloges, Bergers, touchent peu la déesse.
 Songeons plutôt à vanter
 Son cœur exempt de faiblesse,
 Et nos chants pourront la flatter.
 Faites-vous un effort pour elle :
 Malgré l'amour dont vous suivez la loi,
 Célébrez la gloire immortelle
 D'un cœur toujours maître de soi.

CHŒUR.

Vous avez sur l'amour remporté la victoire ;
Que ce triomphe est beau ! qu'il est digne de vous !
Vous avez sur l'amour remporté la victoire ;
 Les plus grands dieux ont ressenti ses coups ;
La gloire de l'amour ne sert qu'à votre gloire.
Que ce triomphe est beau ! qu'il est digne de vous !

SCÈNE III.

Diane descend du ciel.

DIANE, LICORIS, ENDIMION, BERGERS.

DIANE.

Bergers, jusqu'en ces lieux votre hommage m'attire ;
De sincères respects savent charmer les dieux :
Mais je veux arrêter des chants audacieux
    Que trop de zèle vous inspire.

    Il suffit de fuir les amours,
    Et d'éviter leur esclavage ;
    Mais par de superbes discours
    Il ne faut point leur faire outrage.
    Il suffit de fuir les amours,
    Il ne faut pas leur faire outrage.

    Retirez-vous, c'en est assez,
Vos accens et vos vœux seront récompensés.

               (Tous les Bergers sortent.)

SCÈNE IV.

DIANE, LICORIS.

LICORIS.

Ciel ! quel étonnement de mon âme s'empare !
Quoi ! votre noble orgueil se dément en ce jour ?
    Diane hautement déclare
    Qu'elle est moins contraire à l'amour ?

DIANE.

    Endimion ordonnait cette fête,
    Lui, dont mon cœur est la conquête ;
En outrageant l'amour il croyait me flatter.
    Excuse ma faiblesse,

Son erreur blessait ma tendresse,
Et je n'ai pu la supporter.

LICORIS.

Ne me déguisez rien, vous lui voulez apprendre
Que jusqu'à vous il peut lever les yeux ;
Vous prenez pour parler un ton mystérieux,
Mais vous voulez qu'il ose vous entendre.

DIANE.

Pourrais-je le vouloir ? Ciel ! quelle honte ! hélas !
Du moins, si je le veux, ne le pénètre pas.

ACTE III.

SCÈNE PREMIÈRE.

PAN, UN SATYRE, ENDIMION, EURILAS.

PAN.

Bergers, croirai je un bruit qui vient de se répandre ?
Diane a-t-elle protégé
L'amour dans vos chants outragé ?

ENDIMION ET EURILAS.

Elle-même a paru pour le venir défendre.

PAN.

Ah ! j'obtiendrai le prix que mérite ma foi.
A l'amour désormais Diane est moins rebelle ;
J'ose seul soupirer pour elle,
Ce changement ne regarde que moi.

Avec bien de l'amour on est toujours aimable.
La beauté que je sers était impitoyable.
Je sais que je dois peu compter sur mes appas ;

Mais mon cœur m'assurait d'un succès favorable ;
Je l'ai cru sur sa foi, je ne m'en repens pas.
Avec bien de l'amour on est toujours aimable.

LE SATYRE.

Aimez, aimez, j'approuve enfin vos feux,
    Puisqu'ils vont être heureux.

Quand on porte sans fruit une chaîne éternelle,
Quand on aime à languir pour les yeux d'une belle,
   Avec le cœur on a l'esprit blessé :
    Mais il n'est rien de plus sensé,
  Que d'être amant, et même amant fidèle,
    Quand on est bien récompensé.

PAN.

Je veux, je veux marquer ma joie à la déesse ;
    Que les faunes s'assemblent tous ;
   Qu'ils viennent, remplis d'allégresse,
L'applaudir dès ce jour d'un changement si doux.

ENDIMION.

  Quoi ! déjà votre amour s'apprête
  A faire éclater sa conquête ?

EURILAS.

  L'amant d'une fière beauté
  Doit ménager sa vanité :
  S'il fait des progrès, il doit feindre
  De ne pas s'en apercevoir ;
  Il faut qu'il ait l'art de se plaindre
  Au milieu du plus doux espoir.

PAN.

  Hé bien, sans montrer que j'espère,
   Rendons hommage à ses attraits ;
  Et par des soins qui ne peuvent déplaire,
Contentons des transports qu'il faut tenir secrets.

SCÈNE II.

ENDIMION, EURILAS.

ENDIMION.

Quel coup affreux, quel coup terrible
Vient combler tous les maux qui tourmentaient mon cœur !
Je me flattais d'aimer une insensible,
Je ne puis conserver un si cruel bonheur.

Que la fierté de Diane était belle !
Mais qu'elle a fait un choix indigne d'elle !
Si ses appas me faisait soupirer,
Sa gloire me charmait plus que ses appas même ;
Et je perds le plaisir extrême
Que je sentais à l'admirer.

EURILAS.

Suivez moins un transport que la raison condamne ;
Ce n'est point un indigne choix,
Que le puissant dieu de nos bois.

ENDIMION.

Non, ce n'est point à lui d'oser aimer Diane.
Ses charmes les plus grands ne lui sont pas connus ;
Elle n'en reçoit point les vœux qui lui sont dûs.

EURILAS.

Toujours rempli de confiance,
Peut-être il en croit trop une faible apparence.

ENDIMION.

Diane a de l'amour, et vient nous l'annoncer ;
Quand un autre que Pan aurait pu la forcer
     A quitter son indifférence,
Ce n'est pas moi, du moins on ne le peut penser.

Vengeons-nous, vengeons-nous d'une injure mortelle ;

Il ne me reste plus que ce funeste bien:
Otons à l'infidèle un cœur tel que le mien.

EURILAS.

Quelle fidélité Diane vous doit-elle?
Vos cœurs n'ont pas été dans un même lien.

ENDIMION.

Elle devait m'être fidèle,
Du moins en n'aimant jamais rien.
Toi-même tu m'as dit qu'en épousant Ismène,
Et son amour et mon devoir
Se fussent opposés au penchant qui m'entraîne;
Je veux essayer leur pouvoir.
Je veux redemander Ismène à la déesse,
Heureux si de ses mains je pouvais recevoir
Ce qui doit venger ma tendresse!

EURILAS.

Oubliez-vous qu'on ignore vos feux?
Vous parlez toujours de vengeance.

ENDIMION.

Hélas! de mes transports quelle est la violence!
Que me dis-tu! Que je suis malheureux!
D'où vient que mon ardeur ne s'est pas découverte
Aux yeux qui m'avaient enflammé!
Peut-être que Diane eût ressenti ma perte,
Bien qu'elle ne m'eût pas aimé.

EURILAS.

La vengeance est inutile;
C'est assez de se guérir.
Pourvu que vous soyez tranquille,
Qu'importe qu'une ingrate ait peine à le souffrir?
La vengeance est inutile;
C'est assez de se guérir.

ENDIMION.

Si je ne suivais pas ce conseil salutaire,
    Tous les dieux devraient m'en punir.
La déesse paraît, je vais te satisfaire ;
    A mon repos Ismène est nécessaire,
    Je vais tâcher de l'obtenir.

SCÈNE III.

DIANE, ENDIMION.

ENDIMION.

Déesse, mon audace est peut-être trop grande,
De croire avoir le droit d'implorer vos bontés ;
Si je mérite peu ce que je vous demande,
    Les bienfaits des divinités
    Ne peuvent être mérités.

DIANE.

Parlez, vous me verrez répondre à votre attente.

ENDIMION.

Ismène a le bonheur d'être de votre cour ;
Je ne sais cependant si son âme est contente ;
    Daignez souffrir son retour ;
    Si j'obtiens qu'elle y consente,
    Daignez la rendre à mon amour.

DIANE.

Quoi ! vous l'aimez ? vous dont l'indifférence
    Rejetait ses vœux et ses soins ?

ENDIMION.

    Quand on y pense le moins,
    Souvent l'amour prend naissance.

La pitié, le repentir,
Tout vers Ismène me rappelle ;

Sa retraite m'a fait sentir
Combien je perdais en elle.
DIANE.
Berger, ce que vous souhaitez,
N'est pas une légère grâce.
ENDIMION.
Si jamais des mortels les vœux sont écoutés...
DIANE.
Allez, je résoudrai ce qu'il faut que je fasse,
Et vous saurez mes volontés.

SCÈNE IV.

DIANE.

Où suis-je ? Endimion pour Ismène soupire ;
Et moi je me livrais au charme qui m'attire,
Déjà je trahissais le secret de mon feu.
Après une faiblesse inutile et honteuse,
Après avoir en vain commencé cet aveu,
Quelle vengeance rigoureuse...
Mais quoi ! ne dois-je pas me croire trop heureuse,
Que l'ingrat m'entende si peu ?
En me causant une douleur extrême,
Il met du moins ma gloire en sûreté ;
S'il ne m'eût soutenue, hélas ! contre lui-même,
J'oubliais toute ma fierté.

Mais qu'il ne pense pas que je lui rende Ismène ;
Qu'il n'attende pas mon secours
Pour former une indigne chaîne :
Je redeviens Diane, et veux l'être toujours ;
Je reprends ma première haine
Pour tous les cœurs esclaves des amours.

Je vois le dieu des bois, faut-il que je l'entende ?
Ma peine, ô ciel ! n'est donc pas assez grande ?

SCÈNE V.

DIANE, PAN, FAUNES et SYLVAINS.

PAN.

Déesse, souffrez qu'en ce jour
Tous les demi-dieux de ma cour
Se soumettent à votre empire;
Mes soins ne peuvent seuls suffire
A vous marquer tout mon amour.

Que les forêts, que les monts applaudissent
Au choix qu'a fait le dieu des monts et des forêts;
   Que les antres les plus secrets
     Sans cesse retentissent
   De Diane et de ses attraits;
   Que tous les autres chants finissent :
On ne doit célébrer qu'un objet si charmant
   Dans tous les lieux où règne son amant.

CHŒUR.

Que les forêts, que les monts applaudissent
Au choix qu'a fait le dieu des monts et des forêts;
   Que les antres les plus secrets
     Sans cesse retentissent
   De Diane et de ses attraits;
   Que tous les autres chants finissent :
On ne doit célébrer qu'un objet si charmant
   Dans tous les lieux où règne son amant.

(Danses des Faunes)

DIANE, à Pan.

A recevoir vos soins j'ai voulu me contraindre;

Peut-être en les fuyant j'aurais paru les craindre :
Quand on est trop sévère, on se croit en danger ;
Je veux vous annoncer d'une âme plus tranquille,
　　Que votre amour est inutile,
　　Et qu'il faut vous en dégager.

(Elle sort.)

SCÈNE VI.

PAN, FAUNES et SYLVAINS.

PAN.

Ai-je bien entendu ? C'est ainsi qu'on m'outrage :
　　O ciel ! où me vois-je réduit ?
J'avais pris de l'espoir, il est soudain détruit :
　　Ah ! quelle honte ! quelle rage !

CHŒUR DES FAUNES.

Guérissez-vous d'un feu si mal récompensé,
Des faunes vos sujets l'honneur en est blessé :
　　On ne voit point entre eux paraître
　　　De malheureux amans.
　　　Ah ! verra-t-on leur maître
　　Soupirer dans de longs tourmens ?

PAN.

Soins qu'on a méprisés, vains efforts de mon zèle
　Ne cessez point de vous offrir à moi ;
Vous n'avez pu toucher une âme trop cruelle,
　Servez du moins à m'inspirer contre elle
　　Tout le courroux que je lui dois.

ACTE IV.
SCÈNE PREMIÈRE.
ISMÈNE.

Sombres forêts qui charmez la déesse,
    Doux asile où coulent mes jours,
  Plaisirs nouveaux qui vous offrez sans cesse,
Pourquoi ne pouvez-vous surmonter ma tristesse ?
Ah ! j'attendais de vous un plus puissant secours.

Qui peut me rendre encore incertaine, inquiète ?
J'aimais un insensible, et ce que j'ai quitté
    Ne doit pas être regretté ;
Cependant sans savoir ce que mon cœur regrette,
    Je le sens toujours agité.

  Sombres forêts qui charmez la déesse,
    Doux asile où coulent mes jours,
  Plaisirs nouveaux qui vous offrez sans cesse,
Pourquoi ne pouvez-vous surmonter ma tristesse?
Ah ! j'attendais de vous un plus puissant secours.

SCÈNE II.
DIANE, LICORIS, ISMÈNE.
DIANE.

  Ismène, parlez-moi sans feinte,
  Endimion vous redemande à moi :
D'une tendre douleur j'ai vu son âme atteinte :
  Ismène, parlez-moi sans feinte,
Voulez-vous renoncer à vivre sous ma loi ?

ISMÈNE.

O ciel ! que ma surprise est grande !
Quoi ! cet ingrat... non, non, je ne le puis penser.

DIANE.

A son amour naissant, il veut que je vous rende ;
    Répondez, je vous le commande,
A vivre sous ma loi voulez-vous renoncer ?

ISMÈNE.

Vous savez qu'à jamais je m'y suis asservie,
    Rien ne peut ébranler ma foi ;
A suivre d'autres lois si l'amour me convie,
L'amour sans votre aveu ne peut plus rien sur moi.

DIANE.

    J'entends ce que vous n'osiez dire,
    J'userai bien de mon empire :
Je verrai votre amant ; allez, attendez-vous
    A recevoir les ordres les plus doux.

SCÈNE III.

DIANE, LICORIS.

LICORIS.

Ainsi vous permettez qu'Ismène soit contente ;
Votre cœur à jamais reprend sa liberté ·
J'ai vu par son amour ce grand cœur agité ;
Mais la gloire a vaincu, Diane est triomphante.

DIANE.

Cesse de présenter ce triomphe à mes yeux,
Il me coûte trop cher pour être glorieux.

DIANE ET LICORIS.

    Qu'on est faible quand on aime !
    Qu'il est difficile, hélas !
    De vaincre un amour extrême !

Après la victoire même,
On rend encor des combats.

DIANE.

Je sais qu'Endimion ne me fait point d'outrage :
Cependant son amour m'irrite malgré moi ;
    Je ne prétends point à sa foi,
    Et ne puis souffrir qu'il l'engage.
    Je me reproche à tout moment
      Cet aveugle caprice ;
    J'ai honte de mon injustice,
    Et je m'en punis en formant
    Des nœuds qui font tout mon tourment.

LICORIS.

    C'est une peine affreuse
    De rendre une rivale heureuse,
C'est un effort cruel pour un cœur amoureux.
    Mais lorsque la gloire est contente,
    Songez quelle douceur charmante
    Doit goûter un cœur généreux.

DIANE.

Endimion dans ces lieux va paraître :
    Mon dessein va s'exécuter ;
Je vais... mais quoi ! je sens mon feu se révolter ;
    Je sens ma faiblesse renaître ;
Par de nouveaux combats faut-il la surmonter ?
    Dans quel désordre je retombe !
Que je crains qu'à la fin ma raison ne succombe !
    Cruel Amour, es-tu content ?
Seule je te bravais dans la troupe céleste ;
Mais sur mon cœur enfin ton empire s'étend.
Tu vois ce cœur si fier, interdit et flottant ;
    Le peu de force qui me reste
    Peut me quitter en un instant.

Suis-je pour toi, dans cet état funeste,
   Un triomphe assez éclatant ?
   Cruel Amour, es-tu content ?

LICORIS.

Je vois Endimion, paraissez plus tranquille ;
Prononcez un aveu qui vous fait soupirer ;
   Plus cet effort est difficile,
   Moins vous devez le différer.

SCÈNE IV.

DIANE, ENDIMION.

DIANE.

Venez, Endimion, tout vous est favorable ;
   J'accorde Ismène à vos désirs.

ENDIMION.

   Ah ! que mon sort est déplorable !

DIANE.

   Que dites-vous ? D'où naissent ces soupirs ?

ENDIMION.

Jusques dans vos bontés le destin m'est contraire.
Que ne rejetiez-vous des vœux si mal conçus ?

DIANE.

   Quelle plainte osez-vous me faire ?
   Quoi ! c'est ainsi que mes dons sont reçus ?
Que devient dès ce jour cette flamme nouvelle,
Qu'Ismène en vous fuyant a su vous inspirer ?

ENDIMION.

   Hélas ! pouvez-vous ignorer
   Que je suis sans amour pour elle ?
   Mon trouble, mes vœux incertains,
Ces soupirs échappés, mes bizarres desseins,
Tout ne vous dit-il pas qu'un autre amour m'enflamme,

Que j'ai voulu l'arracher de mon âme,
Et que tous mes efforts sont vains?

DIANE.

Vous voulez sortir d'esclavage,
Suivez votre projet avec plus de courage.
On ne surmonte pas d'abord
Le doux penchant qui nous entraîne ;
Ce n'est pas un premier effort
Qui brise une amoureuse chaîne.

ENDIMION.

Non, je veux conserver un malheureux amour ;
Que vous importe-t-il que j'en perde le jour ?

DIANE.

Je veux dans tous les cœurs, autant qu'il m'est possible,
Établir la tranquillité.
Il n'est rien de plus doux pour une âme insensible,
Que de voir en tous lieux régner la liberté.

ENDIMION.

Pourquoi, Déesse impitoyable,
A combattre mes feux voulez-vous m'engager ?
Je sais que je ne suis qu'un mortel, qu'un berger :
Mais lorsque j'ose aimer un objet adorable,
Du moins je ne suis pas coupable
D'un téméraire aveu qui devrait l'outrager.
De mon crime secret la peine est assez grande ;
J'étouffe mes soupirs et mes gémissemens.
Déesse, par pitié, laissez-moi mes tourmens ;
C'est tout le prix que je demande.

DIANE.

Qu'entends-je ? quoi, Berger...

ENDIMION.

Qu'ai-je dit ? quel transport !
Ciel ! ai-je rompu le silence ?

PASTORALES.

L'amour à mon respect a-t-il fait violence ?
Ah ! vos yeux irrités m'instruisent de mon sort :
J'y vois tout mon forfait et toute mon offense ;
Mon feu s'est découvert, j'ai mérité la mort.

SCÈNE V.

DIANE, ENDIMION, LES HEURES.

UNE DES HEURES à Diane.

Du grand astre des jours la mourante lumière
Va dans quelques momens s'éteindre au fond des mers ;
  Commencez votre carrière,
  Et consolez l'univers.

DIANE.

 Que mon char en ces lieux descende,
 Vents, c'est moi qui vous le commande.

(Danse des heures tandis que le char descend. Diane y monte.)

CHŒUR DES HEURES.

Répandez, répandez votre douce clarté,
Dissipez de la nuit l'obscurité profonde ;
  Vous devez la lumière au monde,
  Lorsque le soleil l'a quitté.

       (Diane part.)

SCÈNE VI.

ENDIMION.

Elle part, et me laisse en ce lieu solitaire :
Elle n'a pas daigné m'exprimer sa colère,
  Il lui suffit de me livrer
Au désespoir mortel qui doit me déchirer.
Fatal égarement, transport que je déteste,

Tout est perdu pour moi, vous m'avez fait parler;
J'ai rendu criminel, par un aveu funeste,
 Le plus beau feu dont on puisse brûler.

Cachons-nous pour jamais aux beaux yeux qui m'enchant
Je faisais de les voir mon bonheur le plus doux;
Mais ils redoubleraient les maux qui me tourmentent,
 Je verrais leur juste courroux.

Allons finir nos jours dans d'éternelles larmes;
Déserts, qui pouvez seuls avoir pour moi des charmes,
 Ouvrez vos antres ténébreux,
 Pour recevoir un malheureux.

ACTE V.

Le Théâtre représente une caverne du mont Latmos, où
Endimion s'est retiré.

SCÈNE PREMIÈRE.

ENDIMION endormi, CHŒUR D'AMOURS.

CHŒUR.

Prêtez votre secours à ce berger aimable;
Dieu du sommeil, rendez-lui le repos.
 Il cède au tourment qui l'accable,
Dieu du sommeil, rendez-lui le repos.
  Un amant misérable
 A besoin de tous vos pavots.
Prêtez votre secours à ce berger aimable;
Dieu du sommeil, rendez lui le repos.

DEUX AMOURS.

 Quelle est cette clarté naissante
 Au milieu de l'obscurité?

Peut-être une déesse amante
Descend dans cet antre écarté.
DEUX AUTRES AMOURS.
C'est Diane; elle vient revoir ce qu'elle adore :
Cachons-nous à ses yeux.
Taisons-nous, il faut qu'elle ignore
Que les Amours sont en ces lieux.

SCÈNE II.
DIANE.

Puis-je encore me reconnaître ?
L'amour du haut des cieux me force à disparaître;
Je refuse aux mortels, saisis d'un juste effroi,
La lumière que je leur dois.

Le berger que renferme un antre si sauvage,
Par sa vive douleur a trop su m'alarmer.
Nobles soins, que le sort m'a donnés en partage,
N'attendez rien de moi, je ne sais plus qu'aimer.

Je puis en liberté voir ici ce que j'aime,
Le sommeil suspend son ennui.
Ce temps m'est précieux, puisqu'il ne peut lui-même
Savoir ce que je fais pour lui.

Mais quoi! faut-il toujours soupirer et me taire ?
Ses vertus, son respect sincère,
Ses tourmens et tous mes combats,
Pour me justifier ne suffiraient-ils pas ?

Qu'il sorte d'un sommeil où sa douleur mortelle
Peut-être encore agite ses esprits,
Qu'il sache... O ciel! quel dessein ai-je pris ?
Non, reprenons mon cours, l'univers me rappelle.

Quel charme me retient? Fuyons. Quoi! je ne puis!
Ah! fuyons, je sens trop le péril où je suis.
Mais, hélas! qu'ai-je fait?

SCÈNE III.

DIANE, ENDIMION.

ENDIMION qui se réveille.

Que vois-je? quoi! Déesse,
Vous venez pour punir un amour qui vous blesse?
Ah! mon trépas était certain;
Il allait vous venger de ma coupable audace :
Mais je tiendrai pour une grâce
Que de si justes coups partent de votre main.

DIANE.

Comment, dans mes regards, voyez-vous de la haine?

ENDIMION.

Contentez le courroux qui vous guide en ces lieux.

DIANE.

Ne me pouvais-je pas venger du haut des cieux?

ENDIMION.

Par ce discours obscur vous redoublez ma peine;
Je ne veux que mourir, et mourir à vos yeux.

DIANE.

Il faut, il faut enfin cesser d'être incertaine.

Apprenez votre sort, je ne puis plus cacher
Que mon superbe cœur soupire;
Vos vertus m'avaient su toucher,
Votre respect me contraint à le dire.

ENDIMION.

Qu'ai-je entendu? Non, non, mes sens sont abusés,
Et ce songe va disparaître.

PASTORALES.

DIANE.

Quoi! mon amour me fait-il méconnaître
  Par vous-même qui le causez?

ENDIMION.

Déesse, est-il donc vrai? quelle ardeur! quel hommage!
Tout mon cœur... de mon trouble entendez le langage;
  Je ne suis pas digne d'un sort si doux,
    Si je n'en meurs à vos genoux.
Pardonnez aux soupirs qu'un berger vous adresse;
Du moins je ne sens point mon cœur se partager :
Ce sont vos charmes seuls qui savent m'engager;
  Je ne vois point que vous êtes déesse.

DIANE.

A toutes vos vertus j'ai donné ma tendresse,
  Je ne vois point que vous êtes berger.

ENDIMION.

Ce sont vos charmes seuls qui savent m'engáger.

DIANE.

A toutes vos vertus j'ai donné ma tendresse.

ENDIMION.

Je ne vois point que vous êtes déesse.

DIANE.

Je ne vois point que vous êtes berger.
  Mon cœur se croyait invincible,
    Mais vous l'avez désarmé.

ENDIMION.

Sans vous j'étais insensible,
Sans vous je n'eusse point aimé.

DIANE ET ENDIMION.

Mon cœur se croyait invincible,
  Mais vous l'avez désarmé.
  Sans vous j'étais insensible,
  Sans vous je n'eusse point aimé.

DIANE.

Vous qui fûtes jadis transformés en étoiles,
Dérobez-vous des cieux ;
Des nuages obscurs vous prêteront leurs voiles ;
Descendez en ces lieux.

SCÈNE IV.

DIANE, ENDIMION, tous ceux qui ont été changés en étoiles, CASTOR ET POLLUX, PERSÉE, ANDROMÈDE, ORION, ERIGONE, ETC.

DIANE.

O vous, qui composez ma cour,
Vous qui des secrets de l'amour
Eûtes toujours la confidence,
Ecoutez, et gardez un éternel silence,
Diane a de l'amour ressenti les attraits.

CHŒUR.

Quelle surprise! ô ciel! Diane est moins sévère!
Diane a de l'amour ressenti les attraits!

DIANE.

Endimion a su me plaire,
Cachez au monde entier l'aveu que je vous fais.
Cachez sous vos voiles épais
Un important mystère.

CHŒUR.

Quelle surprise! ô ciel! Diane est moins sévère!
Diane a de l'amour ressenti les attraits?

DIANE.

Pour venir désormais
Dans ce lieu solitaire,

L'ombre me sera nécessaire.
Seuls vous serez témoins de mes vœux satisfaits.
Dans tout l'empire de Cythère
On ne vous révéla jamais
Une secrète ardeur que vous deviez mieux taire.
Cachez sous vos voiles épais
Un important mystère.
CHŒUR.
Cachons sous nos voiles épais
Un important mystère ;
De ces tendres amours favorisons la paix.
Non, non, il ne faut pas que le jour les éclaire.
Cachons sous nos voiles épais
Un important mystère.

POÉSIES DIVERSES.

POÉSIES DIVERSES.

PORTRAIT DE CLARICE.

J'espère que Vénus ne s'en fâchera pas,
Assez peu de beautés m'ont paru redoutables ;
   Je ne suis pas des plus aimables,
   Mais je suis des plus délicats.
  J'étais dans l'âge où règne la tendresse,
   Et mon cœur n'était point touché.
Quelle honte ! il fallait justifier sans cesse
   Ce cœur oisif qui m'était reproché.

Je disais quelquefois : Qu'on me trouve un visage,
Par la simple nature uniquement paré,
Dont la douceur soit vive, et dont l'air vif soit sage,
Qui ne promette rien, et qui pourtant engage ;
   Qu'on me le trouve, et j'aimerai.

  Ce qui serait encor bien nécessaire,
Ce serait un esprit qui pensât finement,
  Et qui crût être un esprit ordinaire,
Timide sans sujet, et par là plus charmant ;
Qui ne pût se montrer ni se cacher sans plaire ;
  Qu'on me le trouve, et je deviens amant.

On n'est pas obligé de garder de mesure
   Dans les souhaits qu'on peut former :
  Comme en aimant je prétends estimer,
Je voudrais bien encore un cœur plein de droiture ;
   Vertueux sans rien réprimer ;
   Qui n'eût pas besoin de s'armer

D'une sagesse austère et dure,
Et qui de l'ardeur la plus pure
Se pût une fois enflammer ;
Qu'on me le trouve, et je promets d'aimer.

Par ces conditions j'effrayais tout le monde.
Chacun me promettait une paix si profonde,
Que j'en serais moi-même embarrassé.
Je ne voyais point de bergère,
Qui d'un air un peu courroucé
Ne m'envoyât à ma chimère.
Je ne sais cependant comment l'amour a fait,
Il faut qu'il ait long-temps médité son projet ;
Mais enfin il est sûr qu'il m'a trouvé Clarice,
Semblable à mon idée, ayant les mêmes traits :
Je crois, pour moi, qu'il me l'a faite exprès.
Oh ! que l'amour a de malice !

LES JEUX OLYMPIQUES.

Sur une passion qui avait déjà duré cinq ans.

Jadis de cent ans en cent ans
La magnifique Rome, à tous ses habitans,
Donnait une superbe fête,
Et les hérauts criaient : » Citoyens, accourez,
» Vous n'avez jamais vu, jamais vous ne verrez
» Le spectacle qu'on vous apprête. »

Ce n'est pas qu'à parler dans la grande rigueur,
On n'eût bien pu trouver quelque tête chenue,
D'une opiniâtre vigueur,
Par qui la fête eût été déjà vue.
Mais, quoi ! dans la condition
Où les dieux ont réduit la triste vie humaine,

n cas si singulier ne valait pas la peine
    Qu'on en fît une exception.

Telle est chez les Amours la coutume établie ;
    La même chose s'y publie
A des jeux solennels qu'ils célèbrent entre eux.
Mais ce qui doit causer une douleur amère,
C'est que tous les quatre ans on célèbre ces jeux :
    Cependant pour ces malheureux
    C'est une fête séculaire ;
    Jamais un Amour n'en voit deux.

Avoir vécu deux ans, la carrière est jolie ;
Trois, c'est le bout du monde, on ne les peut passer:
Mais aller jusqu'à quatre, oh ! ce serait folie,
    Si seulement ils osaient y penser.
Ils n'avaient pas jadis les mêmes destinées :
Un amour fournissait sa quinzaine d'années ;
Sa vingtaine, pour faire un compte encor plus rond.
Hélas ! bien moins de temps aujourd'hui les emporte :
Et s'il faut que toujours ils baissent de la sorte,
    Dieu sache ce qu'ils deviendront.

Quel fut l'étonnement de la troupe légère,
Lorsqu'à ces derniers jeux, et dans un grand concours,
S'avança le doyen de Chypre et de Cythère,
    Le Mathusalem des Amours,
Un Amour de cinq ans, et qui de ce spectacle
Leur eût fait par avance un fidèle rapport !
Le petit peuple ailé, dans un commun transport,
    Battit des mains, cria miracle.

    Mais, grands Dieux ! que ne fut-ce pas
Quand il vint dans la lice, et malgré ce grand âge,
Sur de jeunes rivaux remporta l'avantage ;

Car ces jeux ressemblaient à ceux que vit l'Elide,
Jeux guerriers où venaient s'exercer les Amours,
    En mille différens combats?
Tantôt à déclarer une flamme timide,
    Qui veut parler et qui se tait toujours;
Tantôt à placer bien ces douces bagatelles,
    Ces petits soins qui touchent tant;
    Tantôt à se plaindre des belles
    Avec respect, et même en s'emportant.
    Que sais-je enfin? sous cette fausse image
Ils préludent ensemble à leurs charmans emplois;
    Rien n'aide tant à leurs exploits
    Que ce solide apprentissage.

D'une foule d'Amours le vainqueur fut suivi.
    De toutes parts l'allégresse s'exprime :
L'un admire à cinq ans quelle force l'anime ;
    L'autre veut savoir le régime
    Dont jusqu'alors il s'est servi.

Mais lui, ce ne sont pas ici, comme j'espère,
Dit-il, les derniers jeux où je me trouverai,
Il n'est pas encor temps que je sois admiré ;
    Et qu'il soit dit sans vous déplaire,
Tous tant que vous voilà, je vous enterrerai.
Mon destin sera tel, que, des Amours antiques,
Chez les Amours futurs moi seul je ferai foi ;
On me consultera sur de vieilles pratiques
    Dont la mémoire aurait péri sans moi.

Mais puisque vous voulez savoir ce qui me donne
Cette longue santé dont vous êtes surpris,
Je vis de ce beau feu qui sort des yeux d'Iris,
    Et, comme on voit, la nourriture est bonne.

SONNET.

Je suis (criait jadis Apollon à Daphné,
Lorsque tout hors d'haleine il courait après elle ;
Et lui contait pourtant la longue kirielle
Des rares qualités dont il était orné).

Je suis le dieu des vers, je suis bel esprit né.
Mais des vers n'étaient point le charme de la belle.
Je sais jouer du luth, arrêtez. Bagatelle,
Le luth ne pouvait rien sur ce cœur obstiné.

Je connais la vertu de la moindre racine,
Je suis par mon savoir dieu de la médecine.
Daphné fuyait encor plus vite que jamais.

Mais s'il eût dit, voyez quelle est votre conquête,
Je suis un jeune dieu, toujours beau, toujours frais ;
Daphné, sur ma parole, aurait tourné la tête.

SUR UN SOUPER,

Où l'on souhaitait qu'une personne qui en devait être s'ennuyât.

PRIÈRE A L'ENNUI.

O toi, terrible Dieu, que l'on n'honore guère,
  Du moins d'un culte volontaire,
Ennemi de la joie, Ennui, puissant Ennui,
Goûte un plaisir nouveau, je t'invoque aujourd'hui.
Va t'établir ce soir dans la noble cohue,
Descends enveloppé d'une invisible nue ;
Lorsque tu t'introduis sans qu'on sache comment,
  Tu règnes plus absolument.
Mène avec toi ta troupe, et qu'elle soit complète,

Le triste sérieux et la langueur secrète,
  Par qui les plaisirs sont chassés,
  Les complimens froids et glacés,
  Les nouvelles de la gazette,
Les longs contes remplis de détails entassés;
  Ou, qui pis est, les ris forcés,
  La gaîté fausse et contrefaite,
  Les bons mots d'autrui qu'on répète,
  Et qui même sont mal placés.
Que d'un repas très court les convives lassés,
Cachent leurs bâillemens sous une main discrète;
Qu'ils prêtent à l'horloge une oreille inquiète,
  Et ne se montrent empressés
Qu'à faire avant minuit une heureuse retraite.
Ennui, tu me diras qu'en présence d'Iris
Il ne t'est pas aisé d'établir ton empire,
Que son aimable vue animant les esprits...
Je t'entends, à cela je n'ai qu'un mot à dire.
  Hé bien, tu ne dois pas songer,
  A régner sur toute la bande.
Mais Iris peut leur plaire, et pourtant enrager :
C'est sur elle, grand Dieu, qu'il faudra te venger !
  Puissant Ennui, je te la recommande.

SUR UN RETOUR,

Qui devait être au mois d'octobre.

Ne reviendras-tu point ? ne ferai-je sans cesse
Que d'inutiles vœux pour hâter ta paresse,
Mois charmant, mois aimable, où de ses dons nouveaux
  Bacchus remplira nos tonneaux ?
De vignerons contens quand verrai-je une armée,
Par les ordres du dieu dépouiller ses états,

Et faire bouillonner la liqueur enflammée,
　Mère des jeux, et l'âme des repas?
　　Ainsi dans le fond d'un bocage,
Je parlais seul, et Bacchus m'entendit ;
Il crut qu'enfin je lui rendais hommage,
　　Et de ce tardif avantage,
　Le dieu des buveurs s'applaudit.
Mais l'Amour qui savait combien Iris m'occupe,
　Et dans quel temps son retour est réglé,
De mes discours avait lui seul la clé,
　　Et prenait l'autre dieu pour dupe.

RÊVERIE.

A vous que j'aime, et n'en aime pas moins
　　Pour vous aimer dans le silence ;
　A vous à qui je rends des soins
　　Inconnus et sans récompense ;
A vous, qui pourrez bien ne le jamais savoir,
En ces lieux écartés j'adresse cet hommage,
Et je puis seulement me rendre témoignage
　　Que j'aime à faire mon devoir.
　　Je doute même que tout autre
En pareil cas s'en acquittât ainsi ;
　Mais vous, si vous faisiez le vôtre,
　Vous devineriez tout ceci.

ÉTRENNES,

Pour l'année 1701.

En commençant, Iris, l'an qui suit mil sept cents,
Je voulais sous vos lois mettre ma destinée ;

Je voulais de mes vœux vous promettre l'encens,
    Seulement pour ladite année,
    Cela n'a jamais d'autre sens.
Mais avec cette année un siècle aussi commence,
Attendons, ai-je dit, nous pouvons à bon droit
De l'un et l'autre bail peser la différence.
Mais les appas d Iris souffrent-ils qu'on balance!
    Hé bien donc, pour le siècle soit.

AUTRES ÉTRENNES.

En ce jour solennel, où de vœux redoublés
Plus qu'en tout autre temps les dieux sont accablés,
J'ai fait des vœux hardis, et peut-être impossibles;
J'ai demandé des jours occupés et paisibles,
    Des plaisirs vifs, sans le secours puissant
        Du trouble et de l'inquiétude,
        Des biens dont la longue habitude
        Eût le charme d'un goût naissant,
De la gloire, non pas cette vaine fumée
        Qui va se répandant au loin,
        Mais cette gloire qu'avec soin
        Dans son cœur on tient renfermée.
Tel était mon placet, Jupiter mit au bas,
En caractères longs, qu'on ne lisait qu'à peine :

    Renvoyé vers l'aimable Ismène,
    Ceci ne me regarde pas.

SUR DES ÉTRENNES
Avancées d'une année sur l'autre.

Le dieu de l'Hélicon et celui de Cythère,
    Souverain des plaisirs, sont convenus entre eux,

De payer tous les ans à celle qui m'est chère
    Un tribut de vers amoureux.
    Elle qui n'est pas ménagère,
Veut en mil sept cent un manger mil sept cent deux,
Et les divinités, faciles à ses vœux,
    N'y savent rien que de la laisser faire.
Qu'en arrivera-t-il ? le fond manquera ? Non.
L'Amour fournit toujours, la source est abondante.
Oui, l'Amour, direz-vous, mais pour votre Apollon...
    Oh! quand l'Amour le prend d'un certain ton,
    Il faut, ma foi, qu'Apollon chante.

L'HOROSCOPE.

Je n'avais garde, Iris, de ne vous aimer pas.
Je ne m'étonne plus de mon amour extrême ;
    Le ciel, dès ma naissance même,
    Promit mon cœur à vos appas.
Un astrologue, expert dans les choses futures,
Voulut en ce moment prévoir mes aventures ;
Des planètes alors les aspects étaient doux,
    Et les conjonctions heureuses :
    Mon berceau fut le rendez-vous
    Des influences amoureuses,
Vénus et Jupiter y versaient tour à tour
    Tant de quintessence d'amour,
Que même un œil mortel eût pu la voir descendre.
De leur trop de vertu qui pouvait me défendre ?
Hélas ! je ne faisais que de venir au jour.
Qu'ils prennent bien leur temps pour nous faire un cœur tendre!
    Quand de mon avenir fatal
L'astrologue d'abord fit le plan général,
    Il le trouva des moins considérables :
    Je ne devais ni forcer bastions,

Ni décider procès, ni gagner millions;
  Mais aimer des objets aimables,
  Offrir des vœux, quelquefois bien reçus,
Eprouver les amours coquets ou véritables,
  Donner mon cœur, le reprendre, et rien plus.
    Alors l'astrologue s'écrie :
    Le joli garçon que voilà!
    La charmante petite vie
    Que le ciel lui destine là!
Mais quand dans le détail il entra davantage,
Il vit qu'encore enfant je savais de ma foi
A deux beaux yeux faire un si prompt hommage,
    Que mon premier amour et moi
    Nous étions presque de même âge.
D'autres amours après s'emparaient de mon cœur;
La force, la durée en était inégale,
Et l'on ne distinguait par aucun intervalle
    Un amour et son successeur.
Ce n'étaient jusques là que des préliminaires;
    Le ciel avait paru d'abord,
    Par un essai de passions légères,
    Jouer seulement sur mon sort.
Mais quel amour, ô Dieux! quel amour prend la place
    De ceux qui l'avaient précédé!
Fuyez, faibles amours, dont j'étais possédé,
Fuyez, et dans mon cœur ne laissez point de trace.
Celui qui se rendait maître de mon destin,
Du reste de ma vie occupait l'étendue;
L'astrologue avait beau porter au loin sa vue,
    Il n'en découvrait point la fin.
  Quoi! disait-il, presque en versant des larmes,
    Ce pauvre enfant que je croyais heureux,
Des volages amours va-t-il perdre les charmes?

Quoi ! pour toujours va-t-il être amoureux ?
 Non, non, il faut que je m'applique
A voir encor l'affaire de plus près.
 Alors il met sur nouveaux frais
 Toutes ses règles en pratique ;
D'un œil plus attentif il observe le cours
 Et des fixes et des planètes,
Dans tous les coins du ciel promène ses lunettes,
Retrace des calculs qui n'étaient pas trop courts ;
Et puis quand il eut fait cent choses déjà faites,
 Il vit que j'aimais pour toujours.

LE TEMPS ET L'AMOUR.

FABLE.

Ils sont deux dieux, portant ailes au dos,
Les plus méchans qu'ait Jupin à sa table :
L'un est le Temps, mangeur insatiable,
Vieillard chenu, mais, hélas ! trop dispos ;
Et l'autre, qui ? c'est l'enfant de Paphos.
Quand cet enfant a pris beaucoup de peine
Chez son beau-père à forger une chaîne,
Qui de deux cœurs doit unir le destin,
Vient le barbon qu'on ne peut trop maudire,
Qui vous la ronge et vous l'use à la fin ;
Adieu la chaîne, et le vieillard malin
S'envole ailleurs, riant d'un vilain rire.
Fut-il jamais, sous sa cruelle dent,
Liens si forts qu'ils fissent résistance ?
Ces jours passés je le vis cependant
Avec l'Amour en bonne intelligence.
Tous deux, tous deux, l'enfant et le vieillard,
Ils composaient une chaîne durable ;

Le Temps lui-même en serrait avec art
Tous les chaînons. N'est-ce point une fable?
Non, je l'ai vu, vu de mes propres yeux,
Ou je le sens, pour vous dire encor mieux.

LA MACREUSE.

Sur ce qu'on traitait de Macreuse un homme qui paraissait fort indifférent, et qui cependant ne l'était pas.

D'un marais du septentrion
Sortit jadis une macreuse,
Dont la froideur était fameuse
Parmi sa froide nation.
Il est dit dans une chronique,
Qu'un jour Iris vit en passant
Ce pauvre animal aquatique
Tout engourdi, tout languissant.
Aussitôt de l'oiseau le sang froid se dégèle;
Sa forme change; et par le don
Qu'avaient les regards de la belle,
La macreuse devient pigeon.
Vous devinez qu'à ce spectacle
Tout le monde cria miracle;
Point du tout. Et pourquoi si peu d'étonnement?
C'est qu'Iris fit ce changement.
La macreuse soudain, fière de ne plus l'être,
Va dans un colombier se faire reconnaître,
Prendre son rang, jouir des droits
D'un nouvel être qui l'honore;
Et qui plus est, plus mille fois encore,
Aimer pour la première fois.
Qu'elle se sentit peu de sa triste origine!
Qu'elle sut faire honneur à la vertu divine

Qui rendait son destin si beau !
Dans leurs caresses amoureuses,
Tous les autres pigeons, pigeons dès le berceau,
Semblaient eux-mêmes des macreuses.
Aussi de ses amours en tous lieux signalés,
Telle fut la gloire éclatante,
Que quand la déesse charmante,
Qui sous ses lois tient les enfans ailés,
Perdit un des pigeons à son char attelés,
Notre macreuse eut le place vacante.

Sur ce qu'en écrivant à une personne, on n'avait osé écrire le mot d'amour, et qu'on l'avait laissé en blanc.

Hier peut-être, Amour, je te parus coupable,
Même en implorant ton pouvoir,
Je n'osai prononcer ton nom, ce nom aimable
Que jamais l'univers n'entend sans s'émouvoir.
J'eus trop d'égard pour une indifférente,
Je craignis plus de l'offenser que toi :
Mais d'un respect poussé plus loin que je ne doi,
Le moyen que je me repente ?
N'est-ce pas toi, grand Dieu, qui m'en as fait la loi ?
La seule criminelle est la beauté que j'aime.
De ton nom outragé venge l'honneur suprême ;
La peine que tu dois choisir,
C'est que bientôt avec plaisir
Elle le prononce elle-même.

SUR UN BILLET

Où une personne n'avait écrit que les premières lettres d'un sentiment qu'on lui demandait.

Certain chiffre tracé par une main charmante
    Tourmentait un jour mes esprits :
    J'eus recours au fils de Cypris ;
    Il n'est déchiffreur que l'on vante
  Autant que lui pour ces sortes d'écrits.
Il me lut tout courant l'adorable grimoire.
J'entendis .. juste ciel ! quelle serait ma gloire !
    Quel destin serait aussi beau !
Mais hélas ! il ne lut qu'à travers son bandeau,
    Et je n'ose presque l'en croire.

SUR UN CLAIR DE LUNE.

  Quand l'Amour nous fait éprouver
  Son premier trouble avec ses premiers charmes,
Contre soi-même encor c'est lui prêter des armes
    Que d'être seul et de rêver.
La dominante idée, à chaque instant présente,
    N'en devient que plus dominante ;
  Elle produit de trop tendres transports ;
    Et plus l'esprit rentre en lui-même,
    Libre des objets du dehors,
    Plus il retrouve ce qu'il aime.
Je conçois ce péril, et qui le connaît mieux ?
Tous les soirs cependant une force secrète
    M'entraîne en d'agréables lieux,
    Où je me fais une retraite
    Qui me dérobe à tous les yeux.

Là, vous m'occupez seule, et dans ce doux silence,
Absente je vous vois, je suis à vos genoux;
Je vous peins de mes feux toute la violence;
Si quelqu'un m'interrompt, j'ai le même courroux
    Que s'il venait par sa présence
Troubler un entretien que j'aurais avec vous.
Le soleil dans les mers vient alors de descendre,
Sa sœur jette un éclat moins vif et moins perçant;
Elle répand dans l'air je ne sais quoi de tendre,
    Et dont mon âme se ressent.
Peut-être ce discours n'est guère intelligible,
Vous ne l'entendrez point, je sais ce que j'y perds;
Un cœur passionné voit un autre univers,
    Que le cœur qui n'est pas sensible.

Sur un portrait de feu madame la duchesse de Mantoue.

Toi que pour son rival Apollon même avoue,
    Immortel cygne de Mantoue [1],
Quoique pour vivre ici le destin t'ait marqué
  Le plus beau temps de la grandeur romaine,
    Que je te plains d'avoir manqué
Ce sujet pour tes chants, et cette souveraine!

A Madame la D... DE M...

Sur son mariage, qui fut consommé dans une hôtellerie d'une petite ville.

  Du beau sang dont vous êtes née,
    Un souverain vous est dû pour époux;
Mais vos appas aussi donnent des droits sur vous
    A l'ennemi de l'hyménée.

[1] Virgile

Le sérieux Hymen, par un grave décret,
Vous met entre les bras d'un prince d'Ausonie;
  L'autre pour donner un trait
  Qui tienne de son génie,
  Sans pompe, et presque en secret,
  Conclut la cérémonie
  Dans un méchant cabaret.

CAPRICE.

Je ne dors ni nuit ni jour;
Le diable emporte l'Amour,
Ses petits frères, sa mère,
Tous ses parens, jeux et ris,
Toute l'île de Cythère,
Et qui plus est, mon Iris!

Sur une petite-vérole.

Sur le sujet de la gente femelle,
Qui rend mon cœur aussi tendre qu'il est;
Grâce et beauté sont ensemble en querelle;
Car beauté dit: c'est par moi qu'elle est belle,
Grâce répond: c'est par moi qu'elle plaît.
Dame beauté, toujours fière et hautaine,
D'esprit quinteux, et qui veut qu'on apprenne
Combien ses dons doivent être chéris,
Vous prend congé du visage d'Iris.
Mais d'autre part sa gentille rivale,
Pour la confondre et lui clore le bec,
Grâce demeure, et tous nos cœurs avec;
D'enfans ailés troupe toujours égale,
Aux pieds d'Iris se rend avec respect.

Dame beauté mainte couleuvre avale,
Si qu'à la fin voyant que son courroux
N'avance rien, et ne sert de deux cloux,
Elle revient sans mot dire au plus vîte,
Heureuse encor qu'on la reçoive au gîte.

~~~~~~

Sur une scène que j'avais faite entre l'Amour et Psyché.

PSYCHÉ A IRIS.

Ma chère sœur, nous ne nous devons rien,
En même cas nous sommes l'une et l'autre;
   Votre amant fait parler le mien,
   Et le mien fait parler le vôtre.

~~~~~~

Sur une passion constante, sans être malheureuse.

Un jour aux pieds d'Iris, l'Amour alla se rendre,
Respectueux, timide, et n'en osant attendre
   Que des rigueurs et du dédain.
   Iris se trouva moins sévère,
   Et l'enfant retourna soudain
   A son naturel téméraire.
   Cependant par tous les degrés
   Il sut conduire son audace.
Enfin, je prévois bien que vous en douterez,
Siècles futurs, enfin Iris même l'embrasse.
   Mais dans l'instant qu'entre ses bras
Il goûtait, éperdu, des douceurs si nouvelles,
Iris en trahison lui coupait les deux ailes,
   Et l'Amour ne le sentit pas.
   Ce tour là fut, sur ma parole,

Le mieux pensé que j'aie encor connu ;
Car l'Amour bien traité d'ordinaire s'envole
Plus vîte qu'il n'était venu.

MADRIGAL.

Je veux chanter en vers la beauté qui m'engage.
J'y pense, j'y repense, et le tout sans effet ;
Mon cœur s'occupe du sujet,
Et l'esprit laisse là l'ouvrage.

AUTRE.

Tu sais quel est l'objet, Amour, dont j'ai fait choix.
Fais que de ses beaux yeux j'éprouve seul les armes ;
Ne crains point d'être injuste à l'égard de ses charmes,
En ne soumettant pas mille cœurs à ses lois.
Mon cœur est assez tendre, il est assez fidèle
Pour t'acquitter envers elle
De tout ce que tu lui dois.

L'ANNIVERSAIRE.

Dans un lieu sombre et ténébreux,
Le dixième janvier, s'assemblèrent les sages,
Censeurs du monde et presque antropophages,
Gens sans amour, et rêvant toujours creux.
De longs habits de deuil la troupe était couverte,
De deuil était tendu le funeste séjour.
L'an précédent, à pareil jour,
D'un de leurs compagnons ils avaient fait la perte ;
Il avait déserté ; quand un sage déserte,
Ne le cherchez que chez l'Amour.
Dans des chants où régnait une tristesse extrême,

De celui qui manquait ils déploraient le sort.
  Hélas! disait avec transport
  Un orateur à face maigre et blême,
C'était pour notre corps un sujet excellent.
  Quel paresseux! quel indolent!
  Quel ennemi du soin et de la veille!
Qu'il eut pour ne rien faire un merveilleux talent!
  Qu'il dormait bien sur l'une et l'autre oreille!
A peine quelquefois paraissait-il galant,
Je sais qu'il faisait mal d'en faire le semblant:
Mais que cette apparence était peu criminelle,
Auprès de cet amour sincère et violent
  Qui nous en a fait un rebelle?
  Le discoureur en était là,
Quand le sage défunt parut et le troubla,
Comme un spectre sorti du ténébreux rivage.
  Messieurs, leur dit-il, me voilà,
  Et voilà celle qui m'engage.
Critiquez ce portrait, vous savez critiquer;
Et comme un peu de temps vous sera nécessaire,
  Je ne veux pas vous en laisser manquer;
Je reviens dans un an, à l'autre anniversaire.
  En attendant, je vous déclare à tous
Que j'aime, que l'on m'aime, et que vous êtes fous.

~~~~~~

Sur des distractions dans l'étude de la géométrie.

Lorsque je tiens les horribles écrits
Des successeurs d'Euclide et d'Archimède,
Contre la joie infaillible remède,
Rude supplice aux plus tristes esprits;
Je vois l'Amour, et je suis tout supris
Qu'il me vient là faire une parenthèse.

Pense un moment, dit-il, à ton Iris;
Tu penseras un peu plus à ton aise.
Très volontiers, lui dis-je, mon mignon.
Je sais trop bien qu'on ne lui dit pas non;
J'accomplis l'ordre, et d'assez bonne grâce.
Puis je reprends mes savans, et l'ennui,
Priant l'Amour de leur céder la place,
La compagnie est mauvaise pour lui.
S'en va-t-il? non. Parenthèse nouvelle.
Encore Iris, encore une fois, soit.
Deux s'il le faut, on peut faire pour elle,
Sans faire trop, un peu plus qu'on ne doit.
Mais à la fin, lorsque je m'en crois quitte,
Que mon devoir est fait, et par delà,
Mon enragé, mon traître est encor là,
Et son Iris. En vain je me dépite;
Au diable soit le lutin obstiné!
C'est encor pis, j'en suis mieux lutiné,
Je n'y sais plus que prendre patience;
Et puisqu'il faut que je pense et repense
A cette Iris, et la nuit et le jour,
Pensons-y donc. Adieu vous dis, Science,
Je veux avoir la paix avec l'Amour.

Sur un commerce d'amour, qui subsistait sans fureurs, sans jalousie, etc.

A voir l'amour tel qu'il erre en ce monde
Les yeux en feu, la mine furibonde,
Barbare auteur des pleurs les plus amers,
On le prendrait pour le fils de Mégère,
Qui s'est armé des serpens de sa mère,
Et vient chez nous transporter les enfers.

Mais grâce à vous, et grâce à moi peut-être,
On le peut voir sous des traits moins connus,
Nos tendres feux l'obligent de paraître
Comme le fils de l'aimable Vénus.

Sur un portrait de Descartes.

Avec sa mine refrognée,
Élevé sur ma cheminée,
Descartes dit : Messieurs, c'est moi
Qui dans ces lieux donne la loi.
Mais au fond d'une alcove obscure
Se cache une aimable figure
Qui se moque du ton qu'il prend,
Et dit tout bas : Oh l'ignorant!

LES ZÉPHYRS.

Vers l'endroit où du pont de Sève
Le dos voûté sur la Seine s'élève,
Deux courriers qui venaient de deux endroits divers,
Qui tous les deux portaient leur malle
Et faisaient diligence égale,
Se rencontrèrent dans les airs.
Dans les airs? deux courriers? voici choses nouvelles.
C'étaient Zéphyrs, entendez-vous?
Et ce qu'ils portaient sur leurs ailes,
C'étaient soupirs échappés aux jaloux,
Regrets impatiens et doux,
Vers; et que sais-je enfin? cent autres bagatelles
Qui sont des cœurs amoureux et fidèles,
Les grands trésors, ou plutôt les font tous.
Vers la charmante Iris l'un volait à Versailles,

De la part d'un amant renfermé dans Paris ;
Et l'autre de la ville allait voir les murailles,
  Vers cet amant dépêché par Iris.
Comme ils se connaissaient : Arrête un peu, mon frère,
Dit le Parisien, montre-moi ton paquet.
  Ah, ciel! ta charge est bien légère,
 Et je suis moi, chargé comme un mulet.
 Le courtisan, d'un air de petit-maître,
Répondit au bourgeois: Eh bien! tant pis pour toi;
  Car d'ailleurs, quoi qu'il en puisse être,
  Je serai mieux reçu que toi.

CAPRICE.

M'ALLER servir de la langue des dieux
Parce qu'Iris fait un petit voyage
D'un jour sans plus! je n'en ai le courage.
Assurément vers sont trop précieux,
Ce ne serait entendre le ménage.
Mais, dit l'Amour, impérieux marmot,
Dans ce seul jour qu'elle doit être absente,
Si le soleil ne va qu'au petit trot,
S'il ne va point, si je m'impatiente,
Si je languis, si j'enrage, en un mot,
Moi qui suis dieu, qui tous les dieux régente,
Enragerai-je en prose comme un sot ?

SUR MON PORTRAIT.

Si lorsqu'un seul moment votre œil s'est occupé
 Sur ce portrait qui, dit-on, est moi-même,
Il ne vous a pas dit : *C'est vous seule que j'aime,*
  Rigaut ne m'a point attrapé.

SUR UNE ABSENCE.

J'entends la raison en colère,
Qui gronde et tempête chez moi.
Qui diable est-ce donc que je voi?
Une humeur triste et solitaire
Un noir chagrin, qui n'appartient
Qu'aux grands malheurs, aux funérailles.
Je sais bien qu'elle est à Versailles,
Mais dans deux jours elle revient.
A cette raison trop cruelle,
Un pauvre enfant, pour tout discours,
Répond, en criant de plus belle,
Elle ne revient de deux jours.

Sur l'absence d'une personne à qui l'on donnait le nom d'Iris en vers, et hors de là quelques autres noms.

Quand je me jette avec furie
Dans l'affreuse géométrie,
Où se trouvent en racourci
Le grimoire et la diablerie,
Plein d'une triste rêverie,
Dont j'ai l'esprit tout obscurci,
Je pense à mon Iris aussi.
Quand quelque Vénus, quelque Aurore,
S'offre à mes yeux d'un air galant,
Et me dit, non pas en parlant,
Je permets que ton cœur m'adore,
Ou bien m'en dit l'équivalant,
Je pense à mon Iris encore.

Encore! aussi! Je suis surpris
Qu'ici ces mots là se présentent.
Pourquoi faut-il que mes vers mentent?
Ne puis-je rimer qu'à ce prix?
Eh! disons vrai, de par Cypris;
Et si les rimes n'y consentent,
Regardons-les avec mépris,
Au milieu des savans écrits
Qui me plaisent et me tourmentent;
Malgré les belles de Paris,
Dont les yeux aisément nous tentent,
Je ne pense qu'à mon Iris.

Toute vérité sera dite,
Puisque je viens de commencer.
Qu'un objet jamais ne vous quitte,
Qu'en vain, pour s'en débarrasser
Votre pauvre cerveau s'agite,
Que ce soit une loi prescrite
D'y penser et d'y repenser;
Tant que chez vous une âme habite,
C'est, si j'ose le confesser,
Une condition maudite :
Aussi, lorsque je me dépite,
Et qu'Iris vient à me lasser,
Je pense à . . . .
Si je me sens pousser à bout
Par celle-ci qui me possède,
Diversité, c'est mon remède,
Mon cœur à regret s'y résout,
Je ne sais si l'Amour m'absout;
Mais enfin quand le mal m'excède,
Je pense à . . . . et c'est tout.

CHANSON.

Un vainqueur après sa victoire,
En répand l'éclat en tous lieux :
Un amant dérobe sa gloire
    A tous les yeux.

Vénus et l'Amour savent ce qui le flatte ;
    Sa gloire n'éclate
    Que chez les dieux.
Un vainqueur, etc.

    La reconnaissance
    Du plus tendre cœur,
    N'est que son silence
    Et son bonheur.
Un vainqueur, etc.

LETTRE

A une demoiselle de Suède, dont j'avais vu un très agréable portrait chez M...., envoyé de Suède, qui de plus m'en avait dit des merveilles.

MADEMOISELLE,

Je ne sais si en me donnant l'honneur de vous écrire, j'écris à quelqu'un. Sur votre nom, qui est fort illustre, il faut que je vous croie Suédoise ; sur les grands yeux noirs que j'ai vus dans votre portrait, et qui doivent être pleins de feu dans l'original, je vous croirais Espagnole ; sur de jolis vers français, qu'on m'a montrés de vous, je vous crois Française ; sur les vers italiens qu'on dit que vous savez faire, vous devez être Italienne ; sur tout cela ensemble, vous n'êtes d'aucun pays.

    Pour rendre le miracle encor plus achevé,
    Dix-sept ans à peu près c'est l'âge qu'on vous donne :

Dix-sept ans jusqu'ici n'avaient gâté personne,
Pour vous, ils vous font tort. L'esprit si cultivé,
Et dix-sept ans, font que je vous soupçonne
De n'être, Dieu me le pardonne,
Que quelque objet en l'air qu'un poète a rêvé.

Cependant, il est certain que M. l'envoyé de Suède prend l'affaire fort sérieusement; et si l'on a à croire des prodiges, ce doit être plutôt sur son autorité que sur celle d'un autre. Il soutient que vous êtes à Stockholm; que mille gens vous y ont vue et vous y ont parlé; il dit même que votre portrait, qui représente le plus charmant visage, du monde, ne représente pas le vôtre dans toute sa beauté, et que les peintres de Suède ne flattent pas comme les nôtres. Mais pourquoi, nous qui sommes dans le pays de la beauté, de l'esprit et des agrémens, n'aurions-nous jamais rien vu de pareil à une personne si accomplie? Voilà ce que la vanité française nous fait dire aussitôt. A cela, je ne sais qu'une réponse qui puisse nous aider à croire tout ce qu'on dit de vous.

L'Amour, ailleurs si redoutable,
Ne trouve pas sans doute un climat favorable
Sous le ciel de Suède et si près des Lapons;
Les cœurs y sont glacés, et pour fondre leurs glaces,
N'a-t-il pas dû produire un chef-d'œuvre où les grâces
Eussent répandu tous leurs dons?
Si nos climats n'ont rien qui ne vous cède,
Soit en esprit, soit en attraits,
C'est qu'Amour y soumet les cœurs à moins de frais,
Qu'il ne pourrait le faire en Suède.

C'est là, Mademoiselle, tout ce que j'ai pu imaginer de plus vraisemblable. Tirez-moi d'embarras, je vous en conjure, et ayez la bonté de faire savoir si vous êtes. Que votre modestie ne vous empêche point de me l'avouer naturellement, je vous promets de n'en parler à personne ; je ne voudrais pas qu'on sût que j'eusse quelque intelligence avec une étrangère, qui triompherait de toutes nos françaises, et effacerait l'honneur de la nation. Ce serait là un trop grand crime contre ma patrie ; cependant je m'accoutume à en faire un peut-être encore plus grand. Tous mes soupirs, à l'heure qu'il est, sortent de France, et vont du côté du nord.

> Lieux désolés, où l'hiver tient son siége
>   Sur de vastes amas de neige,
>   Où les aquilons violens,
>   Où les frimats et les ours blancs
>   Composent son triste cortége,
>   Mer glaciale, affreux climats,
>   C'est après vous que je soupire.
> Les lieux où règne un éternel zéphire,
> Le séjour de Vénus, Cypre ne vous vaut pas.

Vous voyez, Mademoiselle, que mon cœur a déjà bien fait du chemin. Je me flatte que mes hommages, qui ne seraient pas digne de vous à Stockholm, deviendront de quelque prix en traversant cinq cents lieues de pays pour aller jusqu'à vous ; et que s'il est triste de vous écrire de si loin, ce me sera du moins auprès de vous une espèce de mérite. Je n'en ai point d'autre à vous faire valoir, et je ne crois pas même que vous puissiez savoir qui je suis,

> A moins qu'un coup de fortune
>   N'ait porté jusques sur vos bords
> Le nom de l'enchanteur qui fait parler les morts,
>   Et qui voyage dans la lune.

POÈME

PRÉSENTÉ POUR LE PRIX DE L'ACADÉMIE FRANÇAISE DE 1675.

La gloire des armes et des lettres sous Louis XIV.

Illustres conquérans, dont le dieu des combats
De triomphe en triomphe accompagnait les pas :
Et vous, qui par les soins qu'un doux loisir inspire,
Eleviez avec vous les Muses à l'empire;
Rois, qui fûtes toujours, par vos faits inouis,
Le modèle des rois jusqu'au temps de Louis;
Si jadis entre vous l'orde des destinées
Partagea les vertus des têtes couronnées,
Voyez et la nature et le ciel aujourd'hui,
Prodigues pour Louis, les réunir en lui.
Il en est parmi vous, dont les seules victoires
En faveur de leurs noms parlent dans les histoires;
Il en est qui, contens d'un auguste repos,
Ont trouvé dans la paix l'art de vivre en héros.
Mais que sans se fixer dans ces diverses routes,
Pour courir à la gloire, un roi les prenne toutes,
Qu'il aspire à la fois à ce double laurier,
De héros pacifique et de héros guerrier,
Qu'il accorde en lui seul des titres si contraires,
C'est ce que n'ont point vu les siècles de nos pères;
C'est de quoi nos destins, plus heureux et plus doux,
Ne donneront jamais le spectacle qu'à nous.

Si pour voir sous sa loi couler le Rhin esclave,
Louis ne s'attachait qu'à dompter le Batave,
Ou si son cœur charmé par de plus doux emplois,
Pour protéger les arts suspendait ses exploits,
Il se croirait oisif, et sa gloire indignée

Murmurerait tout bas de se voir trop bornée.
Il veut plus; et tandis que les plus forts remparts,
N'attendent pour tomber que ses premiers regards.
Que pour remettre au joug Salins, Besançon, Dole,
Impatient de vaincre, il court moins qu'il ne vole,
Et qu'à suivre ses pas attachée à jamais,
La Victoire étudie et prévient ses souhaits;
Paris est chaque jour embelli d'édifices,
Où s'exercent les arts sous ses heureux auspices,
Où les Muses suivant sa main qui les conduit,
De Bellone en fureur n'entendent point le bruit.

Qu'importe qu'aujourd'hui la Grèce ne retienne
Que les superbes noms de la Grèce ancienne,
Que des restes douteux et de tristes débris
De ces murs où les arts étalaient tout leur prix?
D'un grand roi pour Paris les bontés souveraines
Consolent l'univers de la perte d'Athènes.

Ici dans une tour qu'il fait bâtir exprès,
Pour mesurer du ciel les sphères de plus près,
Jusques dans le soleil l'art conduit notre vue;
S'il a la moindre tache, elle est soudain connue;
Et cet espace immense entre nous et les cieux.
N'en peut rien dérober à l'effort de nos yeux.
Là s'élève un palais pour ces esprits sublimes,
Qui, sondant la nature, en percent les abîmes;
Et qui se faisant jour dans leur épaisse nuit,
L'exposent tout entière aux regards qu'elle fuit.
En vain pour y former un invincible obstacle,
Ses plus communs effets nous cachent un miracle;
Le secours qu'un monarque a daigné nous offrir,
Dans son plus noir cahos nous fait tout découvrir.
Quel héros, en voyant les Muses florissantes

Unir pour le louer leurs voix reconnaissantes,
N'envoyer que son nom à nos derniers neveux,
Aurait, comme Louis, porté plus loin ses vœux :
C'est lui qui des guerriers réprimant la licence,
A l'ordre militaire asservit leur vaillance,
Et si c'est le chemin que tinrent les Romains,
Pour voir de l'univers l'empire dans leurs mains :
Si dans un art si grand toi seule les imites,
France, de ton pouvoir quelles sont les limites ?
Tes malheureux soldats, dont les corps mutilés
Marquent la noble ardeur qui les a signalés,
Trouvent un doux séjour, où par des soins prodigues
Louis a préparé le prix de leurs fatigues,
Où s'exhale en repos leur sensible douleur
De n'être plus témoins de sa haute valeur,
Et d'apprendre sans cesse, au bruit de ses conquêtes,
Que de nouveaux lauriers couronnent d'autres têtes.

Après l'illustre accord des Muses et de Mars,
Que pourraient à ta gloire opposer les Césars ?
Que la postérité, grand Roi, serait injuste,
Si tu n'étais qu'égal chez elle au grand Auguste,
Et si de tes hauts faits l'éternel souvenir
N'y tenait que le rang qu'il y pourra tenir !
Sous lui du monde entier les forces succombèrent,
Sous ses lois à l'envi les Muses triomphèrent :
On a droit jusques là de vous traiter d'égaux ;
L'avantage est pareil, et vous êtes rivaux :
Mais Auguste, ou l'amour, ou l'effroi de la terre,
Se borna dans les soins, ou de paix, ou de guerre ?
Il sut les partager, et toi seul à la fois,
De ces soins réunis, tu soutiens tout le poids.

PRIÈRE POUR LE ROI.

Toi qui laisses briller sur le front des monarques
    Un rayon de ta majesté;
Qui les fais reconnaître à d'éclatantes marques
Pour les vivans portraits de ta divinité;
Toi, de qui les bontés passant notre espérance,
    Nous ont fait don d'un si grand roi,
Qu'on voit tout l'univers envier à la France
    Le bonheur de suivre sa loi:
Parmi tant de périls où l'entraîne un courage
Qui se reprocherait un moment de repos,
    Daigne conserver ce héros,
Et tu conserveras ton plus parfait ouvrage.

(Le prix fut remporté par M. DE LA MONNOYE.)

POÈME

PRÉSENTÉ POUR LE PRIX DE L'ACADÉMIE FRANÇAISE DE 1677.

L'éducation de Monseigneur LE DAUPHIN.

France, de ton pouvoir contemple l'étendue,
Vois de tes ennemis l'union confondue;
Ils n'ont fait, après tout, par leurs vains attentats,
Que te donner le droit de dompter leurs états.
Florissante au dedans, au dehors redoutée,
Enfin au plus haut point ta grandeur est montée.
Mais ce rare bonheur, France, dont tu jouis,
N'irait pas au-delà du règne de Louis;
Ton empire chargé des dons de la victoire,
Succomberait un jour sous l'amas de sa gloire,
Si Louis, dont les soins embrassent l'avenir,
Ne te formait un roi qui sût la soutenir.

Il faut tout un héros pour le rang qu'il possède ;
A moins qu'on ne l'imite, en vain on lui succède.
Que le sceptre est pénible après qu'il l'a porté !
Par tant d'états soumis son poids s'est augmenté,
Et par un si grand roi ces provinces conquises,
Dans les mains d'un grand roi veulent être remises.
Peut-être était-ce assez pour remplir ce destin,
Que le sang de Louis nous donnât un dauphin.
Sorti d'une origine et si noble et si pure,
Que de vertus en lui promettait la nature !
Et qui ne se fût pas reposé sur sa foi?
Mais comme elle aurait pu ne faire en lui qu'un roi,
Louis fait un héros si digne de l'empire,
Que nous l'élirions tous, s'il se devait élire.
Peuples, le croiriez-vous ? de cette même main
Dont le foudre vengeur ne part jamais en vain,
Sous qui l'audace tremble, et l'orgueil s'humilie,
Il trace pour ce fils l'histoire de sa vie,
Ce long enchaînement, ce tissu de hauts faits,
Qu'aucuns momens oisifs n'interrompent jamais.
Ne nous figurons point qu'il la borne à décrire
Un empire nouveau qui grossit notre empire,
Nos drapeaux arborés sur ces superbes forts
D'où Cambrai défiait nos plus vaillans efforts,
Et d'Espagnols défaits ses campagnes couvertes,
Et la riche Sicile ajoutée à leurs pertes ;
Exploits trop publiés, et dont il veut laisser
L'exemple à tous les rois, s'ils l'osent embrasser.
Mais les profonds secrets de sa haute sagesse,
Ce n'est qu'à son dauphin que ce héros les laisse.
Tous ces vastes desseins qu'exécute un instant,
Et dont il ne nous vient que le bruit éclatant,
Les yeux seuls de son fils découvrent leur naissance.

Il les voit lentement mûrir dans le silence,
Et recevoir toujours d'insensibles progrès,
Tant que tout à l'envi réponde du succès,
Et que de tous côtés la fortune soumise
Se trouve hors d'état de trahir l'entreprise.
Tremblez, fiers Espagnols; Belges, reconnaissez
De quoi par ces leçons vous êtes menacés.
Quand Louis affrontant vos feux et vos machines,
De vos murs abattus entasse les ruines,
Que rien ne se dérobe à son juste courroux,
Peut-être n'est-il pas plus à craindre pour vous,
Que quand avec les soins de l'amour paternelle
Il s'attache à former son fils sur son modèle.
Dans ce présent qu'il fait à ses peuples charmés,
Combien d'autres présens se trouvent renfermés!
Il nous donne en lui seul des victoires certaines,
Il nous donne l'Ibère accablé de nos chaînes.
Combien, heureux Français, devez-vous à Louis,
Pour toutes les vertus dont il orne ce fils!
Mais s'il fallait encor qu'à ces vertus guerrières,
Les Muses, les Beaux-Arts prêtassent leurs lumières,
Combien lui devez-vous pour le grand Montauzier,
Qu'à ce noble travail il daigne associer!
Il est cent et cent rois, dont peut être l'histoire
Dans la foule des rois cacherait la mémoire,
Si de leurs successeurs l'indigne lâcheté
Ne leur donnait l'éclat qu'ils n'ont pas mérité;
Princes de qui les noms avec gloire survivent,
Parce qu'on les compare avec ceux qui les suivent.
Quelquefois même un roi qui ne se répond pas
Que d'assez longs regrets honorent son trépas,
Par un tour politique en secret se ménage
D'un indigne héritier le honteux avantage.

Tibère dut l'empire à ses heureux défauts ;
Auguste eût pu d'ailleurs craindre peu de rivaux :
Mais enfin aux Romains sa vertu fut plus chère,
Quand elle eût le secours des vices de Tibère.
Tu dédaignes, Louis, ces maximes d'état ;
Tu veux qu'un successeur augmente ton éclat :
Mais loin qu'à ses dépens ton grand nom se soutienne
Tu veux que par sa gloire il augmente la tienne.
Animé de ton sang, formé par tes leçons,
De disciple et de fils réunissant les noms,
Quelles hautes vertus peut-il faire paraître,
Qu'il n'hérite d'un père, ou n'apprenne d'un maître ?
Les peuples compteront au rang de tes bienfaits
Le bonheur dont sa main comblera leurs souhaits :
Et par son bras vainqueur nos ennemis en fuite,
N'imputeront qu'à toi leur puissance détruite.
Déjà tous nos Français, spectateurs de tes soins,
Dans ces voix d'allégresse à l'envi se sont joints.
Notre jeune dauphin de beaux désirs s'enflamme :
Louis par ces leçons lui transmet sa grande âme ;
Il attend qu'il le suive un jour d'un pas égal,
Et dans son propre fils se promet un rival.

(Le prix fut remporté par M. DE LA MONNOYE.

POÈME

PRÉSENTÉ POUR LE PRIX DE L'ACADÉMIE FRANÇAISE DE 1687.

Le soin que le Roi prend de l'éducation de la noblesse dans ses places
et dans Saint-Cyr.

NOBLESSE, heureux hasard, digne de nos hommages,
Toi qui par un beau titre ornes les grands courages,
Toi qui leur prescrivant de glorieuses lois,
Sur eux à la vertu donnes de nouveaux droits,

Malgré ton juste orgueil et tes fières promesses,
Hélas! que deviens-tu sans l'appui des richesses?
Indispensable appui pour tes plus beaux desseins,
Nécessité fatale et honteuse aux humains!
Souvent aux champs de Mars ceux que ta voix convie,
Cultivant des sillons, seul espoir de leur vie,
Sous de rustiques toits inconnus et cachés,
A des emplois trop vils sans relâche attachés,
Passent des jours sans gloire; et dans ces soins champêtres,
Ce sang si généreux reçu de leurs ancêtres,
S'avilit jusqu'au point qu'il ne regrette pas
Les lauriers dont Louis couronne ses soldats.

Plus tristement encore un beau sang dégénère.
L'avoûrai-je en ces vers? ce sexe né pour pour plaire,
Et combattre toujours contre ce qui lui plaît
Peut, dans de longs malheurs, oublier ce qu'! est.
Il n'apprend point assez à repousser les armes
Des ennemis flatteurs qu'il se fait par ses charmes.
Et n'est-ce pas un piége alors pour la beauté,
Qu'un rayon de fortune à ses yeux présenté?
Ah! faut-il que l'Amour, dont la force est si grande,
Pour séduire les cœurs jusqu'à cet art descende?
Mais c'est Louis qui règne; il ne s'occupe plus
Qu'à fixer parmi nous l'empire des vertus.
Le sort leur livre en vain des attaques cruelles,
Ce héros s'est chargé de le vaincre pour elles.

O vous, dans vos tombeaux, qui vous intéressez
A l'honneur des neveux que vous avez laissés,
Sur la foi de Louis vous ne devez plus craindre
Que de vos noms par eux l'éclat vienne à s'éteindre.
Ce roi devient leur père; ils en sont adoptés,
Dès que par leurs malheurs ils lui sont présentés:

Il fait valoir leur sang, et dans leur impuissance,
Louis remplit en eux leur illustre naissance.
Quel essaim de jeunesse excité par ses soins,
Délivré désormais des indignes besoins,
Vole où s'apprend sous lui l'art qui mène à la gloire,
Lieux consacrés à Mars, écoles de victoire,
Terreur de nos voisins, à qui s'offrent de près
De leurs futurs vainqueurs les menaçans progrès!
Tous ces jeunes guerriers instruits de ce qu'ils doivent
Au bras qui les soutient, au secours qu'ils reçoivent,
Fiers de porter le nom d'élèves d'un héros,
Brûlent de quitter l'ombre et le sein du repos.
De ses nobles leçons qu'il leur demande compte,
Que sa justice exige une vengeance prompte,
Ils partent, et soudain mille périls bravés,
Vont montrer sous quel maître ils furent élevés,
Et par leurs vifs efforts, des provinces nouvelles
Vont payer, s'il se peut, ses bontés paternelles.

Mais des mêmes bontés, il offre encore à nous
De plus charmans effets, des ouvrages plus doux.
Dans les murs de Saint-Cyr, asile solitaire,
Louis montre encor plus le tendre cœur d'un père.
Là, dans un plein repos, au milieu des bienfaits,
Que sa puissante main y répand pour jamais,
On voit couler les jours d'une troupe nombreuse
Que formèrent les cieux, aimable et malheureuse,
Et pour qui leurs faveurs et leurs dons les plus beaux
Etaient peut-être encore une source de maux.
Là, d'un trop doux péril une entière ignorance,
Permet que la beauté règne avec l'innocence :
Difficile union, mais qu'on doit au pouvoir
Du modèle fameux qui souvent s'y fait voir!
La vertu, sous le nom d'une illustre héroïne,

Descend dans ce séjour, y préside, y domine,
Telle que l'on a dit que ses charmes puissans
Des mortels étonnés auraient tous les encens;
Attireraient les vœux des cœurs les moins sensibles,
Si ces charmes jamais pouvaient être visibles.
Heureux qui de l'hymen prêt à suivre les lois,
D'une épouse en ces lieux viendra faire le choix!
Que sa noble douceur, sa conduite fidèle,
Que tout rendra Saint-Cyr recommandable en elle!
Mais plus louable encor celle qui dans ces murs
Se vouera tout entière à des devoirs plus purs!

Ainsi s'étend à tout l'auguste intelligence
Qui veille sans relâche au bonheur de la France.
Le héros dont le bras ne cesse de tenir
Un foudre toujours prêt à soumettre ou punir,
Lui qui pour commander à l'Europe alarmée,
N'a qu'à laisser agir sa seule renommée,
Est le même héros qui sait former nos mœurs,
Par qui la piété règne dans tous les cœurs,
Par qui l'unique foi dompte l'hydre à cent têtes.
Nos plus divines lois, nos plus belles conquêtes,
Ont la même origine, et partent d'un seul roi.
Siècles, à nos discours ajouterez-vous foi,
Lorsque dans le passé notre histoire enfoncée,
Par un lointain confus sera presque effacée,
Peut-être les esprits faussement pénétrans
Feront-ils de Louis deux héros différens.

PRIÈRE POUR LE ROI.

Il ne part qu'un souhait de tous les cœurs françois;
Seigneur, et chaque jour vos autels nous entendent?
 Pousser vers vous une commune voix.

Faites durer des jours dont nos destins dépendent ;
Ne rappelez que tard, dans les cieux qui l'attendent,
    Le plus parfait de tous les rois.
Ne pouvons-nous pas prendre une juste assurance,
Que vous ne l'eussiez point par vos dons éclatans
Rendu si nécessaire au bonheur de la France,
Si vous n'aviez dessein qu'elle en jouît long-temps ?

(*Le prix fut remporté par mademoiselle* DESHOULIÈRES.)

A SON ALTESSE SÉRÉNISSIME,

MONSEIGNEUR LE PRINCE DE CONDÉ,

QUI NE VIVAIT PLUS QUE DE LAIT [1].

Si la frugalité qui règne en vos repas
    Succède au luxe qu'elle chasse,
Si de cent mets exquis le lait y tient la place,
    Grand Prince, n'en rougissez pas.
    Autrefois, lorsque la nature
Ne faisait que sortir des mains de son auteur,
    Et conservait un tranquille bonheur
    En se conservant toute pure,
La terre vit couler mille ruisseaux de lait
    Sur ses campagnes fortunées ;
Dieux et héros en burent à souhait
    Et vécurent longues années.
    Ils avaient beau s'en régaler,
    Jamais aucune maladie :
Parmi tant de plaisirs, jamais pour les troubler
    Goutte ne fut assez hardie.
Pour ce grand Jupiter qui fait craindre en tous lieux

---

[1] Ce morceau et le suivant sont la traduction de deux pièces latines du père Commire.

Sa majesté suprême et sa vaste puissance,
Une chèvre eut l'honneur d'allaiter son enfance;
Il fut nourri de lait, et ce maître des dieux
Le trouvant à son goût, soit par reconnaissance,
Soit pour avoir toujours du lait en abondance,
  Mit sa nourrice dans les cieux.
Et quel fut le sujet de la métamorphose
  D'Apollon en simple berger?
A garder un troupeau s'il voulut s'engager,
  Quelle en pouvait être la cause?
Si ce n'est que ce dieu se sentait dégoûté
De ce fade nectar versé par Ganimède,
Et que de son dégoût c'était le vrai remede
Que de boire du lait en pleine liberté.
  Voyez ces astres dont à peine
Il vient jusques à nous une faible lueur :
C'est là ce même lait qui tomba par malheur
  De la bouche du fils d'Alcmène;
  Et comme il eût été perdu,
Jupiter ménagea ces précieuses gouttes,
  En astres il les changea toutes;
Et du chemin de lait voilà ce qu'on a su.
Le lait n'inspire pas une mollesse oisive :
Un grand cœur en conçoit une flamme plus vive,
  Qui, sans souffrir aucun repos,
Par les élancemens d'une vertu divine
Remonte vers le ciel, d'où l'esprit d'un héros
  Sent qu'il tire son origine.
C'est ainsi que vainqueur de deux serpens affreux,
  A l'univers Hercule sut apprendre
Que la jeune valeur qu'il essayait sur eux,
  Jusqu'au ciel même aurait droit de prétendre.
Si la gloire dès lors fut son unique objet,

D'où tirait-il ces forces, ce courage?
Du lait qu'il avait pris; car il était d'un âge
    A n'avoir pris encore que du lait.
        Mais d'un héros imaginaire
        Vous nous autorisons en vain.
    Vous connaissez ce pasteur du Jourdain,
        Qui ne se fit point une affaire
    De déchirer les lions de sa main.
        Jamais avec un coup de fronde
Du bruit de sa valeur eût-il rempli le monde,
        Et jamais eût-il terrassé
Ce Philistin, l'effroi de la Judée entière,
        Sans le lait qu'il avait sucé
        De quelque génisse guerrière?
Pourquoi, Prince, chercher d'autre témoin que vous?
La généreuse ardeur qui vous rend invincible,
Le lait peut-il l'éteindre? et parce qu'il est doux,
Votre bras dans la guerre en est-il moins terrible?
Que l'Espagne le dise, elle qui ne s'unit
        A la Hollande sa rebelle,
        Que pour partager avec elle
Les malheurs éclatans dont la France punit
        Cette république infidèle.
Qu'ils le disent aussi, ces valeureux soldats,
Qui dans de longs festins étudiaient la guerre;
    Ces Allemands, qui puisaient dans un verre
L'héroïque chaleur qu'ils portaient aux combats:
La Sambre se vit teinte, et ses ondes troublées
        De sang et de vin confondus.
Aujourd'hui dans Senef ces grands corps étendus
        Remplissent encor les vallées.
        Mais quel héros a remporté
Sur des buveurs de vin cette illustre victoire?

C'est un buveur de lait. Notre postérité,
En lisant ses exploits, les pourra-t-elle croire?
S'en rapportera-t-elle à la fidélité,
  Ou de ma muse ou de l'histoire?
Tel qu'un jeune lion qui boit en même temps
  Et la fureur et le lait de sa mère,
   Et qui des ongles et des dents
   Sur les troupeaux exerce sa colère;
Tel, grâces à ce lait dont la douce liqueur
Vous a fait de vos ans oublier la faiblesse,
Vous avez au combat repris votre jeunesse,
  Et votre première vigueur.
Sans doute quand le Rhin vous vit de son rivage
Couronner votre front de cent lauriers nouveaux,
Il crut qu'il fallait être en la fleur de son âge
Pour porter tout le poids de ces nobles travaux.
Cependant pour le lait votre reconnaissance
Va si loin, que déjà vous ne lui devez rien.
Si de votre santé c'est l'unique soutien,
  Il en reçoit la récompense;
Vous lui faites honneur quand il vous fait du bien.
  Tous nos Français, glorieux de vous suivre,
Des superbes festins ne feront plus d'état;
  Et je prévois qu'ils ne voudront plus vivre
   Que d'un nectar si délicat.
Bacchus même verra la vigne abandonnée;
  Il arrachera de chagrin
Les pampres dont sa tête est toujours couronnée,
  Et maudira la fatale journée
  Où pour le lait vous quittâtes le vin.
Les lis dont le lait seul rend la couleur si belle,
En seront arrosés pour la seconde fois;
Et nous admirerons une fraîcheur nouvelle

Sur ces illustres fleurs de l'empire françois.
Et toi, que le destin réservait à la gloire
    De nourrir un héros si grand,
    Si d'une immortelle mémoire
    Je suis un assez bon garant,
    Génisse mille fois heureuse,
    Tu peux bien t'en fier à moi;
    Io, cette Io si fameuse
Quoiqu'en ait publié la Grèce fabuleuse,
    Ne l'emportera point sur toi.

Il est vrai que de fille elle devint génisse,
De génisse déesse, et qu'aux pieds des autels
Tout un peuple attend d'elle un seul regard propice;
    Et qu'il suffit qu'elle mugisse
    Pour rendre un oracle aux mortels.

    Mais laisse-lui ces faibles avantages;
    Oui, tes destins seront encor plus beaux,
Et tu tiendras ton rang dans ces grands pâturages
Que remplissent au ciel cent nobles animaux.
Là, par un doux hymen tu te verras unie
Au céleste taureau digne de tes amours;
    Et vous viendrez tous deux de compagnie
    Nous amener nos plus beaux jours.

Cependant repais-toi plus qu'à ton ordinaire,
Choisis la meilleure herbe et la plus salutaire;
D'un illustre héros tu réponds aujourd'hui;
Conserve-nous long-temps cette valeur suprême
    Dont nous faisons notre plus ferme appui,
Et sache que tu dois avoir soin de toi-même,
    Pour avoir plus de soin de lui.

Empêche que Condé n'aille de trop bonne heure
Par le chemin de lait prendre sa place aux cieux;

Encor que son grand cœur vole à cette demeure,
  Le plus tard ce sera le mieux.

AU ROI,

Sur le recouvrement de sa santé.

La crainte et les soucis loin de nous se retirent ;
Que de notre bonheur nos ennemis soupirent,
France, porte à leurs yeux avec plus de fierté
Les lis et les lauriers dont tu te ceins la tête.
Tu vois de ton héros les jours en sûreté ;
Triomphe, ta plus belle et plus noble conquête
  Ne l'a jamais tant mérité.
  Qu'il souffrit de vives atteintes,
  Lorsque d'officieuses mains
Lui prêtaient à regret des secours inhumains !
Il tenait ses douleurs captives et contraintes,
  Il leur refusait fièrement
D'un soupir ou d'un cri le vain soulagement ;
  On n'a connu ses maux que par nos plaintes.
    L'art qui par d'utiles rigueurs
    Répare et soutient la nature,
    Ne lui faisait point de blessure
Qui ne se fît sentir jusqu'au fond de nos cœurs.
    Que les menaces passagères
Qui parurent alors du céleste courroux,
Attirèrent de vœux empressés et sincères !
En offrir pour Louis, c'est en offrir pour nous.
Telle est à nos regards l'horreur qui se présente,
    Telle est la subite épouvante
Qui saisit l'univers surpris, inquiété,
    Quand le soleil dans sa course éclatante
Perd, ou semble du moins perdre cette clarté

Par qui la nature est vivante,
Et qui seule en fait la beauté.
Si prodiguant sa vie on en sauvait une autre,
Nous n'eussions pas craint pour la vôtre,
Grand Roi; nous étions prêts à renoncer au jour.
Mais Dieu vous rend à nous, content de reconnaître
Que par l'excès de notre amour
Nous sommes dignes d'un tel maître.
Que nos cœurs sont reconnaissans!
Quelle vive allégresse en tous lieux se déploie!
De là partent tous ces encens
Que d'ici vers le ciel un peuple heureux envoie,
Et ces concerts sacrés tous les jours renaissans,
Et ces larmes, de notre joie
Témoins encore plus puissans.
Que Louis vive, il n'est aucune grâce
Dont nous devions importuner les cieux.
Quand le plus grand des héros de sa race,
Charles, abandonnant le séjour glorieux,
Où près du trône saint il occupe une place,
Reviendrait régner en ces lieux;
Quand recommençant même une course nouvelle,
Il soumettrait aux Francs, pour la seconde fois,
Et le Lombard perfide et le Saxon rebelle;
Qu'il apprendrait aux Huns à vivre sous des lois,
Ebranlerait l'empire ennemi de la croix,
Qu'au milieu de l'Espagne avait fondé le More:
Ah! nous regretterions encore
Et Louis et ses grands exploits.
Quel autre sur le Rhin se frayant un passage,
Eût fait fendre cette onde aux pieds de ses chevaux,
Et par ce grand péril eût sur l'autre rivage
Cherché d'autres périls et de plus grands travaux?

On voit avec terreur la Flandre belliqueuse
Baissant sous notre joug une tête orgueilleuse,
 Qui n'a plié que sous mille hauts faits ;
Et la Bourgogne aux lis autrefois arrachée,
  A ces mêmes lis attachée
Par un bras qui répond qu'elle l'est pour jamais
Ces suberbes rochers, d'où Luxembourg, tranquille,
Bravait des assiégeans la valeur inutile,
 De nos efforts se sont ils garantis ?
Des desseins que jamais on n'aurait pressentis,
Ont fait naître en un jour deux conquêtes nouvelles,
Sous qui le Pô, le Rhin, jusqu'au sein de Thétis,
  Tremblans et désormais fidèles,
  Roulent leurs flots assujétis.
Sur les sables brûlans de l'Afrique alarmée,
Des brigands redoutés par des crimes heureux,
De nos foudres encor respirent la fumée,
Ils frémissent encor des ravages affreux
Qui restent dans leurs murs de la pluie enflammée
Qu'un ordre de Louis fit descendre sur eux.
L'infâme soif de l'or qu'ils ne peuvent éteindre,
Désormais cependant respecte nos vaisseaux ;
De leurs avides mains l'ardeur sait se contraindre,
Nos trésors à leurs yeux sont portés sur les eaux ;
On n'a plus sur la mer que la mer seule à craindre.
Mais de tous ces exploits et l'éclat et le fruit,
Et tout ce que Louis a fait par son tonnerre,
Cède à l'ouvrage saint que la paix a produit.
Cette hydre qui sortant de l'éternelle nuit,
Déclarait au ciel même une insolente guerre ;
Tombe sous le héros dont le bras la poursuit,
  Et ses cent têtes sont par terre.
Elles semblaient pourtant devoir se relever,

Dans peu leurs sifflemens pouvaient se faire entendre ;
La nouvelle fureur qu'elles allaient reprendre,
    Plus que jamais eût osé nous braver.
Mais libre du péril que craignait votre empire,
  Vous vivez, grand Monarque, et sans que votre bras
  S'attache contre l'hydre à de nouveaux combats,
    Elle vous voit, et pour jamais expire.

LE DUC DE VALOIS.

HISTORIETTE.

Tout dormait dans Paris, la nuit était sans lune,
De nuages épais l'air était occupé,
Quand un jeune seigneur en secret échappé,
    Se dérobant à sa suite importune,
Sortit, d'un gros manteau le nez enveloppé ;
Tout cela, direz-vous, sent sa bonne fortune,
    Vous ne vous êtes pas trompé.

Il était attendu par une jeune dame
Qui de son vieux mari n'alongeait pas les jours.
Vous dire ici comment il sut lui toucher l'âme,
    Ce serait un trop long discours.
Et puis dans ce détail quel besoin qu'on s'engage,
    Après qu'on vous a déjà dit
Que l'amant était jeune et le mari sur l'âge ?
    Cela, ce me semble, suffit.
Mais de savoir leurs noms si vous êtes en peine,
    Vous allez les apprendre tous ;
Valois était l'amant ; la belle était la reine,
    Louis douze le vieil époux.

Il n'avait point d'enfans ; lui mort, la loi salique
Adjugeait à Valois ce qu'il avait de bien.

Le reste de ses jours ne tenait plus à rien,
Encore était-ce un reste assez mélancolique ;
 Et cependant il avait entrepris
D'engendrer un hoir mâle, et cela sans remise.
La reine vint alors de Londres à Paris,
  Pour l'aider dans cette entreprise.
On ne décide point auquel il tint des deux,
Mais enfin de l'hoir mâle on n'eût point de nouvelles.
Valois aima la reine, et déjà même entre eux,
Les unions des cœurs passaient pour bagatelles.
Il sentait approcher l'heure du rendez-vous.
Que de vœux empressés! que de transports de flamme!
Les plaisirs à venir flattaient si bien son âme,
Que des plaisirs présens ne seraient pas plus doux.
  Je ne sais par quelle aventure
Dans ce temps justement il rencontre Boisy.
C'était un homme âgé, d'une sagesse mûre,
Enjoué cependant, et sage avec mesure,
  De plus son confident choisi.
Ah! Boisy, lui dit-il, tu vois de tous les hommes
  Le plus heureux, le plus content ;
Au milieu de la nuit, au moment où nous sommes,
  La reine, la reine m'attend.
J'entends, lui dit Boisy ; fier de votre victoire,
Tout transporté d'amour et de joie enivré,
Vous courez chez la reine y recueillir la gloire
Du tendre et doux accueil qui vous est préparé.
C'est un bonheur pour vous plus grand qu'on ne peut croire,
Que pour vous arrêter vous m'ayez rencontré ;
Et si la reine était avec vous plus féconde
  Qu'elle ne l'est avec son vieil époux,
    (Or, cela me semble, entre nous,
    Le plus vraisemblable du monde)

Le roi serait enfin au comble du bonheur ;
 Grâce à vous il se verrait père,
 Quoique ce nom fût pour lui trop d'honneur ;
Et ce que par lui-même il n'eût jamais su faire,
 Vous le feriez en sa faveur.
 De là tirez la conséquence :
 Vous prévoyez bien comme moi,
Que vous qui, Louis mort, héritez de la France,
Vous verriez après lui monsieur votre fils roi ;
Et puis, Seigneur, réduit à recevoir la loi,
 Il faudrait prendre patience.
Valois qui jusqu'alors, plein de sa passion,
Ne songeait qu'aux plaisirs de sa chère conquête
Se vit assassiné d'une réflexion
 Qui vint troubler toute la fête.
Qu'il eût bien mieux aimé, s'exposant au hasard
 D'être sujet toute sa vie,
Gaîment et sans scrupule achever sa folie ;
 Quand il eût dû la connaître trop tard !
Sans doute le péril de perdre un diadême
Réfroidissait l'ardeur de ses empressemens ;
Mais aussi ce péril avait tant d'agrémens,
 Qu'il valait la royauté même.
Si l'honneur fièrement lui montrait tant d'états
Que lui devait coûter son aimable faiblesse,
 Un autre honneur de différente espèce,
Mais pourtant aussi fort, lui demandait tout bas :
 Que dira de toi ta maîtresse ?
 Quand l'amour avait le dessous,
Il trouvait de Boisy la morale assez bonne ;
Il jugeait qu'il vaut mieux manquer un rendez-vous,
 Que de manquer une couronne ;
Qu'oser lui préférer de légères douceurs,

C'est d'une viande creuse aisément se repaître :
Et que de sa maîtresse acceptant les faveurs,
   Il jouait à se faire un maître.
A l'amour cependant il n'a pas renoncé.
Quitter une maîtresse et si belle et si chère !
Encore si cet amour était moins avancé,
   Ce ne serait pas une affaire ;
Mais sur le point d'être récompensé,
   La planter là, cela ne se fait guère.
Il sait de plus qu'il a le présent dans ses mains ;
L'avenir n'est pas sûr, pourquoi s'en mettre en peine,
   Et sur une crainte incertaine
   Refuser des plaisirs certains ?
L'irrésolution était d'une nature
   A ne prendre pas sitôt fin ;
Mais Boisy de qui l'âme était un peu plus dure,
Le prit et le força de rebrousser chemin :
Sans cela de long-temps il n'eût rien pu conclure.
Ce sage confident soulageant son ennui
   Par de bonnes raisons morales,
Quoiqu'il se révoltât encor par intervalles,
   Le ramena coucher chez lui [1].

L'AMOUR ET L'HONNEUR.
FABLE.

Dans l'âge d'or que l'on nous vante tant,

---

[1] « Le comte d'Angoulême (depuis François Ier) devint amoureux de la jeune reine ; mais on lui fit apercevoir qu'il courait risque de se donner un maître. Grignaux fut l'auteur de ce sage conseil, suivant quelques uns ; d'autres en font honneur à Gouffier, et d'autres à Duprat. » *Abrégé chronol. du Prés. Hénaut*, année 1514.

Gouffier est le même que Boisy. Il avait été gouverneur du jeune prince.

Où l'on aimait sans lois et sans contrainte,
On croit qu'Amour eut un règne éclatant:
C'est une erreur ; il fut si peu content,
Qu'à Jupiter il porta cette plainte.
J'ai des sujets, mais ils sont trop soumis,
Dit-il, je règne, et je n'ai point de gloire.
J'aimerais mieux dompter des ennemis,
Je ne veux plus d'empire sans victoire.
A ce discours Jupin rêve, et produit
L'austère Honneur, épouvantail des belles,
Rival d'Amour, et chef de ses rebelles,
Qui peut beaucoup avec un peu de bruit.
L'enfant mutin le considère en face,
De près, de loin, et puis faisant un saut,
Père des dieux, dit-il, je te rends grâce,
Tu m'as fait là le monstre qu'il me faut.

ENVOI.

JEUNE beauté, vous que rien ne surmonte,
Je ne dis pas : vous aimerez un jour ;
Mais, après tout, ceci n'est point un conte,
L'Honneur fut fait pour l'honneur de l'Amour.

SUR UNE BRUNE.

BRUNETTE fut la gentille femelle
Qui charma tant les yeux de Salomon,
Et renversa cette forte cervelle
Où la sagesse avait pris le timon.
Qui dit brunette il dit spirituelle,
Et vive au moins comme un petit démon ;
Et, s'il vous plaît, tous ces jolis visages
Qui de la Grèce affolèrent les sages,

Qui, comme oisons les menaient par le bec,
Qui croyez-vous que ce fussent? brunettes,
Aux beaux yeux noirs, et qui dans leurs goguettes,
Disaient, Dieu sait, gentillesses en grec.
Autre brunette aujourd'hui me tourmente,
Moi, philosophe, ou du moins raisonneur,
Et qui pouvais acquérir tout l'honneur
Et tout l'ennui d'une âme indifférente.
Or, vous, Messieurs, qui faites vanité
Des tristes dons de l'austère sagesse,
Quand vous verrez brunettes d'un côté,
Allez de l'autre en toute humilité,
Brunettes sont l'écueil de votre espèce.

Sur ce qu'on avait traité un sujet tendrement, au lieu de le traiter galamment, selon la première intention.

J'AI vu le temps que j'avais en partage
    Un assez galant badinage ;
Je savais, disait-on, dans des vers gracieux
    Faire jouer ces enfans qui sont dieux.
Mais de moi maintenant ce talent se retire.
    Lorsque je demande à ma lyre
    Un menuet, un rigodon,
Elle me rend des airs qui peindraient le martyre
    Du passionné Céladon.
Ce que tu m'accordais, Dieu des vers, quel caprice
    Te porte à me le refuser ?
    Mais non, j'ai tort de t'accuser,
    Je reconnais mon injustice.
    Depuis un temps je m'aperçoi
Que quand tes dons sacrés daignent sur moi descendre,

C'est le vase où je les reçoi
Qui fait que même malgré toi
Tout le galant se tourne en tendre.

Sur ce qu'on avait mis dans une églogue ces quatre vers.

Sans permettre à son cœur de trop nobles désirs,
Elle peut des dieux même attendre les soupirs;
Et si pour elle en vain les dieux versaient des larmes,
Ils sauveraient encor leur gloire par ses charmes.

Et qu'il fallut les ôter parce qu'ils étaient trop pompeux.

Le poète a manqué, je n'en disconviens pas;
   Mais il était plus amant que poète.
Quand de ce qu'on adore on chante les appas,
   Le chalumeau devient trompette.

Sur une visite qu'un malade attendait inutilement depuis quelque temps.

Vous ne venez donc point, vous pour qui je respire,
Vous qui seule à mes maux pourriez me dérober,
Vous qui d'un simple mot, qui d'un léger sourire,
Dissiperiez l'horreur où je me sens tomber?
Privé de la santé, mon seul mal est l'absence,
C'est vous que je regrette, et qui me tourmentez.
Venez de vos attraits éprouver la puissance,
Et si je souffre encor, punissez-m'en, partez.

MADRIGAL.

Aux immortels quand je fais quelque offrande,
Ils m'en seront eux-mêmes les témoins,
Ce n'est jamais l'or que je leur demande,
Les dignités, les honneurs encor moins.
Mais je leur dis : Votre pouvoir suprême,
Dieux immortels, dispose aussi des cœurs ;
Conservez-moi le cœur de ce que j'aime,
Et je renonce à vos autres faveurs.

ÉPITRE.

A peine la naissante aurore
Embellit le ciel et le dore,
A peine renaît la clarté,
Que voici votre petit More
Qui vient criant : « Je suis botté ;
» Je m'en vais trouver la beauté,
» Qu'apparemment ton cœur adore :
» Car, à dire la vérité,
» Je t'en crois toujours enchanté,
» Ou je ne suis qu'une pécore.
» Et qui pourrait être tenté
» De lui faire infidélité,
» Aurait bien besoin d'ellébore.
» Vite, vite, qu'on fasse éclore
» Des vers où son nom soit chanté :
» Fi de la prose, je l'abhorre.
» Par moi paquet sera porté,
» En style des dieux usité.
» Tout autre emploi me déshonore
» Et sied mal à ma dignité. »

Alors je n'ai pas consulté
Le dieu que le Parnasse implore ;
Mais une autre divinité,
De qui je veux que l'on ignore
Et le nom, et la qualité.
Voici ce qu'elle m'a dicté,
D'un ton de voix, non pas sonore,
Mais si bas, si précipité,
Que j'ai perdu tout, excepté
Ces trois mots que je sais encore :
« Si vous voulez par votre absence
» Exciter plus d'impatience,
» Enflammer encore plus l'amour,
» Revenez, il suffit d'un jour. »

SUR UNE ABSENCE.

Aurais-je trahi mes sermens ?
L'absence dans mon cœur produit des changemens ;
Une plus vive ardeur m'enflamme et me dévore ;
J'en sens mille fois plus encore
Que l'amour qui m'occupe est mon unique loi.
Ah ! puisse l'objet que j'adore,
En être changé comme moi !

SUR LE MÊME SUJET.

Solitaire séjour que j'ai besoin de toi !
Sauve-moi des plaisirs qui s'offriraient à moi ;
Aide encor, s'il se peut, à ma tristesse extrême ;
Nourris ma rêverie, entretiens mes soupirs.
Qu'il est doux d'être sans plaisirs,
Quand on est loin de ce qu'on aime !

SUR LE MÊME SUJET.

Quoi! le soleil ne ferait plus qu'un tour,
    Et je reverrais ma Sylvie!
Daigne encor jusques-là me conserver le jour,
    Et tu pourras, charmant Amour,
  Dans ce moment disposer de ma vie.

SUR UN CACHET.

Quand je mis dans mon écritoire
Cette petite tête noire
Qui doit me servir de cachet,
J'entendis (qui l'aurait pu croire)
Qu'elle me parlait clair et net,
Comme la tête de la foire.
Regarde-moi de tes deux yeux,
Me dit-elle ; je suis esclave,
Et j'ai vu le jour en des lieux
  Plus ardens qu'un miroir concave.
Avec moi, ne crois pas permis
De cacheter pour ton Iris
Une lettre qui soit écrite
D'un style froid ou peu soumis.
Je te le dis, et le répète :
Une lettre sur ce ton là,
Tu peux chercher qui la cachète ;
Je ne suis pas propre à cela.
Va, lui dis-je, mon pauvre More,
Tu ne me connais pas encore ;
Mes lettres sont dignes de toi.
Cachète sans te mettre en peine ;

En cachetant pour ta Climène,
Tu pourrais te servir de moi.

PRINTEMPS.

Depuis le temps heureux où mon cœur fut blessé,
Pour la troisième fois, léger amant de Flore,
Tu reviens dans nos champs d'où l'hyver est chassé,
    Et tu me retrouves encore
Aux pieds du même objet où tu m'avais laissé.
    Je sais que pour ton inconstance
Un spectacle pareil est assez ennuyeux.
    J'en suis fâché ; mais si cela t'offense,
    Ne reviens plus, cher Zéphyr, en ces lieux.
      Pour moi, tant que mon Ismène
      Me conservera sa foi,
      Je me passerai sans peine
      De ton printemps et de toi.

A Madame DE***,
Qui allait à Versailles.

Quand vous verrez au milieu de Versailles
Les courtisans d'un seul homme occupés,
Remplis de lui jusqu'au fond des entrailles,
A chaque instant se livrant des batailles
Pour attraper ses regards échappés.
Tout à part vous, souvenez-vous de dire :
Je règne aussi, j'ai ma cour que je tiens ;
Un seul sujet compose mon empire,
Mais n'en déplaise au bon roi notre sire,
Je ne voudrais le donner pour les siens.

A LA MÊME.

Hier, quand ma lettre fut close,
Et que le petit porterose
Eut reçu sa commission,
Je fis une réflexion.
Un seul sujet; c'est peu de chose,
Et de l'empire qu'il compose,
Le monde aura compassion.
Il serait assez nécessaire
De donner quelque commentaire
Sur ce mot que j'ai hasardé.
Voici donc comme je l'explique,
Par le secours du dieu delphique,
Qui ne m'a pourtant guère aidé.
Tu sais quel est l'objet, Amour, dont j'ai fait choix.
Fais que de ses beaux yeux j'éprouve seuls les armes;
Ne crains point d'être injuste à l'égard de ses charmes,
En ne soumettant pas mille cœurs à ses lois.
Mon cœur est assez tendre, il est assez fidèle
  Pour t'acquitter envers elle
  De tout ce que tu lui dois.

VERS DE L'AUTEUR,

Sur le reproche qu'on lui avait fait d'être Normand.

Belle Iris, on est ce qu'on peut,
Je suis Normand, je le confesse,
Fort peu lié par ma promesse,
Si mon intérêt ne le veut.
Avec un pareil caractère,
Vous craignez un engagement.

Mais, Iris, jugez sainement,
Quel intérêt j'ai de vous plaire.
Pour être fidèle et sincère,
Il me suffit d'être Normand.

MADRIGAL.

Qu'iris a d'attraits et de grâces!
Qui jamais rassembla plus de présens des dieux ?
O Vénus, si tu les surpasses,
Descends du ciel pour convaincre nos yeux.

POMONE A IRIS.

Je vous envoie avec ces pommes
Des sermens du même terroir.
Le plus Normand de tous les hommes
Jure qu'il ne veut plus vous voir.

AUTRES VERS.

Je me croyais désormais dispensé
De me livrer à l'amoureuse flamme,
Et je sentais un calme un peu forcé,
Qui par degré revenait dans mon âme.
Je vous ai vue, et tout est renversé.
Ne croyez pas pourtant que je m'en plaigne.
Il n'eût régné dans le fond de mon cœur
Qu'un triste vide, une froide langueur.
J'aime bien mieux que votre image y règne;
Elle remplit seule tous mes instans.
Absent de vous, je vous vois, vous entends.
J'ignorerais avec moins de tendresse ·
Des doux transports la plus charmante ivresse.

Sans concevoir de téméraires vœux,
Mon sentiment est payé par lui-même.
Heureux, Iris, et mille fois heureux,
Qui peut aimer autant que je vous aime!

L'AMOUR

Au petit de Morangis.

Je viens, aimable enfant, vous rendre une visite,
    Moi qui suis enfant comme vous.
    Cette faveur n'est pas petite,
    Bien d'autres en seront jaloux :
Car avec des enfans je ne m'arrête guère;
   Je veux des gens un peu plus avancés.
    Mais pour vous, je vous considère,
    Je connais monsieur votre père,
  Je pense aussi qu'il me connaît assez.
    Il craignait d'avoir une fille;
Elle n'eût pas si bien soutenu sa maison.
Je le craignais aussi, mais par une raison,
    Qui n'est pas raison de famille.
Une fille eût sans doute étendu mon empire,
Eût inspiré l'amour; mais pour le sentir, non.
    J'aime beaucoup mieux un garçon,
    Et qui le sente et qui l'inspire.
Vous voilà donc au monde; hé bien, qu'en dites-vous?
  C'est du hasard un effet assez doux,
Que de vous y trouver en aussi belle passe.
  Si, comme on croit, vous aller vous mêler
    D'imiter ceux de votre race,
    Vous trouverez à qui parler.
  Prélats, ambassadeurs, gens de robe et d'épée,
    Héros de toutes les façons,

On verrait votre vie assez bien occupée
  A soutenir un seul de ces grands noms.
Mais si vous imitez jusques à votre père,
(A vous dire le vrai, ce sera le meilleur)
Si le sang ne faisait la moitié de l'affaire,
Vous n'en pourriez jamais sortir à votre honneur.
Quand vous travaillerez sur de si grands exemples,
Au moins souvenez-vous de moi de temps en temps ;
    Adieu, dans seize ou dix-sept ans
  Je vous rendrai des visites plus amples.

Sur cette expression assez commune . *tuer le temps*. C'est le Temps qui parle.

LORSQUE pour s'amuser sans cesse ils s'évertuent,
Ces messieurs les humains, ils disent qu'ils me tuent :
    Moi, je ne me vante de rien ;
    Mais, ma foi, je m'en venge bien.

PLACET

Présenté par un officier de marine à M. le comte de Pontchartrain, qui était pour lors jeune conseiller au parlement, et qui fut depuis ministre de la marine[1].

  Ou la *Gaillarde*, ou la *Badine*,
  Ou l'*Alcyon;* en voilà trois.
  Il faut, Seigneur, que votre choix
  En peu de temps se détermine.
  Mais à l'humeur qui vous domine,
  Assez aisément je prévois
  Que j'aurai de vous la *Badine*.
  Si la *Badine* toutefois
  Etait une jeune blondine,

[1] L'officier demandait le commandement d'une frégate.

Ou brunette à joli minois,
Piquante, vive, un peu mutine,
Fringante jusqu'aux bouts des doigts,
Vous ne seriez pas si courtois
Que de m'accorder la Badine,
Et jamais je n'en tâterois.
Ains vous iriez à la sourdine,
Oubliant les sacs et les lois,
Et toute autre bonne doctrine,
En badinant prendre les droits
Que donne une ardeur libertine,
Dans le temps où l'ombre et Cyprine
Favorisent les doux exploits
Auxquels la jeunesse est encline.
Mais non, Seigneur, cette *Badine*
Dont l'amour me met aux abois,
Ce n'est point ce qu'on s'imagine.
C'est, ou je me donne cent fois
Au noir mari de Proserpine,
Ou bien au diable en bon françois,
C'est une certaine machine
Faite communément de bois,
Qui vogue sur l'onde marine,
Qui brise, fracasse, extermine,
Et souffle comme petits pois,
Les enfans d'une couleuvrine.
Qu'il ferait beau voir ma *Badine*,
En se jouant prendre un Anglois,
Qui soudain prendrait une mine
Sérieuse et même chagrine,
Et se plaindrait en son patois,
Que semblable jeu le ruine!
Seigneur, écoutez donc ma voix :

Ainsi par la grâce divine,
Où celle du plus grand des rois,
Puisse la mer qu'on vous destine
Vous obéir en peu de mois,
Depuis les bords de Palestine
Jusqu'aux rivages Iroquois!

RÉPONSE

A une lettre de M. de Voltaire, écrite de Villars le 1er septembre 1720, sur ce que le soleil avait un jour paru couleur de sang, et avait perdu de sa lumière et de sa grandeur, sans que l'air fût obscurci d'aucun nuage.

Vous dites donc, gens de village,
Que le soleil à l'horizon
Avait assez mauvais visage.
Hé bien, quelque subtil nuage
Vous avait fait la trahison
De défigurer son image.
Il était là comme en prison,
D'un air malade; mais je gage
Que le drôle, en son haut étage,
Ne craignait pas la pâmoison.
Vous n'en saurez pas davantage,
Et voici ma péroraison.
Adieu; votre jeune saison
A tout autre soin vous engage;
L'ignorance est son apanage,
Avec les plaisirs à foison,
Convenable et doux assemblage.
J'avoûrai bien, et j'en enrage,
Que le savoir et la raison
Ne sont aussi qu'un badinage,
Mais badinage de grison;

Il est des hochets pour tout âge.
Que dans son brillant équipage,
Toujours de maison en maison
L'inquiet Phébus déménage,
Laissez-le en paix faire voyage,
Rabattez-vous sur le gazon.
Un gazon, canapé sauvage,
Des soucis de l'humain lignage
Est un puissant contre-poison.
Pour en avoir bien su l'usage,
On chante encore en vieux langage
Martin et l'adroite Alison.
Ce n'est pourtant pas que je doute
Qu'un beau jour qui sera bien noir,
Le pauvre soleil ne s'encroûte,
En nous disant : Messieurs, bonsoir;
Cherchez dans la céleste voûte
Quelqu'autre qui vous fasse voir.
Pour moi, j'en ai fait mon devoir;
Et moi-même ne vois plus qu'une goutte.
Encore un coup, Messieurs, bonsoir.
Et peut-être en son désespoir
Osera-t-il rimer en *oute*,
Si quelque déesse n'écoute.
Mais sur notre triste manoir,
Combien de maux fera pleuvoir
Cette céleste banqueroute?
On allumera maint bougeoir,
Mais qui n'aura pas grand pouvoir :
Tout sera pêle-mêle, et toute
Société sera dissoute,
Sans qu'on dise, jusqu'au revoir.
Chacun de l'éternel dortoir

Enfilera bientôt la route,
Sans tester et sans laisser d'hoir;
Et ce que bien plus je redoute,
Chacun demandera l'absoute,
Et croira ne plus rien valoir.

VERS

Pour le portrait de madame du Tort.

C'est ici madame du Tort.
Qui la voit et ne l'aime, a tort;
Mais qui l'entend et ne l'adore,
A mille fois plus tort encore.
Pour celui qui fit ces vers-ci,
Il n'eut aucun tort, Dieu merci.

VERS

Pour le portrait de M. de Vallière.

De rares talens pour la guerre
En lui furent unis au cœur le plus humain.
Jupiter le chargea de lancer le tonnerre;
Minerve conduisit sa main.

AUTRES VERS

A l'occasion des précédens.

D'un assez bon cerveau ces vers-là sont éclos,
Dit-on; cette épigramme est bonne, assez bien faite.
Je suis flatté de ces propos;

Mais un scrupule m'inquiète.
L'extrême amour qu'on a pour le héros,
N'agit-il point en faveur du poète?

LE ROSSIGNOL, LA FAUVETTE
ET LE MOINEAU.

FABLE.

Le tendre rossignol et le galant moineau,
L'un et l'autre amoureux de la jeune fauvette,
  Sur les branches d'un jeune ormeau,
  Lui parlaient un jour d'amourette.
Le petit chantre ailé, par des airs doucereux,
S'efforçait d'amollir le cœur de cette belle.
Je serai, lui dit-il, toujours tendre et fidèle,
  Si vous voulez me rendre heureux.
De mes douces chansons vous savez l'harmonie,
Elles ont mérité le suffrage des dieux.
  Désormais je les sacrifie
A chanter vos beautés, votre nom en tous lieux;
Les échos de ces bois le rediront sans cesse;
Et j'aurai tant de soin de le rendre éclatant,
  Que votre cœur enfin sera content
  De voir l'excès de ma tendresse.
Et moi, dit le moineau, je vous baiserai tant...
A ces mots, le procès fut jugé dans l'instant
En faveur de l'oiseau qui porte gorge noire.
  On renvoya l'oiseau chantant,
  Voilà la fin de mon histoire.
En voici la morale, et qu'il faut retenir.

Beautés, qui tous les jours voyez dans vos ruelles
Un tas d'amans transis ne vous entretenir

Que de leurs vains soupirs, de leurs peines cruelles,
    Et d'autres fades bagatelles,
Songez à préférer le solide au brillant.
On se passe fort bien de vers, de chansonnette;
Le talent du moineau, c'est là le vrai talent.
Je sais mainte Cloris du goût de la fauvette,
A moins qu'il ne se trouve un tiers oiseau donnant.
    Alors il n'est pas étonnant
    Que ce dernier gagne sur l'étiquette.

L'AMOUR NOYÉ[1].

1677.

Philis plongeait l'Amour dans l'eau,
L'Amour se sauvait à la nage;
Il revenait sur le rivage,
Philis le plongeait de nouveau.

Cruelle, disait-il, vous qui m'avez fait naître,
    Hélas! pourquoi me noyez-vous?
Est-ce que vous voulez m'empêcher de paraître?
    Prenez-en un moyen plus doux.

Je ne paraîtrai point, c'est une affaire faite;
Je ne vous ferais pas pourtant de déshonneur:
Au lieu de me noyer, donnez-moi pour retraite
    Un petit coin de votre cœur.

    Je vous réponds qu'il serait impossible
De trouver un endroit plus propre à me cacher:
Comme on sait qu'il me fut toujours inaccessible,
    On ne viendra pas m'y chercher.

[1] On avait joué au jeu de noyer, ou de deux personnes proposées à une troisième, celle-ci en noie une. L'auteur avait été noyé douze fois par une jolie personne qu'il aimait bien. *Note de l'auteur.*

Philis ne l'en voulut pas croire :
Ce n'est pas qu'après tout l'avis ne fût fort bon ;
    Pour réponse elle le fit boire,
    Mais boire plus que de raison.

Tel qu'un petit barbet qu'à l'eau son maître envoie,
Et qui de ce péril, dès qu'il est échappé,
    Revient à son maître avec joie,
    Tout dégoûtant et tout trempé ;

Tel l'Amour s'exposant à des rigueurs nouvelles,
    A peine sorti du danger,
Revenait vers Philis en secouant ses ailes,
Quoiqu'il sût que Philis allait le replonger.

Les forces cependant à la fin s'épuisèrent ;
    Il était las de faire le plongeon :
    Il se rendit, et les bras lui manquèrent,
    Il fallut qu'il coulât à fond.

    Le croira-t-on ? Philis en fut ravie ;
Car elle le noyait pour la douzième fois.
Elle hérita de l'arc, des traits et du carquois,
    Dont elle s'est fort bien servie.

Pour le petit Amour, je ne puis concevoir
Qu'à la nage onze fois il soit sorti d'affaire :
Sans beaucoup de vigueur, cela ne se peut faire ;
    Le pauvre enfant n'en devait guère avoir.

    Il fut toujours mal nourri par sa mère.
Quoique l'espoir ne soit qu'une viande légère,
A peine fut-il né qu'on le sevra d'espoir.

    Si Philis un peu moins injuste,
L'eût traité comme il faut, en lui donnant le jour,
    C'eût bien été l'Amour le plus robuste
    Que l'on eût vu de mémoire d'Amour.

ÉPITAPHE DE L'AMOUR.

Ci gît l'Amour ; Philis a voulu son trépas,
L'a noyé de ses mains ; on n'en sait pas la cause.
Quoique sous ce tombeau son petit corps repose,
Qu'il fût mort tout-à-fait, je n'en répondrais pas.
Souvent il n'est pas mort, bien qu'il paraisse l'être.
Quand on n'y pense plus, il sort de son cercueil ;
   Il ne lui faut que deux mots, un coup d'œil,
   Quelquefois rien, pour le faire renaître.

SONNET

A une de ses amies, qui l'avait prié de lui apprendre l'espagnol.

1677.

Parce que l'espagnol est une langue fière
Je vous le dois apprendre ? Hé bien, soit, commençons ;
Mais ce que je demande à ma belle écolière,
C'est de ne se jamais servir de mes leçons.
Déjà si fièrement votre âme indifférente
Oppose à mon amour, qu'il ne faut point aimer,
Que même en espagnol, y fussiez-vous savante,
Vous auriez de la peine à vous mieux exprimer.
Croyez-moi, le Français vaut bien qu'on le préfère
A la rude fierté d'une langue étrangère.
De ce qu'il a de libre, empruntons le secours.
Mais que de son côté, l'Espagnol se console ;
Car ne pouvons-nous pas mêler dans nos amours,
Et liberté française et constance espagnole ?

ÉLOGE DE MARQUÈS,

PETIT CHIEN ARAGONOIS.

1677.

Savez-vous avec qui, Philis, ce petit chien
  Peut avoir de la ressemblance?
  Çà devinez, songez-y bien;
 La chose est assez d'importance.

Pour percer le mystère et vous y faire jour,
Examinez Marquès, son humeur, sa figure;
Mais enfin cette énigme, est-elle trop obscure?
Vous rendez-vous? il ressemble à l'Amour.

A l'Amour? direz-vous! la comparaison cloche,
Si jamais on a vu comparaison clocher.
Est-ce que de l'Amour un chien peut approcher?
  Oui-dà, Philis, il en approche.

  Mais en approcher ce n'est rien;
Je dirai davantage, et j'augmenterai bien
  La surprise que je vous cause.
Votre chien et l'Amour, l'Amour et votre chien,
  C'est jus vert, vert jus, même chose.

Marquès sur vos genoux a mille privautés,
  Entre vos bras il se loge à toute heure;
Et c'est là que l'Amour établit sa demeure,
Lorsqu'il est bien reçu de vous autres beautés.

On voit Marquès se mettre aisément en colère,
  Et s'apaiser fort aisément.
Connaissez-vous l'Amour? Voilà son caractère,
Il se fâche et s'apaise en un même moment.

Afin que votre chien ait la taille mieux faite,
  Vous le traitez assez frugalement;
Et le pauvre Marquès, qui fait toujours diète,
  Subsiste je ne sais comment.

L'Amour ne peut trouver chez vous de subsistance,
Vous ne lui servez pas un seul mets nourrissant;
  Et s'il ne vivait d'espérance,
  Je crois qu'il mourrait en naissant.

Avec ce petit chien vous folâtrez sans cesse ;
  En folâtrant ce petit chien vous mord :
On joue avec l'Amour; il badine d'abord,
  Mais en badinant il vous blesse.

  Loin de punir ce petit animal ;
  Ne rit-on pas de ses morsures?
Encor que de l'Amour on sente les blessures,
A l'Amour qui les fait, on ne veut point de mal.

On veut qu'un chien soit tel que quand il vient de naître;
Et de peur qu'il ne croisse, on y prend mille soins.
    Il ne faut pas en prendre moins,
    Pour empêcher l'Amour de croître.

Vous caressez Marquès, parce qu'il est petit;
S'il devenait trop grand, il n'aurait rien d'aimable.
    Un petit Amour divertit;
    S'il devient trop grand, il accable.

Mais j'entends que Marquès se plaint du mauvais tour
    Que lui fais ma muse indiscrète.
Ah! vous me ruinez, vous gâtez tout, Poète,
  Dit-il, en me faisant ressembler à l'Amour.

L'Amour n'est pas trop bien auprès de ma maîtresse ;
Si vous ne le savez, elle l'a toujours fui ;

Et c'est assez pour perdre sa tendresse,
Que d'avoir par malheur du rapport avec lui.
En mon état de chien, j'ai l'âme assez contente,
Je suis heureux par cent bonnes raisons.
J'ai bien affaire, moi, que vos comparaisons
Viennent troubler ma fortune présente.
Et si, pour ressembler aux dieux,
Ma maîtresse me disgrâcie,
A votre avis, m'en trouverai-je mieux!
Non, non, c'est trop d'honneur, je vous en remercie.
Ah! mon pauvre Marquès, ce serait grand'pitié,
Qu'après avoir quitté pour elle père et mère,
La patrie aux grands cœurs toujours aimable et chère,
Tu te visses disgracié
Pour une cause si légère.
Non, cela ne se peut. Fais valoir tes appas :
Cher Marquès, ta maîtresse aime que tu la flattes,
Caresse-la, tiens-toi sans cesse entre ses bras,
En aboyant, en lui donnant tes pattes,
Explique-toi le mieux que tu pourras.
Et loin qu'elle te soit cruelle,
Parce qu'avec l'Amour on te voit du rapport,
Fais que l'Amour trouve grâce auprès d'elle,
Puisqu'il te ressemble si fort.

L'INDIFFÉRENCE A IRIS.

1678.

Sans doute, belle Iris, je vous ai bien servie,
Vous avez jusqu'ici vécu tranquillement;
Mais depuis peu, dans votre train de vie,
J'aperçois quelque changement.

Cet heureux temps n'est plus, ce temps si favorable
    Pour un règne comme le mien,
Où vous ne saviez pas que vous fussiez aimable,
    Où l'on ne vous en disait rien.

Vous souffrez maintenant des gens qui vous le disent :
Sur ce que vous valez ils vous ouvrent les yeux ;
    Et depuis qu'ils vous en instruisent,
    Vous en valez même encor mieux.

Vous voyez chaque jour votre mérite croître ;
    Pourquoi faut-il qu'on vous l'ait découvert ?
        Vous voudrez éprouver peut-être
        A quoi tant de mérite sert.

        Vous voudrez voir si la tendresse
Ne le saurait pas mieux mettre en œuvre que moi ;
Car il est, entre nous, d'une certaine espèce
    Assez propre à ce doux emploi.

Cultiver les talens d'une jeune personne,
Animer sa beauté, façonner son esprit,
Ce n'est pas un métier à quoi je sois trop bonne ;
    L'Amour, dit-on, y réussit.

    Dirai-je tout ce que je pense ?
Vous avez un Tircis, Iris, qui me déplaît,
    Qui, toujours en votre présence,
Quoique vous dussiez bien prendre mon intérêt,
    Dit du mal de l'Indifférence.

Il dit que je ne suis propre qu'à vous gâter,
Qu'il est mille plaisirs que vous pourriez goûter,
    Que je vous fais perdre votre bel âge :
    Je suis lasse de tout cela ;
Et si vous le voulez écouter davantage,
    De bonne foi, je vous quitterai là.

Aussi bien, si son amour dure,
(Et franchement j'en ai grand'peur)
La victoire pour moi n'est pas chose trop sûre ;
Tant de soins, de respects, sont de mauvais augure,
Et m'annoncent toujours qu'il faut sortir d'un cœur.

Encor si j'avais espérance
Que de votre froideur on dût se rebuter,
Je ne voudrais pas vous quitter.
Et du moins j'aurais patience.

Mais Tircis n'est pas sitôt las :
Il a de votre cœur entrepris la conquête.
Puisqu'il s'est mis ce dessein dans la tête ;
Je le connais, il n'en démordra pas.

Jusqu'à ce qu'à son point il vous ait amenée,
Vous obséder sera son seul emploi ;
C'est une humeur tellement obstinée,
Qu'il faut qu'on l'aime, ou qu'on dise pourquoi.

Ainsi donc, j'aime mieux céder de bonne grâce,
Que de me voir obligée à céder ;
Votre cœur est de plus une espèce de place,
Que, sans beaucoup de peine, on ne saurait garder.

Je prévois qu'il faudrait le défendre sans cesse,
Tout le monde l'attaquera.
Il est plus à propos qu'enfin je vous le laisse,
Vous en ferez tout ce qu'il vous plaira.

Quand je m'en serai retirée,
J'en veux chercher quelqu'autre où je demeure en paix.
Il en est, et plusieurs, où je suis assurée
Qu'on ne m'attaquera jamais.

RÉPONSE D'IRIS A L'INDIFFÉRENCE.
1678.

Quoi ! vous m'abandonnez, hélas ? ma chère hôtesse,
Vous me dites adieu dans mon plus grand besoin :
A quoi bon de mon cœur avoir pris tant de soin,
Pour fuir quand on en veut surprendre la tendresse ?

Mais quel sujet encor vous force à me quitter ?
Tircis médit de vous ; voyez la belle affaire !
   Quoi ! pour des mots faut-il se rebuter ?
     Vraiment vous ne résistez guère ;
   Il ne faut rien pour vous épouvanter.

Montrez-lui ce que c'est que cette Indifférence
Qui régna si long-temps dans mon cœur endurci ;
Vous voyez qu'il se fie en sa persévérance ;
     Hé bien, persévérez aussi.

   Plus l'ennemi vous paraît redoutable,
Et plus vous trouverez de gloire à mériter :
   C'est justement parce qu'il est aimable,
Qu'à de plus grands efforts il faut vous exciter.

    De plus, quand vous m'aurez laissée,
Si Tircis me laissait, à parler franchement,
     Je serais bien embarrassée,
De n'avoir plus ni vous ni mon amant.

Donnez-moi donc le temps d'éprouver sa constance,
Avant qu'à vous quitter je puisse consentir ;
    Après cela, si vous voulez partir,
     Il faudra prendre patience.

    Souvent les amans sont trompeurs,
Et malgré tous leurs soins et toutes leurs douceurs,

Il est bon que l'on se défende :
Car dès qu'ils sont les maîtres de nos cœurs,
On remarque combien la différence est grande,
De ces amans soumis à des amans vainqueurs.

Mais enfin, si de moi vous vous trouvez trop lasse,
Quand Tircis m'aura fait croire ce qu'il me dit,
    Alors moi-même je vous chasse;
Ce Tircis dans mon cœur remplira votre place,
    Je l'aimerai pour vous faire dépit.

APOLLON A IRIS [1].

Vos vers, aimable Iris, ont fait du bruit ici,
On vous nomme au Parnasse une petite Muse.
Puisque votre début a si bien réussi,
    Vous irez loin, ou je m'abuse.
Nos poètes galans l'ont beaucoup admiré;
Les femmes beaux esprits, telles que fut la Suze,
    Pour dire tout l'ont un peu censuré.

Je suis ravi que vous soyez des nôtres.
Etre le dieu des vers serait un sort bien doux,
Si parmi les auteurs il n'en était point d'autres,
    Que des auteurs faits comme vous.

J'ai sur les beaux esprits une puissance entière,
Ils reconnaissent tous ma jurisdiction.
A vous dire le vrai, c'est une nation
Dont je suis dégoûté d'une étrange manière.

Et même quelquefois dans mes brusques transports,
Peu s'en faut qu'à jamais je ne les abandonne;

---

[1] Cette épitre et la suivante font partie d'une pièce imprimée dans le Mercure de décembre 1677, et intitulée: *Nouvelle à Madame de....* par *l'auteur du Mercure*. Elles sont l'une et l'autre de *Fontenelle*; mais la *Nouvelle* n'en est pas.

Mais si les beaux esprits étaient de jolis corps,
    Je me plairais à l'emploi qu'on me donne.

Dès que vous me ferez l'honneur de m'invoquer,
Fiez-vous-en à moi, je ne ne tarderai guère,
Et lorsque mon secours vous sera nécessaire,
    Assurez-vous qu'il ne vous peut manquer.

Je vous dirai pourtant un point qui m'embarrasse.
        Un certain petit dieu fripon,
Je ne sais seulement si vous savez son nom,
Il s'appelle l'Amour, a poussé son audace
        Jusqu'à me soutenir en face,
        Que vos vers sont de sa façon ;
Et pour vous, m'a-t-il dit, consolez-vous, de grâce,
    Ce n'est pas vous dont elle a pris leçon.

Quoiqu'il se pare en vain de ce faux avantage,
Il a quelque sujet de dire ce qu'il dit:
Vous parlez dans vos vers un assez doux langage,
Et peut-être après tout l'amant dont il s'agit,
Jugerait que du cœur ces vers seraient l'ouvrage,
Si par malheur pour lui vous n'aviez trop d'esprit.

N'allez pas de l'Amour devenir l'écolière,
Ce maître dangereux conduit tout de travers;
Vous ne feriez jamais de pièce régulière,
Si ce petit brouillon vous inspirait vos vers.

Adieu, charmante Iris; j'aurai soin que la rime,
Quand vous composerez, ne vous refuse rien :
Mais que ce soit moi seul au moins qui vous anime,
    Autrement tout n'irait pas bien.

L'AMOUR A IRIS.
1678.

Avez-vous lu mon nom sans changer de couleur?
Votre surprise, Iris, n'est-elle pas extrême ?
Rassurez-vous ; mon nom fait toujours plus de peur
    Que je n'en aurais fait moi-même.

Votre ouvrage galant, début assez heureux,
Entre Apollon et moi met de la jalousie.
Il s'agit de savoir lequel est de nous deux
    Votre maître de poésie.

Franchement, Apollon n'est pas d'un grand secours ;
En matière de vers je ne le craindrais guère,
    Et je le défierais de faire
D'aussi bons écoliers que j'en fais tous les jours.

Quels travaux assidus pour former un poète,
    Et quel temps ne lui faut-il pas?
On est quitte avec moi de tout cet embarras ;
    Qu'on aime un peu, l'affaire est faite.

    Cherchez-vous à vous épargner
Cent préceptes de l'art qu'il serait long d'apprendre?
    Une rêverie un peu tendre
    En un moment vous va tout enseigner.

J'instruis d'une manière assez courte et facile ;
Commencer par l'esprit, c'est un soin inutile,
    Fort long du moins, quand même il réussit.
Je vais tout droit au cœur, et fais plus de profit :
    Car quand le cœur est une fois docile,
        On fait ce qu'on veut de l'esprit.

Quand vous fîtes vos vers, dites-le moi sans feinte,
Les sentiez-vous couler de source et sans contrainte?

Je vous les inspirais, Iris, n'en doutez pas.
Si, sortant lentement, et d'une froide veine,
Syllabe après syllabe, ils marchaient avec peine,
    C'était Apollon en ce cas.

Lequel avouez-vous, Iris, pour votre maître?
Je m'inquiète peu pour qui vous prononciez;
    Car enfin je le pourrais être
    Sans que vous même le sussiez.

Je ne penserais pas avoir perdu ma cause,
Quand vous décideriez en faveur d'un rival;
Et même *incognito* si j'avais fait la chose,
Mes affaires chez vous n'en iraient pas plus mal.

Mais quand je n'aurais point d'autre part à l'ouvrage,
Sans contestation j'ai donné le sujet:
    C'est toujours un grand avantage,
    Belle Iris, j'en suis satisfait.

LES ZÉPHIRS.

Ce fut entre les lieux où faisaient leur séjour,
L'un de l'autre éloignés, Tircis et sa bergère,
    Que deux Zéphirs, députés par l'Amour
    Pour exercer un tendre ministère,
      Se rencontrèrent l'autre jour.
L'un portait à Tircis les soupirs que la belle
      Envoyait au triste berger,
      L'autre s'était voulu charger
    Des soupirs du berger pour elle.
Car l'Amour a toujours mille et mille Zéphirs,
    Qui, rangés à l'envi sous son obéissance,
      Portent en tous lieux les soupirs
Que les cœurs amoureux poussent pendant l'absence,

Vers les objets de leurs désirs.
Nos deux Zéphirs d'abord se reconnurent,
Et voici l'entretien qu'ils eurent.

ZÉPHIR DE TIRCIS.

Je ne demande point, cher Zéphir, où tu vas;
Sans doute l'on t'envoie aux lieux que j'abandonne.
Ton ambassade est-elle bonne?
Et portes-tu bien de tendres hélas?

ZÉPHIR D'IRIS.

Pas trop, et franchement j'en voulais davantage;
Car le peu de soupirs qu'on me donne à porter,
Ne me semble pas mériter
Qu'un Zéphir entreprenne un assez long voyage :
Mais dis-moi vîte, es-tu bien chargé, toi?

ZÉPHIR DE TIRCIS.

Ah! vraiment je ne puis suffire
A tout ce que Tircis me veut donner d'emploi.
Porter tous ses soupirs! cela de bonne foi
Passe les forces d'un Zéphire.
Quoique j'aie assez voyagé
Pour les amans éloignés de leurs belles.
Depuis qu'à ce métier on exerce mes ailes,
Jamais je ne fus si chargé.

ZÉPHIR D'IRIS.

A ce compte, Tircis, grâce à l'inquiétude,
Et grâce aux peines qu'il ressent,
Fait les devoirs d'amant absent
Dans la dernière exactitude.

ZÉPHIR DE TIRCIS.

Sans doute on n'a point vu dans l'empire amoureux,
De passion plus exemplaire.
Il ne ressemble point aux amans du vulgaire,
Qui dans l'éloignement, chagrins en dépit d'eux,

Pestant contre un amour fâcheux,
Seraient ravis de s'en pouvoir défaire.
Tircis, quoique plongé dans un cruel ennui,
Ne l'accuse jamais de trop de violence :
Les maux que lui cause l'absence,
Puisqu'ils viennent d'Iris, ont des charmes pour lui.
Iris seule l'occupe; et quand il la regrette,
Il goûte la douceur secrète
D'en faire son seul entretien.
Puisqu'il ne voit point ce qu'il aime,
Il se fait un plaisir extrême
De ne prendre plaisir à rien.
Je ne sais pas, pour moi, comment on ose
De cinq ou six soupirs, payer un tel amant;
Et je ne sais plus comment
Tu lui pourras offrir si peu de chose.

ZÉPHIR D'IRIS.

Il sera trop content, va, j'en suis assuré :
Mais vois-tu, je me persuade
Qu'Iris pourrait avoir un peu plus soupiré
Qu'il n'est dit dans mon ambassade.
Iris est un terrible esprit ;
Épargner les aveux, c'est sa grande maxime.
Elle envoie à Tircis, qui loin d'elle languit,
Quelques légers regrets par manière d'acquit :
Pour les soupirs trop doux, la belle les supprime.
Quand à ce pauvre amant, inquiet, éloigné,
Elle peut dérober une bonne partie
De la peine qu'elle a sentie,
Elle croit avoir bien gagné.

ZÉPHIR DE TIRCIS.

Aussi j'ai remarqué que d'une étrange sorte
L'Amour est défiant sur le compte d'Iris :

Il ne peut croire encor son cœur assez bien pris.
  Témoin les ordres que je porte.
    ZÉPHIR D'IRIS.
Quels ordres portes-tu?
    ZÉPHIR DE TIRCIS.
          Telle est expressément,
Dans le séjour d'Iris, la loi qu'Amour impose,
Que tout de son berger lui parle à tout moment;
Car on craint que son cœur n'en parle rarement,
  Si sur son cœur on s'en repose.
Si la belle Iris rêve à son tendre berger,
L'Amour veut qu'à l'envi tout flatte la bergère,
  Il veut que d'une aile légère
Les Zéphirs autour d'elle aient soin de voltiger;
Il veut que les oiseaux, en chantant leurs amours,
  Entretiennent ses rêveries [1] :
Mais dès qu'elle osera goûter d'autres plaisirs
Que ceux de s'occuper d'un berger si fidèle,
  Tous à l'envi se déclarent contre elle.
    ZÉPHIR D'IRIS.
Si l'Amour se défie, il est sûr d'autre part
    Qu'Iris n'est pas sans défiance.
    Si tu savais combien de prévoyance
    Elle a fait voir à mon départ !
    Elle m'a dit cent fois : Ecoute ;
Quand tu seras parti, Zéphir, arrête-toi,
    Si tu ne trouves sur la route
    Un Zéphir envoyé vers moi :
Après l'avoir trouvé sur ton chemin, avance;
    S'il tardait trop, reviens plutôt ici :
    N'y manque pas, cher Zéphire; ceci
    Est de la dernière importance.

[1] Il manque deux vers pour rimer aux deux précédens.

ZÉPHIR DE TIRCIS.

Pour moi, quand j'aurais dû ne te pas rencontrer,
J'avais l'ordre d'aller de la même vitesse.
Mais grâce aux longs discours où nous venons d'entrer,
Tu ne te souviens plus combien le temps nous presse.
Va vite t'acquitter de ta commission :
   Tircis languit dans cette attente ;
   Vole au gré de sa passion.
Je puis aller, je crois, d'une aile un peu plus lente,
   Iris est moins impatiente.

ZÉPHIR D'IRIS.

La, la, c'est une question.

LE RUISSEAU

AMANT DE LA PRAIRIE.

1678.

J'AI fait pour vous trouver un assez long voyage,
Mon aimable prairie ; enfin je viens à vous ;
Recevez un ruisseau, dont le sort le plus doux
Sera de voir ses eaux couler pour votre usage.

C'est dans ce seul espoir que, sans aucun repos,
   Depuis que j'ai quitté ma source,
J'ai toujours jusqu'ici continué ma course,
   Toujours roulé mes petits flots.

D'un cours précipité j'ai passé des prairies,
Où tout autre ruisseau s'amuse avec plaisir ;
Je n'ai point serpenté dans leurs routes fleuries ;
   Je n'en avais pas le loisir.

Tel que vous me voyez, sachez, ne vous déplaise,
   (Car il est bon de se faire valoir)

Que plus d'une prairie aurait été bien aise
De me donner passage et de me recevoir.

 Mais ce n'était pas là mon compte ;
J'en fusse arrivé un peu plus tard en ce lieu ;
 Et par une fuite assez prompte,
Gazouillant finement, je leur disais adieu.

Il faut vous dire tout, la feinte est inutile,
J'en trouvais la plupart dignes de mes refus ;
Les unes, entre nous, sont d'accès si facile,
 Que tous ruisseaux y sont les bien venus.

Elles veulent toujours en avoir un grand nombre,
Et moi dans le grand nombre aussitôt je me perds ;
D'autres sont dans des lieux un peu trop découverts,
 Et moi j'aime à couler à l'ombre.

J'étais bien inspiré de me garder pour vous,
Vous êtes bien mon fait, je suis assez le vôtre ;
Mais aussi moi reçu, n'en recevez point d'autres,
 Car je suis un ruisseau jaloux.

 A cela près, qui n'est pas un grand vice,
  J'ai d'assez bonnes qualités.
 Ne craignez pas que jamais je tarisse,
  Je puis défier les étés.

 Je sais que certaines prairies
D'un ruisseau comme moi ne s'accommodent pas,
Il leur faut ces torrens qui font tant de fracas ;
 Mais fort souvent on voit leurs eaux taries.

 Mon cours en tout temps est égal,
Je suis tranquille et doux, ne fais point de ravage ;
 De plus, je viens vous faire hommage
  D'une eau pure comme cristal.

Il est telle prairie, et peut-être assez belle,
    A qui le plus petit ruisseau,
    Suivant sa pente naturelle,
  N'irait jamais porter deux gouttes d'eau ;
A moins que détourné par un chemin nouveau,
Elle n'en amenât quelqu'un jusques chez elle.

    Mais pour vous, sans vous mettre en frais,
    Sans vous servir d'un pareil artifice,
Vous voyez des ruisseaux qui viennent tout exprès
    Vous faire offres de leur service,
    Et le tout pour vos intérêts.

A présent, je l'avoue, on vous trouve agréable,
    Vous donnez du plaisir aux yeux ;
Mais avec un ruisseau, rien n'est plus véritable
    Que vous en vaudrez beaucoup mieux.

De cent fleurs qui naîtront, vous vous verrez ornée ;
Je vous enrichirai de ces nouveaux trésors ;
    Et vous tenant environnée,
  Avec mes eaux, je munirai vos bords.

Reposez-vous sur moi du soin de les défendre ;
A quoi plus fortement puis-je m'intéresser ?
Déjà même en deux bras je m'apprête à me fendre,
    Pour tâcher de vous embrasser.

Mes ondes lentement de toutes parts errantes,
Ne pourront de ce lieu se résoudre à partir ;
Et quand j'aurai semé cent routes différentes,
Je me perdrai chez vous plutôt que d'en sortir.
Je sens, je sens mes eaux qui bouillonnent de joie :
De les tant retenir à la fin je suis las :
Elles vont se répandre et se faire une voie ;
Il n'est plus temps à vous de ne consentir pas.

SONGE.
1678.

Iris, je rêvais l'autre jour
Que deux petits Amours, envoyés pas leur maître,
Nous enlevaient tous deux, pour nous mener paraître
    Au tribunal du grand Amour.
  Moi qui sentais ma conscience nette,
  J'allais gaîment d'un pas délibéré;
Pour vous, vous n'aviez pas le visage assuré,
    Et je vous trouvais inquiète.
Sans cesse vous disiez : Amour, je suis Iris,
Dont le cœur n'a jamais connu votre puissance;
    Il faut que l'on se soit mépris :
  Mais on n'écoutait point vos cris.
De l'Amour en cela la méthode est fort bonne;
Contre sa violence on a beau protester,
Il vous laisse tout dire, et loin qu'il s'en étonne,
    Va son chemin sans s'arrêter.
A son grand tribunal enfin on nous présente :
  Il n'avait plus ni l'air soumis et doux,
    Ni la figure suppliante
Qu'il avait toujours fait paraître devant vous;
Mais fièrement assis comme un juge sévère,
Il ne ressemblait point au plus galant des dieux.
Un grand registre ouvert qu'il parcourait des yeux,
    Semblait exciter sa colère.
    C'est là qu'il voit en un moment
    Les affaires de son empire.
Chaque petit Amour vient chaque mois écrire
  Ce qui se passe à son gouvernement;
    Un gouvernement, c'est-à-dire,

  Une belle avec son amant.
Par exemple, un Amour sujet à rendre compte
De tout ce qui dépend de son petit emploi,
Vient écrire : Aujourd'hui Climène, sous sa loi,
 A su ranger, si vous voulez, Oronte ;
Et puis un mois après : Climène s'attendrit,
Reçoit les vœux d'Oronte, et n'en reçoit plus d'autres.
  Le mois suivant il est écrit :
  La Climène est des nôtres.
  C'est ainsi qu'on trouve à la fois
L'état de tous les cœurs dans ce vaste mémoire.
  Heureux les amans dont l'histoire
  Change beaucoup de mois en mois.
Pour le petit Amour que son devoir engage
A veiller sur nos cœurs tombés dans son partage,
Depuis plus de deux ans que j'avance fort peu,
Il avait chaque mois le même compte à rendre ;
  Iris promet un aveu tendre,
  Iris promet un tendre aveu :
Du courroux de l'Amour c'était ici la cause.
Qu'est ceci, disait-il, et chagrin et surpris ?
Déjà depuis deux ans sur l'article d'Iris,
  Je vois toujours la même chose,
Toujours l'aveu promis, et rien après cela.
Celles qui dès ce temps faisaient même promesse,
Ont mille et mille fois avoué leur tendresse ;
  Vraiment elles n'en sont plus là.
  Ce registre, quoiqu'assez ample,
  Ne me fournit aucun exemple
D'une affaire qui fasse aussi peu de progrès.
Alors de mon côté, commençant à me plaindre,
Je crus qu'avec l'Amour j'allais être d'accord ;
Car que votre parti fût extrêmement fort,

C'est ce que je pensais n'avoir pas lieu de craindre.
Taisez-vous, me dit-il; vous lui persuadez
   Que votre amour n'en serait pas moins tendre,
Quand elle ne devrait jamais vous faire entendre
      Cet aveu que vous demandez ;
      C'est bien là comme il s'y faut prendre.
      Aimez d'un amour si constant
      Qu'il vous plaira, j'en suis content,
Mais faites quelquefois entrevoir à la belle
Qu'en se défendant trop, elle courrait hasard
De ne pas inspirer une flamme éternelle.
      Suffit-il que l'on soit fidèle ?
      Il faut l'être avec un peu d'art.
Je n'entends pourtant pas qu'Iris tire avantage
      Du peu d'adresse de l'amant.
      Ça donc, Iris, qu'on change de langage ;
      Qu'on dise, j'aime, en ce même moment.
      Mais, Amour, est-il nécessaire ?
   Lui disiez-vous d'un air assez soumis,
   Ce tendre aveu dès long-temps est promis ;
      Promettre un aveu, c'est le faire.
Non, en termes exprès, il faut vous déclarer;
Pour la première fois, que ce mot coûte à dire !
Vous avez eu deux ans à vous y préparer,
      Cela ne doit-il pas suffire ?
Vous tombiez, belle Iris, dans un doux embarras;
Mais l'Amour demandait la chose un peu plus claire.
Quoi ! vous vous obstinez, reprit-il, à vous taire ?
Hé bien, vous allez voir que pour d'autres appas,
Tircis négligera tous les soins de vous plaire.
La menace en nous deux fit un effet contraire.
Vous criâtes : Amour, ah ! ne le faites pas.
Je répondis : Amour, vous ne le sauriez faire.

Enfin l'Amour, Iris, sut si bien vous presser,
Avec cette colère ou véritable ou feinte,
Que vous dîtes : Hé bien, puisque j'y suis contrainte ;
Puisqu'on ne peut s'en dispenser,
Il est vrai... Votre bouche allait prononcer, J'aime.
Votre air, votre langueur, votre silence même,
Par avance déjà semblaient le prononcer,
Votre teint se couvrait d'une rougeur nouvelle ;
Vos timides regards se détournaient de moi ;
Pourquoi dans cet instant, pourquoi
Une funeste joie, hélas! m'éveilla-t-elle ?
Tel est mon sort ; ce mot si cher à mes souhaits,
Et que j'ai mérité par un amour si tendre,
Je me verrai toujours sur le point de l'entendre,
Et je ne l'entendrai jamais.

LETTRE

A MADEMOISELLE DE***.

1678.

Il y a long-temps que je m'ennuie de vous appeler mademoiselle, et d'être traité par vous de monsieur. Je suis ravi que vous vous soyez aussi ennuyée de ces noms, et vous avez été heureusement inspirée de m'en chercher un moins sérieux. A dire vrai, ce terme de monsieur tient un peu trop du respect, et vous pouvez le perdre hardiment pour moi, pourvu que vous consentiez à le remplacer par quelque sentiment plus agréable. Votre embarras sur ce changement de nom, venait de la difficulté de m'en choisir un qui fût joli, et point trop tendre. C'était assurément une affaire.

Mais enfin tout est terminé ;
Je m'en vais vous causer une surprise extrême.

> Ce nom que vous cherchiez, l'Amour me l'a donné.
> Quoi! l'Amour? Oui, l'Amour lui-même.
> Qui se le fût imaginé!
> Sans doute on ne s'attendait guère
> Que dans votre conseil vous dussiez l'appeler.
> Mais ce fripon fait bien plus d'une affaire,
> Dont il n'est pas prié de se mêler.

Je gage que vous vous préparez déjà à le désavouer de ce qu'il a fait : mais je vous assure qu'il en a fort bien usé; et vous savez aussi bien que moi, qu'il a plus d'égard pour vous, que pour aucune personne du monde. Voici comme cette négociation a été traitée.

Quand il sut que vous vouliez bien recevoir un nom, et m'en donner un, il assembla tous ses petits frères les Amours, pour délibérer là-dessus. Il leur proposa d'abord qu'il était temps que nous quittassions les noms de monsieur et de mademoiselle. On apporta les registres de ses conquêtes, et on se mit à les feuilleter. Les registres des conquêtes de l'Amour, vous vous imaginez bien que ce doivent être force billets galans de toutes les manières. On trouva dans les plus anciens les noms de mon soleil et chère âme. Les Amours éclatèrent de rire.

> Cependant, ne vous en déplaise,
> Ces noms furent trouvés fort tendres et fort doux
> Par quelques Amours portant fraise,
> Dont nos aïeux sentaient jadis les coups.
> Ils regrettèrent fort l'antique prud'homie,
> Qui ne paraît plus dans nos ans,
> Et les mots emmiellés de m'amour, de m'amie,
> Dont on se servait au vieux temps.

On trouva ensuite dans des registres plus modernes, mon cher et ma chère; et là-dessus un gros Amour au teint fleuri,

Qui ne connaissait point de beauté rigoureuse,
Qui de solides mets s'était toujours nourri,
Et qui savait duper le plus jaloux mari,
 Et la mère la plus fâcheuse,
Cria tout haut. Mon cher et ma chère sont bons,
Ils expriment fort bien, ils sont du bel usage;
 Pourquoi feuilleter davantage?
 Ordonnez qu'on prendra ces noms.
Tout beau, lui répondit certain Amour sévère;
Nos amans n'en sont pas encore où vous pensez.
Quoi! viendront-ils sitôt à mon cher et ma chère?
S'ils y viennent un jour, ce sera bien assez.
 Vraiment, si j'en étais le maître,
Répliqua le premier, ils doubleraient le pas.
Vous diriez qu'ils ne font que de s'entre-connaître,
 Ces amans là n'avancent pas.

Malgré l'avis de cet Amour, on continua à feuilleter ; on lut les noms de mon berger et ma bergère. C'est dommage, dit-on, qu'ils soient trop communs ; car ils sont fort jolis. En même temps on entendit la voix d'un petit Amour, qui dit presque tout bas : Il y a remède à cela. On se tourna vers lui, et on le vit qui tâchait à se perdre dans la foule des Amours, où il s'était toujours tenu caché. Mais on l'en tira, pour lui demander qui il était. Il n'était connu de personne.

 Sa physionomie était spirituelle,
Le teint fort beau, l'œil languissant et doux,
 La taille petite, mais belle,
 En un mot tout fait comme vous;
 Fort timide, car de sa vie
Le pauvre enfant n'avait paru publiquement.
Il rougit, en voyant si belle compagnie,
 Et sa rougeur avait de l'agrément.

Il dit que vous étiez sa mère : mais que comme cela

était secret, il priait ses frères les Amours de n'en rien dire; et que si on lui laissait le temps de reprendre un peu ses esprits, il nous donnerait, à vous et à moi s'entend, un nom dont nous aurions sujet d'être satisfaits. Sitôt qu'il se fut remis, il ajouta qu'il fallait que vous m'appelassiez mon berger. A la vérité, poursuivit-il, le nom est commun, comme vous l'avez déjà remarqué; mais voici le moyen d'empêcher qu'il ne le soit. Il ne l'appellera pas sa bergère, mais sa musette, et alors mon berger et ma musette seront des noms nouveaux. Ma musette! s'écrièrent les Amours. Oui, ma musette, reprit-il d'un air un peu plus assuré; ma mère est une vraie musette.

   Elle est toute prête à charmer,
 Et d'elle-même elle a tout ce qu'il faut pour plaire;
   Mais un berger est nécessaire,
   Quand il s'agit de l'animer.
 Si mon avis, Amours, était suivi du vôtre,
   Je crois qu'il faudrait obliger
    Et la musette et le berger,
  A certains devoirs l'un vers l'autre.
Le berger ne dira rien d'amoureux, de doux,
   Si ce n'est avec sa musette :
Elle distinguera le berger entre tous,
  Et pour tout autre elle sera muette.
   De plus, quelque tendre chanson
  Que le berger à sa musette inspire,
Elle ne pourra se dispenser de la dire,
   Ni de la prendre sur son ton.

On fut assez satisfait de la harangue du petit Amour; et tous les Amours se séparèrent, après avoir résolu qu'on vous proposerait le nom de musette, et à moi le nom de berger.

Si vous acceptez le vôtre, songez, je vous prie, que

le berger voudrait bien que sa musette ne se fît point employer à des chansons tristes ni plaintives, mais seulement à celles où l'on marque sa reconnaissance à l'Amour.

TRADUCTION

Du refrain du *Pervigilium Veneris : cras amet qui nunquam amavit ; quique amavit, cras amet.*

L'ENFANT ailé, que l'univers adore,
Prescrit à tous cet ordre souverain :
Aimez demain, si vous n'aimez encore ;
Si vous aimez, aimez encor demain.

VERS DE MANILIUS.

. . . . *Dum quærimus, ævum*
Perdimus, et nullo votorum fine beati,
Victuros agimus semper, nec vivimus unquam.

IMITATION.

DANS des soins éternels nous perdons nos années,
Par l'inquiet désir de les voir fortunées ;
Et toujours agités par de nouveaux souhaits,
Nous projetons de vivre, et ne vivons jamais.

COUPLET

SUR LES DEMOISELLES LOYSON.

QUATRE beaux yeux m'ont su charmer ;
Ah ! mon mal ne vient que d'aimer.
Deux sœurs que je n'ose nommer,
   Me tournent la cervelle.

Ah! mon mal ne vient que d'aimer,
Mais je ne sais laquelle.

SUR LE MARIAGE.

Dans les nœuds de l'hymen à quoi bon m'engager?
Je suis un, cela doit suffire;
Si j'étais deux, mon état serait pire,
C'est bien assez de moi pour me faire enrager.

VERS

De l'Auteur dans la quatre-vingt-dix-septième année de son âge,
sur son estomac.

Qu'on raisonne *ab hoc et ab hac*,
Sur mon existence présente,
Je ne suis plus qu'un estomac;
C'est bien peu, mais je m'en contente.

A un homme qui allait publier un ouvrage.

Dans la lice où tu vas courir,
Songe un peu combien tu hasardes.
Il faut avec courage également offrir
Et ton front aux lauriers, et ton nez aux nasardes.

ÉPIGRAMME

Contre Despréaux.

Quand Despréaux fut sifflé sur son ode[1],
Ses partisans criaient dans tout Paris:

[1] L'ode sur la prise de Namur.

Pardon, Messieurs, le pauvret s'est mépris;
Plus ne louera, ce n'est pas sa méthode.
Il va draper le sexe féminin;
A son grand nom vous verrez s'il déroge :
Il a paru, cet ouvrage malin [1];
Pis ne vaudrait, quand ce serait éloge.

AU FEU ROI.

C'est l'Académie royale de musique qui parle, en lui adressant les paroles d'un opéra représenté en 1678.

GRAND Roi, quand l'univers apprend avec surprise
Qu'à tes ordres partout la victoire est soumise,
Que sur les bords tremblans du Rhin et de l'Escaut
Les forts les mieux munis ne coûtent qu'un assaut,
On a lieu de penser que la France occupée
A s'étendre plus loin par le droit de l'épée,
Pour cueillir les lauriers dus à tes grands exploits,
Néglige des beaux-arts les paisibles emplois.
Mais quand on voit d'ailleurs que les plaisirs tranquilles
Règnent avec éclat au milieu de nos villes;
Pendant ces doux loisirs, qui n'assurerait pas
Que la France ne peut accroître ses états?
Il est vrai cependant que, malgré ses conquêtes,
Elle suffit encore à préparer des fêtes,
Il est vrai que, malgré mille plaisirs offerts,
Elle suffit encore à dompter l'univers.
Il semble que de Mars les rudes exercices
Ne sont qu'un jeu pour nous sous tes heureux auspices;
Et que vaincre où tu fais voler tes étendarts,
C'est la suite des soins que tu prends des beaux-arts.

[1] La satire des femmes.

Gand, ce superbe Gand, qui donna la naissance
Au plus fier ennemi qu'ait jamais eu la France,
Ce redoutable Gand, qui, pour être assiégé,
Demande un peuple entier sous ses fossés rangé,
T'a soumis son orgueil au moment que l'Espagne,
Sûre de ce côté, tremblait pour l'Allemagne.
Ypres te voit paraître, il reconnaît tes lois,
Et rien ne se refuse à l'empire françois.
Quel trouble pour l'Europe! et combien d'épouvante
Jette dans tous les cœurs ta valeur triomphante?
Ces peuples, contre nous ardens à se liguer,
Attendent le moment qui les va subjuguer.
Nous seuls goûtons la paix que tes exploits nous donnent;
Et tandis qu'en tous lieux les trompettes résonnent,
Que leur bruit menaçant fait retentir les airs,
Paris ne les entend que dans nos seuls concerts.

A MAD***.

LE Parnasse aujourd'hui célèbre votre fête;
Les Muses de concert vous vont faire leur cour:
Écoutez ce qu'ici la mienne vous apprête;
    Je vais vous parler sans détour.
    Je ne suis point votre conquête;
Pour vos jeunes appas je n'ai point pris d'amour :
    Mettez-vous cela dans la tête.
Je sais que quelquefois des cris applaudissans
Vous mettent sans façon au rang des plus charmantes;
Des bords du grand bassin partent ces doux accens :
   Ce ne sont pas flatteurs que les passans,
    Et moins encore les *passantes*.
Mais que le grand bassin ne s'en offense pas;
Je n'ai point pris d'amour pour vos jeunes appas.

Tant mieux pour eux qu'on les admire ;
Je n'ai point pris d'amour, ce mot vous doit suffire.
Mais à quoi bon le dire tant?
A quoi bon? Je suis très content
D'avoir encor la force de le dire.

ÉNIGME SINGULIÈRE.

Mon nom est grec, non pas tiré du grec par force,
　Par le secours d'une savante entorse ;
Mais grec, purement grec, et tel que Casaubon,
　Les deux Scaliger et Saumaise,
Épris d'amour pour moi, se seraient pâmés d'aise,
　En soupirant pour ce beau nom.
S'il m'eût manqué, réduite à me fournir en France,
J'en avais sous ma main un autre assez heureux,
Qui des siècles naissans retraçait l'innocence,
Les plus tendres liens, les plus aimables jeux :
Charmes qui de nos jours s'en vont en décadence.
Au défaut des deux noms, il me serait resté
　Une figure si parfaite,
Que je pouvais en toute sûreté
　Être Mathurine ou Colette.

(Le mot de l'énigme est mademoiselle Lascaris, fille de feu le marquis d'Urfé. Après la prise de Constantinople par les Turcs, un seigneur Lascaris, de la maison des derniers empereurs grecs, se retira en France; il acquit quelques terres, qui sont tombées par succession dans la maison d'Urfé, sous la condition que dans la maison qui les posséderait, il y aurait toujours quelqu'un qui porterait le nom de Lascaris.)

A MAD...

Si votre absence continue,
Je vous en avertis ; mon amour diminue.
　　En vous différens dons des cieux
　　Font un tout rare et curieux :
Mais quand un si beau tout est un temps sans paraître
　　A mes yeux, à mes propres yeux,
　　Je viens à douter qu'il puisse être.

SUR MA VIEILLESSE.

Il fallait n'être vieux qu'à Sparte,
　　Disent les anciens écrits.
　　O Dieux! combien je m'en écarte,
　　Moi qui suis si vieux dans Paris!
O Sparte! Sparte, hélas! qu'êtes-vous devenue?
Vous saviez tout le prix d'une tête chenue.
Plus dans la canicule on était bien fourré,
Plus l'oreille était dure et l'œil mal éclairé,
Plus on déraisonnait dans sa triste famille,
Plus on épiloguait sur la moindre vétille,
Plus contre tout son siècle on était déclaré,
Plus on était chagrin et misanthrope outré,
Plus on avait de goutte et d'autre béatille,
Plus on avait perdu de dents de leur bon gré,
Plus on marchait courbé sur sa grosse béquille,
Plus on était enfin digne d'être enterré,
Et plus dans vos remparts on était honoré.
O Sparte! Sparte, hélas! qu'êtes-vous devenue?
Vous saviez tout le prix d'une tête chenue.

RÉPONSE

Aux vers de Fontenelle sur sa vieillesse. Il avait alors quatre-vingt-douze ans.

De ce pays si vanté
Je connais très peu la carte :
Mais je crois, en vérité,
Qu'un vieillard de sa trempe eût été mal à *Sparte.*
Qu'auraient-ils fait de l'amant de *Cypris,*
Ces gens si durs, si peu nés pour les ris?
N'étant chez eux qu'un vieillard respectable,
Il eût perdu la moitié de son prix :
Pour être *Fontenelle,* il devait être aimable;
Voilà pourquoi les dieux l'ont placé dans *Paris.*

(Le Président Hénaut lut à la reine les vers de *Fontenelle,* sur le respect que l'on avait à *Sparte* pour *une tête chenue,* et ses regrets sur ce que ce respect s'était bien perdu depuis. La reine lui dit : « Faites savoir à *Fontenelle* que j'ai vu ses vers, et qu'une tête » comme la sienne doit trouver *Sparte* partout. » Le Président ne manqua pas de mander une réponse si flatteuse à *Fontenelle.* Il le fit même souvenir que ses premiers vers ayant été pour madame la dauphine *de Bavière,* ses derniers vers devraient bien être pour la reine. Il vint sur-le-champ chez le Président, et lui apporta ces quatre vers :

Je ne me flatte point du tout
De retrouver *Sparte* partout;
Mais vous, ô modèle des reines!
Vous trouveriez partout *Athènes.*

PSYCHÉ,

TRAGÉDIE,

REPRÉSENTÉE POUR LA PREMIÈRE FOIS PAR L'ACADÉMIE ROYALE
DE MUSIQUE, EN 1678.

(Musique de LULLI.)

PERSONNAGES.

VÉNUS.
L'AMOUR.
FLORE.
VERTUMNE.
PALÉMON.
NYMPHES DE FLORE.
CHŒUR des Divinités de la terre et des eaux.

PROLOGUE.

Le théâtre représente une cour magnifique au bord de la mer.

(Flore paraît au milieu du théâtre, suivie de ses nymphes, et accompagnée de Vertumne, dieu des arbres et des fruits, et de Palémon, dieu des eaux. Chacun de ces dieux conduit une troupe de divinités. L'un mène à sa suite des Dryades et des Sylvains, et l'autre, des dieux des fleuves et des Naïades. Flore chante ce récit pour inviter Vénus à descendre sur terre.)

FLORE.

Ce n'est plus le temps de la guerre ;
  Le plus puissant des rois
  Interrompt ses exploits,
Pour donner la paix à la terre.
Descendez, mère de amours,
Venez nous donner de beaux jours

CHŒUR des divinités de la terre et des eaux.

Nous goûtons une paix profonde ;
Les plus doux jeux sont ici bas ;
On doit ce repos plein d'appas
  Au plus grand roi du monde.

Descendez, mère des Amours.
Venez nous donner de beaux jours.

(Danses de Dryades, de Sylvains, de dieux des fleuves et de Naïades.)

VERTUMNE.

Rendez-vous, beautés cruelles,
  Soupirez à votre tour.

PALÉMON.

Voici la reine des belles
Qui vient inspirer l'amour.

PROLOGUE.

VERTUMNE.

Un bel objet toujours sévère
Ne se fait jamais bien aimer.

PALÉMON.

C'est la beauté qui commence de plaire,
Mais la douceur achève de charmer.

ENSEMBLE.

C'est la beauté qui commence de plaire,
Mais la douceur achève de charmer.

VERTUMNE.

Souffrons tous qu'Amour nous blesse ;
Languissons, puisqu'il le faut.

PALÉMON.

Que sert un cœur sans tendresse ?
Est-il un plus grand défaut?

VERTUMNE.

Un bel objet toujours sévère
Ne se fait jamais bien aimer.

PALÉMON.

C'est la beauté qui commence de plaire,
Mais la douceur achève de charmer.

Les divinités qui suivent Vertumne et Palémon mêlent leurs danses au chant de Flore.)

FLORE.

Est-on sage
Dans le bel âge,
Est-on sage
De n'aimer pas?
Que sans cesse
L'on se presse
De goûter les plaisirs d'ici-bas.
La sagesse
De la jeunesse,

PROLOGUE.

C'est de savoir jouir de ses appas.
L'Amour charme
Ceux qu'il désarme;
L'Amour charme,
Cédons-lui tous.
Notre peine
Serait vaine
De vouloir résister à ses coups.
Quelque chaîne
Qu'un amant prenne,
La liberté n'a rien qui soit si doux.

(Vénus descend dans une grande machine de nuages, au travers de laquelle on découvre son palais. Les divinités de la terre et des eaux recommencent de joindre leurs voix, et continuent leurs danses.)

CHŒUR des Divinités de la terre et des eaux.

Nous goûtons une paix profonde;
Les plus doux jeux sont ici-bas;
On doit ce repos plein d'appas
   Au plus grand roi du monde.
Descendez, mère des Amours,
Venez nous donner de beaux jours.

VENUS.

Pourquoi du ciel m'obliger à descendre?
Mon mérite en ces lieux n'a plus rien à prétendre;
En vain vous m'y rendez ces honneurs solennels.
   Le mépris est mon seul partage;
Et depuis qu'à Psyché les aveugles mortels,
   De leurs voix adressent l'hommage,
   Vénus demeure sans autels.
   Dans une si honteuse offense,
Laissez-moi sans témoins résoudre ma vengeance.

(Flore et les autres dieux se retirent; l'Amour descend dans un nuage.)

PROLOGUE.

VÉNUS à l'Amour.

Mon fils, si tu plains mes malheurs,
Fais-moi voir que tu m'es fidèle.
Tu sais combien Psyché me dérobe d'honneurs;
Elle est mon ennemie, il faut me venger d'elle;
Pour servir mon juste courroux,
Prends de tes traits le plus à craindre,
Un trait qui la puisse contraindre
De se donner au plus indigne époux,
Dont jamais une belle ait eu lieu de se plaindre.
Cours, vole, et par de prompts effets
Montre que tu prends part aux affronts qu'on m'a faits.

(L'Amour s'envole, et la grande machine enlève Vénus sur le cintre, pendant que le palais disparaît.)

PERSONNAGES.

JUPITER.
VÉNUS.
L'AMOUR.
MERCURE.
VULCAIN.
ZÉPHYR.
LE ROI, père de Psyché.
PSYCHE.
AGLAURE, } sœurs de Psyché.
CYDIPPE, }
LYCHAS.
LE DIEU d'un fleuve.
NYMPHES, ZÉPHYRS et AMOURS, qui parlent cachés.
DEUX NYMPHES de l'Achéron.
LES TROIS FURIES.

PSYCHÉ,
TRAGÉDIE.

ACTE PREMIER.

Le théâtre représente un agréable paysage au pied d'une montagne, qui s'élève jusqu'au ciel d'un côté ; on voit paraître de l'autre une campagne à perte de vue.

SCÈNE PREMIÈRE.
AGLAURE, CYDIPPE.

AGLAURE.

Enfin, ma sœur, le ciel est apaisé,
Et le serpent qui nous rendait à plaindre,
Va n'être plus à craindre.
Tout pour le sacrifice est ici disposé ;
Psyché, pour l'offrir, va s'y rendre.

CYDIPPE.

Les peuples d'erreur prévenus
La nommait une autre Vénus ;
Sur la Divinité c'était trop entreprendre.

AGLAURE.

Ils s'en sont vus assez punis
Par les maux infinis
Que du serpent nous a causé la rage.

CYDIPPE.

Ne songeons plus à nos malheurs passés ;
Le serpent en ces lieux ne fait plus de ravage,
Ce sont des malheurs effacés.

AGLAURE.

Après un temps plein d'orages,
Quand le calme est de retour,
Qu'avec plaisir, d'un beau jour,
On goûte les avantages!

CYDIPPE.

Tout succède à nos désirs;
Si des rigueurs inhumaines
Nous ont coûté des soupirs,
On ne connaît les plaisirs
Qu'après l'épreuve des peines.

AGLAURE.

Mais d'où vient qu'avec tant d'attraits,
Psyché n'aima jamais?
Qui brave trop l'Amour, doit craindre sa colère.

CYDIPPE.

Il est un fatal moment
Où l'objet le plus sévère
Se rend aux vœux d'un amant;
Et plus la belle diffère,
Plus elle aime tendrement.

AGLAURE.

Lychas vient à nous.

CYDIPPE.

Son visage
Nous marque une vive douleur.

SCÈNE II.

AGLAURE, CYDIPPE, LYCHAS.

LYCHAS.

Ah! Princesses!

TRAGÉDIE.

AGLAURE.

De quel malheur
Ce soupir est-il le présage ?

LYCHAS.

Ignorez-vous encor le destin de Psyché

CYDIPPE.

Qu'avons-nous à craindre pour elle ?

LYCHAS.

La disgrace la plus cruelle,
Dont vous puissiez jamais avoir le cœur touché.
Tandis que chacun en soupire,
Elle seule ignore son sort,
Et c'est ici qu'on lui va dire
Que le ciel irrité la condamne à la mort.

AGLAURE ET CYDIPPE.

A la mort! et le roi n'y mettrait point d'obstacle ?

LYCHAS.

Le roi d'abord nous a caché l'oracle ;
Mais malgré lui le grand-prêtre a parlé.
Ah! pourquoi n'a-t-il pu se taire?
Voici ce qu'il a révélé,
Et l'arrêt qui nous désespère :

« Vous allez voir augmenter les malheurs
» Qui vous ont coûté tant de pleurs,
» Si Psyché sur le mont, pour expier son crime,
» N'attend que le serpent la prenne pour victime. »

CYDIPPE.

Et Psyché ne sait rien de ce funeste arrêt?

LYCHAS.

Pour se rendre Vénus propice,
Elle croit n'avoir intérêt
Qu'à venir en ces lieux offrir un sacrifice.

AGLAURE.

Voilà l'effet de ce nom de Vénus,
On traitait Psyché d'immortelle :

CYDIPPE.

C'est de là que nos maux et les siens sont venus :
Qui croirait que ce fût un crime d'être belle ?

AGLAURE ET CYDIPPE.

Ah ! qu'il est dangereux
De trouver un sort heureux
Dans une injuste louange !
En vain on veut se flatter,
Tôt ou tard le ciel se venge,
Quand on ose l'irriter.

LYCHAS.

Voyez comme chacun, regrettant la princesse,
Abandonne son cœur à l'ennui qui le presse.

TOUS TROIS.

Pleurons, pleurons : en de si grands malheurs
On ne peut trop verser de pleurs.

(Une troupe de personnes désolées viennent vers la montagne déplorer la disgrâce de Psyché. Leurs plaintes sont exprimées par une femme et par deux hommes affligés. Ils sont suivis de six personnes qui jouent de la flûte, et de huit autres qui portent des flambeaux semblables à ceux dont les anciens se servaient dans les pompes funèbres.)

PLAINTE ITALIENNE.

FEMME AFFLIGÉE.

« Deh, piangete al pianto mio,
» Sassi duri, antiche selve,
» Lagrimate, fonti e belve,
» D'un bel volto il fato rio.

UN HOMME AFFLIGÉ.

» Ahi dolore !

TRAGÉDIE.

AUTRE HOMME AFFLIGÉ.
» Ahi martire !

UN HOMME AFFLIGÉ.
» Cruda morte !

AUTRE HOMME AFFLIGÉ.
» Impia sorte !

TOUS TROIS.
» Che condanni à morir tanta belta,
» Cieli, stele, ahi crudelta !

FEMME AFFLIGÉE.
» Rispondete à miei lamenti,
» Antri cavi, ascose rupi ;
» Deh, ridite, fundi cupi,
» Del mio duolo i mesti accenti.

AUTRE HOMME AFFLIGÉ.
» Com'esser può fra voi, o Numi, eterni,
» Chi voglia estinta una belta innocente ?
» Ahi che tanto rigor, cielo inclemente ;
» Vince di crudeltà gli stessi inferni.

UN HOMME AFFLIGÉ.
» Nume fiero !

AUTRE HOMME AFFLIGÉ.
» Dio severo,

LES DEUX HOMMES.
» Perche tanto rigor !
» Contro innocente cor ?
» Ahi ! sentenza inudita !
» Dar morte à la belta, ch'altrui da vita.

(Ces plaintes sont entrecoupées ici par une entrée de ballet, qui se fait par les huit personnes qui portent des flambeaux.)

FEMME AFFLIGÉE.
» Ahi ch'indarno si tarda,
» Non resiste agli Dei mortale affette ;

» Alto impero ne sforza,
» Ove commando il ciel, l'uom cede à forza.
» Ahi dolore, etc.

IMITATION EN VERS FRANÇAIS.

FEMME AFFLIGÉE.

Mêlez vos pleurs avec nos larmes,
Durs rochers, froides eaux; et vous, tigres affreux,
Pleurez le destin rigoureux
D'un objet dont le crime est d'avoir trop de charmes...

UN HOMME AFFLIGÉ.

O Dieux! quelle douleur!

AUTRE HOMME AFFLIGE.

Ah! quel malheur!

UN HOMME AFFLIGÉ.

Rigueur mortelle!

AUTRE HOMME AFFLIGE.

Fatalité cruelle!

TOUS TROIS.

Faut-il, hélas!
Qu'un sort barbare
Puisse condamner au trépas
Une beauté si rare!
Cieux, astres, pleins de dureté!
Ah! quelle cruauté?

FEMME AFFLIGÉE.

Répondez à ma plainte, échos de ces bocages;
Qu'un bruit lugubre éclate au fond de ces forêts.
Que les antres profonds, les cavernes sauvages,
Répètent les accens de mes tristes regrets.

AUTRE HOMME AFFLIGÉ.

Quel de vous, ô grands Dieux, avec tant de furie,
Veut détruire tant de beauté?

TRAGÉDIE.

Impitoyable ciel, par cette barbarie,
Voulez-vous surmonter l'enfer en cruauté?
UN HOMME AFFLIGÉ.
Dieu plein de haine!
AUTRE HOMME AFFLIGÉ.
Divinité trop inhumaine!
LES DEUX HOMMES.
Pourquoi ce courroux si puissant
Contre un cœur innocent?
O rigueur inouie!
Trancher de si beaux jours,
Lorsqu'ils donnent la vie
A tant d'amours!
FEMME AFFLIGÉE.
Que c'est un vain secours contre un mal sans remède,
Que d'inutiles pleurs, et des cris superflus,
Quand le ciel a donné des ordres absolus,
Il faut que l'effort humain cède.
O Dieux! quelle douleur, etc.

SCÈNE III.
LE ROI, PSYCHÉ, AGLAURE, CYDIPPE.

AGLAURE.
Psyché vient; à la voir je tremble.
CYDIPPE.
Quel supplice!
Le moyen de lui dire adieu!
PSYCHÉ à ses sœurs.
Ainsi pour vous rendre en ce lieu,
Vous avez prévenu l'heure du sacrifice.
AGLAURE.
Ah! ma sœur!

CYDIPPE.

Ah! ma sœur!

PSYCHÉ.

Quels sont vos déplaisirs
Quoi! dans un jour si rempli d'allégresse!
Où du ciel la colère cesse,
Vous pouvez pousser des soupirs!

AGLAURE.

Nous plaignons votre erreur.

CYDIPPE.

Ah! trop funestes charmes

PSYCHÉ.

Dites-moi donc le sujet de vos larmes.

AGLAURE ET CYDIPPE.

Quand vous saurez ce qui les fait couler....
Adieu, nous n'avons pas la force de parler.

SCÈNE IV.

LE ROI, PSYCHÉ.

PSYCHÉ.

Seigneur, vous soupirez vous-même ;
Quels que soient mes malheurs, dois-je les ignorer

LE ROI.

Apprends de mes soupirs mon infortune extrême,
Apprends ce que mon cœur tremble à te déclarer ;
Quand on se voit réduit à perdre ce qu'on aime!
Il est permis de soupirer.

PSYCHÉ.

Et qui donc perdez-vous?

LE ROI.

Tout ce qu'en ma famille
J'avais de cher, de précieux.

TRAGÉDIE.

      Le barbare décret des dieux
Nous demande ton sang : il faut mourir, ma fille;
Il faut sur ce rocher t'exposer au serpent ;
Et lorsque ma douleur par mes larmes s'exprime,
C'est pour toi, de ces dieux déplorable victime,
      Que ma tendresse les répand.

PSYCHÉ.

      Si par mon sang leur colère s'apaise,
Plaignez-vous une mort qui finit vos malheurs?

LE ROI.

      Il se peut que ta mort leur plaise,
      Et tu condamnes mes douleurs!
Ne dit point que le ciel, désormais sans colère,
Semble adoucir le coup qui me prive de toi.
Quand on voit des malheurs qui ne sont que pour soi,
      Le bien public ne touche guère ;
      Et si l'oracle doit me plaire,
      A me regarder comme roi,
      J'en frémis, j'en tremble d'effroi,
      A me regarder comme père.

PSYCHÉ.

Il faut suivre l'ordre des dieux.

LE ROI.

      A des ordres si redoutables,
Je ne les connais point, ces dieux impitoyables,
Qui veulent m'arracher ce que j'aime le mieux.

PSYCHÉ.

Par cet emportement n'attirez point leur haine.

LE ROI.

Que peuvent-ils pour augmenter ma peine?
Je souffre, en te perdant, tout ce qu'on peut souffrir.

PSYCHÉ.

Adieu, Seigneur, je vais mourir.

LE ROI.

Tu me quittes!

PSYCHÉ.

Je veux vous épargner un crime.

LE ROI.

Quoi! du serpent tu seras la victime?

PSYCHÉ.

Vivez heureux.

LE ROI.

Hé! le puis-je sans toi?

PSYCHÉ.

Ne pleurez point ma mort, la cause en est trop belle.

LE ROI.

Tu vas sur le rocher, cruelle!
Arrête, que fais-tu?

PSYCHÉ, *montant sur le rocher.*

Je fais ce que je dois.

LE ROI.

Au monstre, sans trembler, tu te livres toi-même?

PSYCHÉ *sur le rocher.*

Ma fermeté, quand vous vous alarmez,
Doit vous plaire, si vous m'aimez.

LE ROI.

Et tu peux douter que je t'aime?
Ciel! que vois-je? on l'enlève, et les vents ennemis,
Pour la conduire au monstre ont déployé leurs ailes.
Dieux cruels qui l'avez permis,
Accablez-vous ainsi ceux qui vous sont fidèles?

(Quatre Zéphyrs volent vers Psyché, qui est sur la montagne, et l'enlevent sur le cintre.)

ACTE II.

Le théâtre représente un palais que Vulcain fait achever par ses Cyclopes. Sa forge se voit dans le fond, et toute la décoration est embarrassée d'enclumes, et de quantité d'autres ustensiles propres aux forgerons.

SCÈNE PREMIÈRE.
VULCAIN, HUIT CYCLOPES.

VULCAIN.

Cyclopes, achevez ce superbe palais;
  Que tout votre art s'épuise en cet ouvrage:
  Faites y voir un pompeux assemblage.
Des plus rares beautés qui parurent jamais.
(Les Cyclopes se préparent à travailler, et on entend une symphonie qui les y excite.)

SCÈNE II.
ZÉPHYR, VULCAIN.

ZÉPHYR.

Pressez-vous ce travail que l'Amour vous demande?
  Vous hâtez-vous d'accomplir ses désirs?

VULCAIN.

Vous le voyez, Zéphyr; aussitôt qu'il commande,
Obéir est pour moi le plus grand des plaisirs.

ZÉPHYR.

Psyché mérite bien une ardeur si fidèle;
En ce lieu pour l'Amour j'ai conduit cette belle;

Et maintenant, sur des gazons voisins,
Un doux sommeil de ses sens est le maître.
J'ai fait naître autour d'elle et roses et jasmins,
Qu'elle eût pu sans moi faire naître.

VULCAIN.

C'est donc Psyché pour qui je prépare ces lieux ?
L'agréable nouvelle !
C'est Psyché que, malgré le titre d'immortelle,
Vénus ne saurait voir que d'un œil envieux ?
Allez, je ferai de mon mieux,
Et suis ravi de m'employer pour elle.
Vénus m'a fait d'étranges tours
Sur la foi conjugale ;
Mais je veux l'en punir en prêtant mon secours
Au triomphe de sa rivale.

ZÉPHIR.

Faites tout pour l'Amour, et rien contre Vénus.
Penser à la vengeance, abus, Vulcain, abus.
Quelque tour que nous fasse une moitié coquette,
Le meilleur est de n'y jamais songer.
Il est toujours trop tard de s'en venger ;
L'affaire est faite.
Je retourne à Psyché que je vais éveiller.
Cyclopes, excitez vos bras à travailler.

(Les huit Cyclopes commencent leur entrée, et continuent à embelir
le palais.)

VULCAIN aux Cyclopes.

Dépêchez, préparez ces lieux
Pour le plus aimable des dieux ;
Que chacun pour lui s'intéresse,
N'oubliez rien des soins qu'il faut.
Quand l'Amour presse,
On n'a jamais fait assez tôt.

TRAGÉDIE.

L'Amour ne veut point qu'on diffère,
 Travaillez, hâtez-vous;
 Frappez, redoublez vos coups;
 Que l'ardeur de lui plaire
Fasse vos soins les plus doux.

  (L'entrée des Cyclopes recommence.)

VULCAIN aux Cyclopes.

Servez bien un dieu si charmant :
Il se plaît dans l'empressement ;
Que chacun pour lui s'intéresse,
N'oubliez rien des soins qu'il faut.
 Quand l'Amour presse,
On n'a jamais fait assez tôt.
L'Amour ne veut point qu'on diffère,
 Travaillez, hâtez-vous;
 Frappez, redoublez vos coups;
 Que l'ardeur de lui plaire
Fasse vos soins les plus doux.

  (Vénus descend dans son char)

SCÈNE IV.

VÉNUS, VULCAIN.

VÉNUS.

Quoi ! vous vous employez pour la fière Psyché,
 Pour une insolente mortelle ?
Cet indigne travail vous tient donc attaché,
Et l'époux de Vénus se déclare contre elle ?

VULCAIN.

Et depuis quand, s'il vous plaît, vivons-nous
 Dans une amitié si parfaite,
 Qu'il faille que je m'inquiète

De tous vos caprices jaloux?
Il vous sied bien de vous mettre en colère !
Lorsque j'étais jaloux avec plus de raison,
Vous en faisiez-vous une affaire
Vous l'êtes maintenant, et vous trouverez bon
Qu'on ne s'en embarrasse guère.

VENUS.

Ah ! que l'amour est promptement guéri,
Quand l'hymen a réduit deux cœurs sous sa puissance !
Que les duretés de mari
Aux tendresses d'amant ont peu de ressemblance !

VULCAIN.

Vous connaissez toute la différence
Et de l'amant et de l'époux,
Et nous savons lequel des deux chez vous
A mérité la préférence.
Je ne fais pour Psyché que bâtir un palais,
Vous êtes encor trop heureuse ;
Si j'étais de nature un peu plus amoureuse,
Vous me verriez adorer ses attraits.
La vengeance serait plus belle :
Mais je suis à ma forge nuit et jour ;
Je n'ai pas le loisir de lui parler d'amour,
Et je me borne à travailler pour elle.

VÉNUS.

Je sais que par ces grands apprêts,
C'est à mon fils que vous cherchez à plaire ;
C'est lui qui le premier trahit mes intérêts,
Il saura que je suis sa mère.

(Vénus rentre dans son char, et s'envole.)

VULCAIN aux Cyclopes.

L'amour ici nous a mandés exprès ;
Achevons, achevons ce qui nous reste à faire.

(Vulcain et les forgerons disparaissent avec la forge, et l'on voit le palais dans son entière perfection ; il est orné de vases d'or, avec des Amours sur des piédestaux. Il y a dans le fond un magnifique portail, au travers duquel on découvre une cour ovale, percée en plusieurs endroits sur un jardin délicieux.)

SCÈNE IV.

PSYCHÉ.

Où suis-je? quel spectacle est offert à mes yeux?
D'un effroyable monstre est-ce ici la demeure?
 Est-ce dans ces aimables lieux
  Que l'oracle veut que je meure?
Je reconnais la rigueur de mon sort,
Lorsqu'avec tant d'excès je m'en vois poursuivie ;
Il veut que cette pompe accompagne ma mort,
Pour me faire à regret abandonner la vie.
 Cruelle mort, pourquoi tardez-vous tant?
Que par votre lenteur je vous trouve inhumaine!
Venez, affreux serpent? venez finir ma peine,
 Votre victime vous attend.

    (On entend une symphonie.)

SCÈNE V.

PSYCHÉ, L'AMOUR, NYMPHES ET ZÉPHYRS
cachés.

PSYCHÉ.

Quels agréable sons ont frappé mes oreilles !

NYMPHE cachée.

Attends encor, Psyché, de plus grandes merveilles ;
Tout est dans ce bas lieu soumis à tes appas.
 Pour rendre ton bonheur durable,

Souviens-toi seulement, que lorsqu'on est aimable,
C'est un crime de n'aimer pas.

PSYCHÉ.

Est-ce qu'aimer est nécessaire ?

ZÉPHYR caché.

D'un jeune cœur, c'est la plus douce affaire.

DEUX ZÉPHYRS cachés.

Aimez ; il n'est de beaux ans.
Que dans l'amoureux empire.
Qui laisse échapper le temps,
Quelquefois trop tard soupire.
Aimez ; il n'est de beaux ans
Que dans l'amoureux empire.

PSYCHÉ.

Et qui veut-on me faire aimer ?

ZÉPHYR caché.

Un Dieu qui se prépare à t'assurer lui-même
De son amour extrême.

PSYCHÉ.

Qui serait donc ce Dieu que j'aurais su charmer?

L'AMOUR caché.

C'est moi, Psyché, c'est moi qui me rends à vos charmes.

PSYCHÉ.

S'il est ainsi, paraissez en ce lieu.

L'AMOUR caché.

Le destin vous défend de me voir comme Dieu,
Ou ma perte aussitôt vous coûtera des larmes.

PSYCHÉ.

Et le moyen d'aimer ce qu'on ne voit jamais ?

L'AMOUR caché.

Pour me montrer à vous, je vais, dans ce palais,
Prendre d'un mortel la figure.

TRAGÉDIE.
PSYCHÉ.

Ah! venez-donc, n'importe sous quels traits,
Pourvu qu'en vous voyant mon esprit se rassure.

SCÈNE VI.

L'AMOUR sous la figure d'un jeune homme, PSY

L'AMOUR.

Hé bien, Psyché, des cruautés du sort
    Avez-vous beaucoup à vous plaindre?
Voici ce monstre affreux armé pour votre mort;
    Vous sentez-vous disposée à le craindre?

PSYCHÉ.

Quoi! vous êtes le monstre? et comment à mes yeux
    Pourriez-vous être redoutable?
Je sens, en vous voyant, un désordre agréable,
    Qui de mon cœur se rend victorieux.
Il se trouble ce cœur, autrefois si paisible;
Il ne se souvient plus qu'il était insensible :
    On dit qu'ainsi l'on commence d'aimer.
En parlant de mon cœur, mon esprit s'embarrasse,
Et je ne connais pas assez ce qui s'y passe,
    Pour vous le pouvoir exprimer.

L'AMOUR.

J'éprouve comme vous un embarras extrême.
De quelle vive ardeur ne suis-je pas touché?
Que de choses à dire! et cependant, Psyché,
Cependant je ne puis que dire : *Je vous aime.*

PSYCHÉ.

Il est donc vrai que vous m'aimez?

L'AMOUR.

C'est peu qu'aimer, je vous adore.

PSYCHÉ.

Que par ces mots vous me charmez !

L'AMOUR.

Je vous l'ai dit, et vous le dis encore,
Je vous aime, et jamais ne veux aimer que vous.

PSYCHÉ.

Je ne puis rien entendre de plus doux.
Quoi, je n'aurai point de rivale ?

TOUS DEUX.

Ah ! qu'en amour le plaisir est charmant,
Quand la tendresse est égale.
Entre l'amante et l'amant !

PSYCHE.

Mais me laisserez-vous ignorer qui vous êtes,
Vous qui me promettez de m'aimer à jamais ?

L'AMOUR.

C'est à regret que je me tais
Sur la demande que vous faites.
Mon nom, si vous pouviez une fois le savoir,
Vous ferait chercher à me voir ;
Et c'est à quoi le destin met obstacle.
Me voir dans mon éclat, c'est me perdre à jamais.
Afin que de nos feux rien ne trouble la paix,
J'ai fait donner le surprenant oracle,
Qui nous laisse tous deux cachés dans ce palais.
Vous m'y verrez vous adorer sans cesse,
Sans cesse de mon cœur vous faire un nouveau don.
Pourvu que vous sachiez l'excès de ma tendresse,
Qu'importe de savoir mon nom ?
Ce n'est point comme un Dieu que je prétends paraître,
Ce titre ne fait pas aimer plus tendrement,
Je ne veux me faire connaître
Que sous le nom de votre amant.

Venez voir ce palais, où, pour charmer votre âme,
Les plaisirs naîtront tour à tour ;
Et vous, divinités, qui connaissez ma flamme,
Marquez par vos chansons, le pouvoir de l'Amour.

(Trois des Nymphes qui étaient cachées commencent à paraître, et chantent les vers suivans. Six petits Amours et quatre Zéphyrs expriment par leurs danses la joie qu'ils ont des avantages de l'Amour.)

Ire NYMPHE.

Aimable jeunesse,
Suivez la tendresse,
Joignez aux beaux jours
La douceur des amours.
C'est pour vous surprendre,
Qu'on vous fait entendre
Qu'il faut éviter les soupirs,
Et craindre leurs désirs ;
Laissez-vous apprendre
Quels sont leurs plaisirs.

IIe ET IIIe NYMPHES.

Chacun est obligé d'aimer
A son tour ;
Et plus on a de quoi charmer,
Plus on doit à l'Amour.

IIe NYMPHE.

Un cœur jeune et tendre
Est fait pour se rendre ;
Il n'a point à prendre
De fâcheux détour.

IIe ET IIIe NYMPHES.

Chacun est obligé d'aimer
A son tour ;
Et plus on a de quoi charmer,
Plus on doit à l'Amour.

PSYCHÉ,

IIe NYMPHE.

Pourquoi se défendre?
Que sert-il d'attendre?
Quand on perd un jour
On le perd sans retour.

IIe ET IIIe NYMPHES.

Chacun est obligé d'aimer
A son tour;
Et plus on a de quoi charmer
Plus on doit à l'Amour.

(Les petits Amours continuent leurs danses avec les Zéphyrs.)

Ire NYMPHE.

L'Amour a des charmes,
Rendons-lui les armes ;
Ses soins et ses pleurs
Ne sont pas sans douceurs :
Un cœur pour le suivre
A cent maux se livre ;
Il faut, pour goûter ses appas,
Languir jusqu'au trépas ;
Mais ce n'est pas vivre
Que de n'aimer pas.

IIe ET IIIe NYMPHES.

S'il faut des soins et des travaux
En aimant,
On est payé de mille maux
Par un heureux moment.

IIe NYMPHE.

On craint, on espère,
Il faut du mystère ;
Mais on n'obtient guère
Des biens sans tourment.

TRAGÉDIE.

IIe ET IIIe NYMPHES.

S'il faut des soins et des travaux
En aimant,
On est payé de mille maux
Par un heureux moment.

IIIe NYMPHE.

Que peut-on mieux faire,
Qu'aimer et que plaire ?
C'est un soin charmant
Que l'emploi d'un amant.

IIe ET IIIe NYMPHES.

S'il faut des soins et des travaux
En aimant,
On est payé de mille maux
Par un un heureux moment.

ACTE III.

Le théâtre représente la chambre la plus magnifique du palais de l'Amour. On voit, dans le fond, une alcove fermée d'un rideau.)

SCÈNE PREMIÈRE.

VÉNUS.

Pompe que ce palais de tous côtés étale,
Brillant séjour, que vous blessez mes yeux !
Je ne vois rien qui ne parle en ces lieux
De la gloire de ma rivale.
Tant de divinités dont elle a tous les soins,
Et la plus forte complaisance,
Sont autant de honteux témoins
De son pouvoir et de mon impuissance.

Que le mépris est rigoureux
A qui se croit digne de plaire !
Un seul objet qu'on nous préfère,
Nous fait un destin malheureux.
Que le mépris est rigoureux
A qui se croit digne de plaire.

Déjà la nuit chasse le jour!
Qu'il ne revienne point avant que je me venge.
Je sais l'ordre du sort ; si Psyché voit l'Amour,
　　Aussitôt sa fortune change.
　　Cessons de perdre des soupirs :
Perdons Psyché, sans que Psyché le sache ;
Elle brûle de voir cet amant qui se cache,
　　Il faut contenter ses désirs.

SCÈNE II.

VÉNUS, PSYCHÉ.

PSYCHÉ.

Que fais-tu? montre-toi, cher objet de ma flamme.
　　Viens consoler mon âme.
La beauté de ces lieux est un enchantement ;
　　Tout m'y paraît charmant :
　　Mais je n'y vois point ce que j'aime
　　Ah! qu'une absence d'un moment,
　　　Quand la tendresse est extrême,
　　　Est un rigoureux tourment !

(Apercevant Vénus.)

Par quel art dans ce lieu vous rendez-vous visible ?
On m'y parle souvent sans qu'on s'y laisse voir.

VÉNUS.

Le Dieu que vos beautés ont rendu si sensible,

TRAGÉDIE.

Pour vous entretenir m'a laissé ce pouvoir.
C'est à moi, Psyché, qu'il ordonne
De garder ce palais où tout suit votre loi.

PSYCHÉ.

Nymphe, le croiriez-vous, que lui-même empoisonne
Tous les honneurs que j'en reçoi ?
Il refuse toujours de se montrer à moi
Dans tout l'éclat qui l'environne.
Et ce refus blesse ma foi.
Je l'aime, et je voudrais pouvoir tout sur son âme ;
Je voudrais avoir lieu du moins de m'en flatter ;
Quand je forme des vœux qu'il ose rebuter,
Je suis réduite à douter de sa flamme,
Et rien n'est plus cruel pour moi que d'en douter.

VÉNUS.

Mais chaque instant vous marque sa tendresse.

PSYCHÉ.

Ah ! malgré les soupirs qu'un amant nous adresse,
Malgré tous les soins qu'il nous rend,
Il ne faut, pour troubler le bonheur le plus grand,
Qu'un peu trop de délicatesse.

Vous n'êtes pas les plus heureux,
Vous dont l'amour est si pur et si tendre,
Si tout votre repos est réduit à dépendre
Du moindre scrupule amoureux ;
Vous dont l'amour est si pur et si tendre.
Vous n'êtes pas les plus heureux.

VÉNUS.

Que ne m'est-il permis de vous tirer de peine !

PSYCHÉ.

Ah ! ne me tenez point plus long-temps incertaine ;
Satisfaites mes yeux, vous avez ce pouvoir.

PSYCHÉ,

VÉNUS.

Vous me découvrirez.

PSYCHÉ.

Ne craignez rien.

VÉNUS.

Je n'ose.

PSYCHÉ.

Quoi ! rien en ma faveur ne vous peut émouvoir ?

VÉNUS.

Hé bien, je vais pour vous oublier mon devoir.
Entrez ; c'est dans ce lieu que votre amant repose,
  Goûtez le plaisir de le voir ;
  Cette lampe que je vous laisse
  Peut servir à vous éclairer.

PSYCHÉ.

Que ne vous dois-je point ?

VÉNUS.

Il faut me retirer,
Ma présence nuirait au désir qui vous presse.

SCÈNE III.

PSYCHÉ, L'AMOUR endormi.

PSYCHÉ.

A la fin je vais voir mon destin éclairci,
Je vais voir cet amant dont mon âme est éprise.
(Psyché lève le rideau qui ferme l'alcove, et l'on voit l'Amour endormi sous la figure d'un enfant.)

  Approchons. Dieux ! que vois-je ici ?
C'est l'Amour ! quelle douce et charmante surprise !
C'est l'Amour qui pour moi s'est blessé de ses traits.
Maître de l'univers, il vit sous mon empire.

Ce que l'Amour à tous les cœurs inspire,
Il l'a senti pour mes faibles attraits.
Si le plaisir d'aimer est un plaisir extrême,
Quels charmes n'a-t-il pas quand c'est l'Amour qu'on aime!
Quoi! c'est l'Amour que j'aime? Quel bonheur!
Ah! pour le reconnaître,
Sans le voir dans l'éclat où je le vois paraître,
Ne suffirait-il pas de cette prompte ardeur
Qu'il a si vivement fait naître dans mon cœur?
Si le plaisir d'aimer est un plaisir extrême,
Quels charmes n'a-t-il pas quand c'est l'Amour qu'on aime!
Jamais amant ne fut si beau,
Si digne de toucher un cœur fidèle et tendre.
Et le moyen de se défendre
De l'adorer jusqu'au tombeau?
Si le plaisir d'aimer est un plaisir extrême,
Quels charmes n'a-t-il pas quand c'est l'Amour qu'on aime!
Mais quel brillant éclat se répand en ce lieu?

L'AMOUR.

Tu m'as vu, c'en est fait; tu vas me perdre; adieu.

(Lorsque la lampe étincelle, l'Amour s'éveille et se dérobe en s'envolant aux yeux de Psyché. La décoration change dans le même instant, et ne laisse plus voir qu'un affreux désert.)

SCÈNE IV.

PSYCHÉ.

Arrêtez, cher amant, où fuyez-vous si vîte?
Arrêtez, Amour, arrêtez.
Pouvez-vous me laisser triste, seule, interdite?
Je meurs puisque vous me quittez.
J'ai voulu vous voir, c'est mon crime :
Ma tendresse a causé mon trop d'empressement.

Et ne devrait-il pas paraître légitime,
Du moins aux yeux de mon amant?
Ciel! le funeste excès de mon inquiétude
Occupait à tel point mon esprit affligé,
Que je ne voyais point ce beau palais changé
En une affreuse solitude.

SCÈNE V.

VÉNUS, PSYCHÉ.

PSYCHÉ.

Ah! Nymphe, venez-vous soulager mes ennuis?

VÉNUS.

Crains tout, ouvre les yeux, et connais qui je suis.
C'est Vénus que tu vois.

PSYCHÉ.

Dieux! se pourrait-il faire
Que Vénus, pour me perdre, eût pu se déguiser?

VÉNUS.

Dans l'ardeur de punir ton orgueil téméraire,
Exprès j'ai voulu t'abuser.
Après que, pour flatter ta beauté criminelle,
Mes honneurs m'ont été ravis,
Je souffrirai qu'une simple mortelle
Porte ses vœux jusqu'à mon fils?

PSYCHÉ.

Déesse, suivez moins une aveugle colère;
Voyez pour qui j'ai consenti d'aimer.
L'Amour peut-il chercher à plaire,
Qu'il ne soit sûr aussitôt de charmer?

VÉNUS.

Non, je te punirai de lui paraître aimable,

TRAGÉDIE.

Tes charmes l'ont réduit à t'aimer malgré moi ;
 Et je te tiens seule coupable
 Des soupirs qu'il pousse pour toi.

PSYCHÉ.

Vous ne m'écoutez point, et cependant, Déesse,
Tout ce que je vous dis vous l'avez trop senti.
 Quoi ! vous condamnez ma tendresse !
 Et votre cœur s'en est-il garanti !
 Il a payé ce tribut nécessaire.
Le mien est-il si fort qu'il s'en doive exempter ?
Si l'Amour sous ses lois a pu ranger sa mère,
 Est-ce à Psyché de résister ?

VÉNUS.

En vain de ton orgueil tu prétends fuir la peine,
 Le sort te soumet à ma haine :
 Écoute, et ne réplique pas.
Pour fléchir la rigueur où mon courroux s'obstine,
Vers les rives du Styx il faut tourner tes pas,
 Et m'apporter la boîte où Proserpine
Enferme ce qui peut augmenter ses appas ;
C'est l'emploi qu'à tes soins ma vengeance destine.

SCÈNE VI.

PSYCHÉ.

Vous m'abandonnez donc, cruel et cher amant ?
 Venez, venez me traiter de coupable.
Malgré tous les malheurs dont le destin m'accable.
 Votre absence est mon seul tourment.
 Douces, mais trompeuses délices,
Deviez-vous commencer et finir en un jour ?
A peine ai-je goûté les douceurs de l'amour,
 Que j'en ressens les plus affreux supplices.

Pourquoi chercher le chemin des enfers?
C'est la mort, c'est la mort qui me le doit apprendre.
Les flots qu'aux malheureux ce fleuve tient ouverts,
M'offrent celui que je dois prendre.

(Psyché étant prête à se précipiter dans les flots, le Fleuve paraît assis sur son urne, environné de roseaux.)

SCÈNE VII.

LE FLEUVE, PSYCHÉ.

LE FLEUVE.

Arrête, c'est trop tôt renoncer à l'espoir;
Il faut vivre, l'Amour l'ordonne.

PSYCHÉ.

Dites plutôt que l'Amour m'abandonne,
Quand Vénus contre moi fait agir son pouvoir:
A descendre aux enfers sa haine m'a réduite.

LE FLEUVE.

Ne crains rien, je t'en veux apprendre le chemin;
Viens ici prendre place, et tu seras instruite
Des ordres du destin.

ACTE IV.

Le théâtre représente une salle du palais de Proserpine.

SCÈNE PREMIÈRE.

PSYCHÉ.

Par quels noirs et fâcheux passages
M'a-t-on fait descendre aux enfers?

TRAGÉDIE.

Ce ne sont qu'abîmes ouverts,
A saisir de frayeur les plus fermes courages.

Ces lieux qui de la mort sont le triste séjour,
Ne reçoivent jamais le jour;
L'horreur en est extrême.
Mais tout affreux que je les voi,
Qu'ils auraient de charmes pour moi,
Si j'y rencontrais ce que j'aime!

N'y pensons plus, mon bonheur est changé;
J'ai voulu voir l'Amour, et l'Amour s'est vengé.
Vous, que ces demeures affreuses
Couvrent d'une éternelle nuit,
Apprenez, Ombres malheureuses,
Le déplorable état où le ciel me réduit.
Du plus heureux destin la gloire m'est certaine;
Et quand j'en puis jouir, sans craindre les jaloux,
Un désir curieux, dont la force m'entraîne,
Me fait perdre l'objet de mes vœux les plus doux :
Parmi tous vos tourmens, Ombres, connaissez-vous
Un supplice égal à ma peine?

SCÈNE II.

LES TROIS-FURIES, PSYCHE.

LES FURIES.

Où penses-tu porter tes pas,
Téméraire mortelle?
Quel destin parmi nous t'appelle?
Viens-tu nous braver ici-bas?

PSYCHÉ.

Si j'ai passé le Styx avant l'heure fatale,
Pour venir aux enfers demander du secours,

Quand je vous aurai dit ma peine sans égale,
Vous plaindrez avec moi le malheur de mes jours.
LES FURIES.
Non, n'attends rien de favorable;
Jamais dans les enfers on ne fut pitoyable.
PSYCHÉ.
Ah! laissez-vous toucher à mes tristes douleurs.
Je ne viens point dans vos demeures sombres
Troubler le silence des Ombres,
Je viens parler de mes malheurs.
LES FURIES.
Non, n'attends rien de favorable;
Jamais dans les enfers on ne fut pitoyable.
PSYCHÉ.
Un ordre souverain, qu'il faut exécuter,
M'oblige à chercher votre reine.
En me la faisant voir, vous finirez ma peine;
Elle voudra bien m'écouter.
LES FURIES.
Non, n'attends rien de favorable;
Jamais dans les enfers on ne fut pitoyable.
PSYCHÉ.
Deux mots, et de ces lieux je suis prête à sortir.
Conduisez-moi vers Proserpine.
UNE FURIE.
Puisqu'à la voir elle s'obstine,
Promptement qu'on l'aille avertir.
LES FURIES.
Cependant montrons-lui ce que ces lieux terribles
Ont d'objets plus horribles.

(Les Démons forment une danse, et montrent à Psyché ce qu'il y a
de plus effroyable dans les enfers.)

SCÈNE III.

LES TROIS FURIES, DEUX NYMPHES DE L'ACHÉRON, PSYCHÉ.

LES FURIES.

Venez, Nymphes de l'Achéron ;
Aidez-nous à punir l'audace criminelle
    D'une fière mortelle
Qui vient troubler l'empire de Pluton.

LES DEUX NYMPHES.

  En vain ce soin vous embarrasse ;
Nous avons l'ordre, allez, et nous quittez la place.

(Les trois Furies sortent.)

PSYCHÉ.

Que m'est-il permis d'espérer ?
Me fera-t-on enfin conduire à votre reine !

1re NYMPHE.

Psyché, cessez de soupirer,
Si Vénus vous poursuit, on fléchira sa haine.

PSYCHÉ.

Quoi ! l'on sait dans ce noir séjour
A quels maux Vénus me destine ?

IIe NYMPHE.

Mercure envoyé par l'Amour,
  Vient d'en instruire Proserpine ;
Elle sait quel présent Vénus attend de vous,
Et pour vous l'apporter elle se sert de nous.

PSYCHÉ, après avoir pris la boite des mains de la Nymphe.

Ah ! que mes peines sont charmantes,
Puisque l'Amour cherche à les soulager !
  Dès qu'il veut rendre un mal léger,

Il n'a plus de chaînes pesantes.
Ah! que mes peines sont charmantes,
Puisque l'Amour cherche à les soulager !

LES DEUX NYMPHES.

Il doit être bien doux d'aimer comme vous faites.

PSYCHÉ.

Et n'aime-t-on pas où vous êtes ?

LES DEUX NYMPHES.

L'Amour anime l'Univers,
Tout cède aux ardeurs qu'il inspire ;
Et jusques dans les enfers
On reconnaît son empire.

PSYCHÉ.

Hé! qui s'en voudrait garantir !
Mais de ces lieux par où sortir?
Tout ce que je vois m'intimide.

(Elle montre les démons qui sont dans les ailes du théâtre.)

LES DEUX NYMPHES.

Perdez l'effroi dont vos sens sont glacés,
Nous allons vous servir de guide ;
Vous, noirs esprits, disparaissez.

Quatre démons traversent le théâtre en volant, et vont se perdre
au travers de la voûte de la salle de Proserpine.)

ACTE V.

Le théâtre représente les jardins de Vénus.

SCÈNE PREMIÈRE.

PSYCHÉ.

Si je fais vanité de ma tendresse extrême,
En puis-je trop avoir, quand c'est de l'Amour même

Que mon cœur s'est laissé charmer?
Je sens que rien ne peut ébranler ma constance.
　　Ah! pourquoi m'obliger d'aimer,
　　　S'il faut aimer sans espérance?
Sans espérance! non, c'est offenser l'Amour;
Ce dieu qui plaint les maux dont je suis poursuivie,
Jusques dans les enfers a pris soin de ma vie,
　　Et c'est par lui que je reviens au jour.
　　Ce sont ici les jardins de sa mère;
Peut-être en ce moment il lui parle de moi.
Je puis l'y rencontrer. Pour mériter sa foi,
　　Cherchons jusqu'au bout à lui plaire.
　　　Si mes ennuis ont pu ternir
Ces attraits dont l'éclat m'a su rendre coupable,
　　　Cette boîte me va fournir
　　　De quoi paraître encore aimable.
　　　Ouvrons. Quelles promptes vapeurs
　　　Me font des sens perdre l'usage?
　　　Si la mort finit mes malheurs,
O toi, qui de mes vœux reçois le tendre hommage,
Songe qu'en expirant, c'est pour toi que je meurs.

Psyché tombe sans force sur un gazon, ou elle demeure couchée.)

SCÈNE II.

VÉNUS, PSYCHÉ.

VÉNUS.

　　Enfin, insolente rivale,
　　Tu reçois ce qu'a mérité
　　L'orgueilleuse témérité
　　De te croire à Vénus égale!
Par l'état déplorable où j'ai réduit ton sort,
Vois ce que mon courroux te laisse encore craindre.

Si les malheurs sitôt finissaient par la mort,
T'on sort ne serait pas à plaindre.

PSYCHÉ, couchée sur le gazon.

Pourquoi me rappeler au jour,
S'il ne m'est pas permis de vivre pour l'Amour?

VÉNUS.

Quoi, ton orgueil encore jusqu'à mon fils aspire?
Mon fils est l'objet de tes vœux?
Et l'obstacle fatal que j'ai mis à tes feux,
Ne t'a point affranchie encor de son empire?
Cet amour de ton cœur ne peut être arraché?

PSYCHÉ sur le gazon.

Viens, cher amant, viens revoir ta Psyché.

VÉNUS.

Les maux dont tes soupirs marquent la violence,
A la pitié pour toi devraient m'intéresser;
Mais le plaisir de la vengeance
Est trop doux pour y renoncer.

(Mercure descend.)

SCÈNE III.

MERCURE, VÉNUS.

MERCURE.

Vous croyez trop la jalouse colère
Qui vous anime contre un fils.

VÉNUS.

Quoi! Mercure, on n'aura pour moi que du mépris?
Je pourrai me venger, et n'oserai le faire?

MERCURE.

L'Amour est venu dans les cieux;
Jupiter a reçu sa plainte,

TRAGÉDIE.

    Et n'envisage qu'avec crainte
Le désordre éternel qui menace les dieux.
Par l'ordre du Destin, Psyché vous est soumise;
Quand vous la poursuivez, son sort dépend de vous :
    Mais voyez, dans cette entreprise,
Quels malheurs ont déjà suivi votre courroux.
L'Amour, dont les ennuis n'ont pu toucher votre âme,
Empoisonne les traits dont il perce les cœurs.
Il les ouvre à la haine, aux dédains, aux rigueurs;
    Tout languit et rien ne s'enflamme.
    La discorde est parmi les dieux;
    La paix s'éloigne de la terre;
    On se hait, on se fait la guerre.
Ces maux que vous causez vous sont-ils glorieux?

VÉNUS.

    Ah! qu'on me laisse ma colère.
    Elle venge un trop juste ennui.
L'Amour à l'univers est-il si nécessaire,
    Qu'on ne puisse être heureux sans lui?

MERCURE.

S'il est quelque bonheur, c'est l'Amour qui l'assure;
    Tout flatte en aimant, tout nous rit;
    Otez l'Amour de la nature,
    Toute la nature périt.

VÉNUS.

On veut donc m'obliger à consentir qu'il aime?

MERCURE.

Jupiter qui paraît vous le dira lui-même.

    (Jupiter descend sur son trône au milieu de son palais.)

SCÈNE IV.

JUPITER, VÉNUS, L'AMOUR, MERCURE, PSYCHÉ.

JUPITER.

Vénus veut-elle résister?
N'a-t-elle point assez écouté sa colère?
Et l'Amour qui languit ne peut-il se flatter
 Que ses maux toucheront sa mère?

VÉNUS.

Quoi! je souffrirai qu'à mon fils
Une simple mortelle aspire?

JUPITER.

Si tu ne m'en veux point dédire,
Il n'est rien pour Psyché qui ne me soit permis.
Seule aux yeux de l'Amour elle est aimable et belle;
Pour l'égaler à lui, je la fais immortelle.

VÉNUS.

Puisque d'une immortelle il doit être l'époux,
Jupiter a parlé, je n'ai plus de courroux.

JUPITER.

Viens, Amour, tes soupirs emportent la victoire.

VÉNUS.

Psyché, revois le jour,
On te permet enfin de vivre pour l'Amour.

PSYCHÉ se levant.

Vous y consentez? quelle gloire!

JUPITER à Psyché.

Viens prendre place auprès de ton amant.

PSYCHÉ à l'Amour.

On me rend donc à vous? ô destin plein de charmes!

TRAGÉDIE.

L'AMOUR.

O favorable changement!

JUPITER.

Aimez sans trouble et sans alarmes.
Vous, Dieux, accourez tous, et dans cet heureux jour,
Célébrez à l'envi la gloire de l'Amour.

(L'Amour descend et va s'asseoir aux pieds de Jupiter. Vénus et Psyché, étant enlevées par un nuage, vont se placer aux deux côtés de l'Amour. Apollon, Bacchus, Momus et Mars descendent dans leurs machines auprès de leurs quadrilles. Le jardin disparaît, et tout le théâtre représente le ciel.)

(Apollon conduit les Muses et les Arts; Bacchus est accompagné de Silene, de Satyres et de Ménades; Momus mène après lui une troupe enjouée de polichinels et de matassins; et Mars paraît à la tête d'une troupe de guerriers, suivis de timbales, de tambours et de trompettes.)

APOLLON.

Unissons-nous, troupe immortelle;
Le dieu d'Amour devient heureux amant,
Et Vénus a repris sa douceur naturelle
En faveur d'un fils si charmant.
Il va goûter en paix, après un long tourment,
Une félicité qui va être éternelle.

CHŒURS DES DIVINITÉS CÉLESTES.

Célébrons ce grand jour,
Célébrons tous une fête si belle;
Que nos chants en tous lieux en portent la nouvelle,
Qu'ils fassent retentir le céleste séjour.
Chantons, répétons tour à tour,
Qu'il n'est point d'âme si cruelle,
Qui tôt ou tard ne se rende à l'Amour.

BACCHUS.

Si quelquefois,
Suivant nos douces lois,

La raison se perd et s'oublie,
Ce que le vin nous cause de folie
Commence et finit en un jour :
Mais quand un cœur est enivré d'amour,
Souvent c'est pour toute la vie.

MOMUS.

Je cherche à médire.
Sur la terre et dans les cieux ;
Je soumets à ma satire
Les plus grands des dieux.
Il n'est dans l'univers que l'Amour qui m'étonne,
Il est le seul que j'épargne aujourd'hui ;
Il n'appartient qu'à lui
De n'épargner personne.

MARS.

Mes plus fiers ennemis vaincus ou pleins d'effroi,
Ont vu toujours ma valeur triomphante.
L'Amour est le seul qui se vante
D'avoir pu triompher de moi.

CHŒUR DES DIEUX, où se mêlent les trompettes et les timbales.

Chantons les plaisirs charmans
Des heureux amans.
Répondez-nous, trompettes,
Timbales et tambours ;
Accordez-vous toujours.
Avec le doux son des musettes.
Accordez-vous toujours
Avec le doux chant des Amours.

(Les Arts travestis en bergers galans, pour paraître avec plus d'agrément à cette fête, commencent les premiers à danser.)

APOLLON.

Le dieu qui nous engage.
A lui faire la cour,
Défend qu'on soit trop sage ;

Les plaisirs ont leur tour :
C'est leur plus doux usage,
Que de finir les soins du jour ;
La nuit est le partage
Des jeux et de l'Amour.
Ce serait grand dommage
Qu'en ce charmant séjour
On eût un cœur sauvage ;
Les plaisirs ont leur tour :
C'est leur plus doux usage
Que de finir les soins du jour ;
La nuit est le partage
Des jeux et de l'Amour.

LES MUSES.

Gardez-vous, beautés sévères,
Les Amours font trop d'affaires ;
Craignez toujours de vous laisser charmer.
Quand il faut que l'on soupire,
Tout le mal n'est pas de s'enflammer ;
Le martyre
De le dire
Coûte plus cent fois que d'aimer.
On ne peut aimer sans peines ;
Il est peu de douces chaînes ;
A tout moment on se sent alarmer.
Qand il faut que l'on soupire
Le mal n'est pas de s'enflammer ;
Le martyre
De le dire
Coûte plus cent fois que d'aimer.

(Les Ménades et les Satyres dansent.)

BACCHUS.

Admirons le jus de la treille,

Qu'il est puissant! qu'il a d'attraits!
Il sert aux douceurs de la paix,
Et dans la guerre il fait merveille;
 Mais surtout pour les Amours,
 Le vin est d'un grand secours.

(Silene, nourricier de Bacchus, paraît monté sur son âne.)

SILÈNE.

Bacchus veut qu'on boive à longs traits.
 On ne se plaint jamais
 Sous son heureux empire;
Tous les jours on n'y fait que rire,
Et la nuit on y dort en paix.
Ce dieu rend nos vœux satisfaits;
 Que sa cour a d'attraits!
 Chantons-y bien sa gloire:
Tout le jour on n'y fait que boire,
Et la nuit on y dort en paix.

Deux Satyres se joignent à Silène, et tous trois chantent un trio à la louange de Bacchus, et des douceurs de son empire.

SILÈNE ET LES DEUX SATYRES.

Voulez-vous des douceurs parfaites?
Ne les cherchez qu'au fond des pots.

Ier SATYRE.

 Les grandeurs sont sujettes
 A cent peines secrètes.

IIe SATYRE.

L'amour fait perdre le repos.

TOUS TROIS.

Voulez-vous des douceurs parfaites?
Ne les cherchez qu'au fond des pots.

Ier SATYRE.

C'est là que sont les ris, les jeux, les chansonnettes.

IIe SATYRE.

C'est dans le vin qu'on trouve les bons mots.

TOUS TROIS.

Voulez-vous des douceurs parfaites?
Ne les cherchez qu'au fond des pots.

(Une troupe de polichinels et de matassins joignent leurs plaisanteries et leurs badinages aux divertissemens de cette grande fête.)

MOMUS.

Folâtrons, divertissons-nous ;
Raillons-nous, nous ne saurions mieux faire :
La raillerie est nécessaire
    Dans les jeux les plus doux.
Sans la douceur que l'on goûte à médire,
On trouve peu de plaisirs sans ennui ;
    Rien n'est si plaisant que de rire,
    Quand on rit aux dépends d'autrui.
Plaisantons, ne pardonnons rien,
Rions, rien n'est plus à la mode ;
On court péril d'être incommode,
    En disant trop de bien.
Sans la douceur que l'on goûte à médire,
On trouve peu de plaisirs sans ennui ;
    Rien n'est si plaisant que de rire,
    Quand on rit aux dépens d'autrui.

MARS.

Laissons en paix toute la terre,
Cherchons de doux amusemens ;
Parmi les jeux les plus charmans,
Mêlons l'image de la guerre.

(Quatre hommes portant des enseignes, s'en servent à faire paraître leur adresse en dansant.)

(Les quatre troupes différentes de la suite d'Apollon, Bacchus,

Momus et Mars forment la dernière entrée. Un chœur de toutes les voix et de tous les instrumens se joint à la danse générale et termine les fêtes des noces de l'Amour et de Psyché.)

LE CHŒUR.

Chantons les plaisirs charmans
 Des heureux amans :
 Répondez-nous, trompettes,
 Timbales et tambours ;
 Accordez-vous toujours
Avec le doux son des musettes :
 Accordez-vous toujours
Avec le doux chant des Amours.

BELLÉROPHON,

TRAGÉDIE,

REPRÉSENTÉE POUR LA PREMIÈRE FOIS PAR L'ACADÉMIE ROYALE
DE MUSIQUE, EN 1679.

(Musique de LULLI.)

PRÉFACE.

Le roi ayant donné la paix à l'Europe, l'Académie royale de musique a cru devoir marquer la part qu'elle prenait à la joie publique, par un spectacle où elle pût faire entrer les témoignages de son zèle pour la gloire de cet auguste monarque. Elle s'y est crue d'autant plus obligée, que la protection qu'il donne aux beaux-arts les a toujours fait jouir, pendant le cours même de la guerre, de l'heureuse tranquillité qui leur est si nécessaire. C'est ce qui a donné occasion à cette tragédie en musique. Le théâtre représente d'abord le Parnasse français; Apollon y vient avec les Muses célébrer le retour d'une paix si glorieuse à la France; Pan et Bacchus y arrivent en même temps, et signalent leur joie par des danses et par des chants d'allégresse; mais Appollon, pour mieux divertir le plus grand prince de la terre, imagine sur-le-champ un spectacle où lui-même, avec ses Muses, veut représenter l'histoire de Bellérophon. Chacun sait que ce héros combattit autrefois la Chimère monté sur Pégasse, et que ce fut d'un coup de pied de ce cheval que naquit ensuite la fameuse fontaine qui inspire les vers, et qui a fait naître la poésie. On ne sait pas trop bien qui était le père de Bellérophon : les uns tiennent que c'était Glaucus, et les autres le font fils de Neptune; et c'est sur cette diversité d'opinions qu'on a formé l'intrigue de cette pièce, et l'oracle qui en fait le nœud. Amisodar est un personnage épisodique, fondé sur cette fable, qu'il y a eu une femme nommée Chimère, qui épousa un roi de Lycie, appelé Amisodar.

PERSONNAGES.

APOLLON.
BACCHUS.
PAN.
LES MUSES.
UN BERGER.

PROLOGUE.

Le théâtre représente une agréable vallée, entre deux coteaux délicieux, au fond desquels paraît le mont Parnasse à double sommet, et, entre les deux, la source de la fontaine d'Hélicon. Apollon est assis au haut de cette montagne, accompagné des neuf Muses, qui sont aussi assises des deux côtés.

APOLLON.

Muses, préparons nos concerts ;
Le plus grand roi de l'univers
Vient d'assurer le repos de la terre :
Sur cet heureux vallon il répand ses bienfaits.
Après avoir chanté les fureurs de la guerre,
Chantons les douceurs de la paix.

CHŒUR DES MUSES.

Après avoir chanté les fureurs de la guerre,
Chantons les douceurs de la paix.

APOLLON.

Par cet auguste roi la discorde est bannie.
Pour tous les dieux sa gloire a tant d'appas,
Que Pan lui-même, oubliant nos débats,
Vient ici de nos chants augmenter l'harmonie.
Bacchus, ainsi que lui, vient se joindre avec nous,
Pour rendre nos accords plus charmans et plus doux.

(Bacchus entre ici d'un côté, accompagné d'Égipans et de Ménades ; et Pan entre de l'autre, suivi de Bergers et de Bergères.)

BACCHUS.

Du fameux bord de l'Inde, où toujours la victoire
Rangea les peuples sous ma loi,
Je viens prendre part à la gloire
D'un vainqueur aussi grand que moi.

PROLOGUE.

PAN.

J'ai quitté les forêts où je tiens mon empire,
Pour venir comme vous admirer ce héros.
Nos plaines et nos bois lui doivent leur repos,
C'est par lui seul que tout respire.

TOUS.

Chantons le plus grand des mortels,
Chantons un roi digne de nos autels.

CHŒUR D'APOLLON ET DES MUSES.

Par lui tous nos champs refleurissent.

CHŒUR DE BACCHUS ET DE PAN.

Les tranquilles plaisirs par lui sont de retour.

CHŒUR D'APOLLON ET DES MUSES.

De son nom seul les échos retentissent.

CHŒUR DE BACCHUS ET DE PAN.

Si l'on soupire encor, ce n'est plus que d'amour.

CHŒUR D'APOLLON ET DES MUSES.

Tous rit dans nos douces retraites.

CHŒUR DE BACCHUS ET DE PAN.

Rien ne vient plus troubler le son de nos musettes.

TOUS.

Chantons le plus grand des mortels,
Chantons un roi digne de nos autels.

(Les Bergers et les Bergères commencent ici une entrée, après laquelle un Berger chante les deux couplets suivans, qui sont entremêlés de danses.)

UN BERGER.

Pourquoi n'avoir pas le cœur tendre ?
Rien n'est si doux que d'aimer.
Peut-on aisément s'en défendre ?
Non, non, non, non, l'Amour doit tout charmer.
Que sert la fierté dans les belles ?
Tout aime enfin à son tour.

PROLOGUE.

Voit-on des rigueurs éternelles?

Non, non, non, non, rien n'échappe à l'Amour.

(Après cette chanson, les Égipans et les Ménades font une entrée, laquelle étant finie, les Bergers et les Bergères se mêlent avec eux; et ils dansent tous ensemble. Cette dernière danse est suivie de ce dialogue de Bacchus et de Pan.)

PAN.

Tout est paisible sur la terre.
Voici l'heureux temps des Amours.

BACCHUS.

Ils n'ont plus à craindre la guerre,
Qui des amans troublait les plus beaux jours.

PAN.

Aimez, Bergers; aimez, Bergères,
Suivez vos plus tendres désirs.

BACCHUS.

Si l'Amour a des maux, il a mille plaisirs
Qui rendent ses peines légères.

BACCHUS ET PAN.

Si l'Amour a des maux, il a mille plaisirs
Qui rendent ses peines légères.

APOLLON.

Quittez de si vaines chansons.
Il faut par de plus nobles sons
Honorer en ce jour le héros de la France.
Transformons-nous en ce moment;
Et dans un spectacle charmant,
Célébrons à ses yeux l'heureux événement
Qui jadis au Parnasse a donné la naissance.
Allons, pour ce grand roi redoublez vos efforts,
Préparez vos plus doux accords.

TOUS.

Pour ce grand roi redoublons nos efforts,
Préparons nos plus doux accords.

PERSONNAGES.

PALLAS, déesse.
JOBATE, roi de Lycie.
STÉNOBÉE, veuve de Prétus, roi d'Argos.
PHILONOE, fille de Jobate.
BELLÉROPHON, cru fils de Glaucus.
AMISODAR, prince lycien, amoureux de Sténobée.
ARGIE, confidente de Sténobée.
LE SACRIFICATEUR.
MINISTRES du temple d'Apollon.
LA PYTHIE.
APOLLON sur le Parnasse.
AMAZONES.
UNE NAYADE.
UNE DRIADE,
DEUX DIEUX DES BOIS.

BELLÉROPHON,
TRAGÉDIE.

ACTE PREMIER.

Le théâtre représente une avant-cour du palais du Roi, au fond de laquelle paraît un grand arc de triomphe, et au-delà on découvre la ville de Patare, capitale du royaume de Lycie.

SCÈNE PREMIÈRE.

STÉNOBÉE, ARGIE.

STÉNOBÉE.

Non, les soulèvemens d'une ville rebelle
Ne m'ont point fait quitter Argos;
C'est l'amour seul fatal à mon repos,
C'est le cruel amour qui dans ces lieux m'appelle.
Prétus n'est plus, et désormais sa mort
Me rend maîtresse de mon sort;
Je puis donner un diadême,
Et viens dans cette cour faire un dernier effort
Sur le cœur d'un ingrat que j'aime.

ARGIE.

Quoi! de Bellérophon l'outrageante froideur
Ne peut de cet amour dégager votre cœur?

STÉNOBÉE.

Malgré tous mes malheurs, je serais trop heureuse,
Si les mépris pouvaient guérir l'amour.
Ma fierté dès long-temps, par un juste retour,
M'aurait fait triompher de ma flamme amoureuse;

Mais, hélas! ma tendresse augmente chaque jour.
Malgré tous mes malheurs, je serais trop heureuse,
   Si les mépris pouvaient guérir l'amour.

ARGIE.

Contre Bellérophon votre aveugle colère,
Aux plus sanglans effets devait s'autoriser;
L'amour vous le fait voir toujours digne de plaire,
   C'est assez pour vous apaiser.

STÉNOBÉE.

Hélas! à quel excès je portai ma vengeance!
   Je l'accusai, malgré son innocence,
De vouloir m'inspirer une coupable ardeur.
Ce fut pour lui ravir et l'honneur et la vie,
Que Prétus l'envoya chez le roi de Lycie.
Et quels troubles alors ne sentit point mon cœur!
   En vain, quand l'amour est extrême,
On veut perdre un ingrat qui nous ose outrager;
On prend dans ses malheurs plus de part que lui-même.
Hélas! quand il se faut venger de ce qu'on aime,
   Qu'il en coûte pour se venger!

ARGIE.

Ne redoutez plus rien; ce héros invincible,
Aux plus affreux périls tant de fois exposé,
  A sa valeur a trouvé tout possible.
Quel triomphe pour vous, s'il vous était aisé
   De rendre enfin son cœur sensible!

STÉNOBÉE.

Du moins Bellérophon n'a jamais rien aimé;
   C'est à la gloire qu'il se donne,
   Et son cœur peut être charmé
   Par les offres de ma ma couronne.
Espoir, qui séduisez les amans malheureux,
   Pourquoi suspendre ma vengeance?

Je sais, je sais combien vous êtes dangereux;
Je sais que vous allez entretenir mes feux,
    Et redoubler leur violence.
Cependant vous rentrez dans mon cœur amoureux,
Et je sens qu'avec vous il est d'intelligence.
Espoir, qui séduisez les amans malheureux,
    Pourquoi suspendre ma vengeance?

SCÈNE II.

STÉNOBÉE, PHILONOÉ, ARGIE.

PHILONOÉ.

    Reine, vous savez qu'en ce jour
Je reçois un époux de la main de mon père :
    J'attends le choix qu'il en doit faire
Entre tous les amans qui remplissent sa cour.
    Obtenez qu'il n'en délibère
    Que de concert avec l'amour.

Qu'il est doux de trouver, dans un amant qu'on aime,
    Un époux que l'on doit aimer!
  Lorsque le cœur a choisi de lui-même
  Le seul objet qui pouvait l'enflammer,
Qu'il est doux de trouver, dans un amant qu'on aime,
    Un époux que l'on doit aimer!

STÉNOBÉE.

Quoi! Princesse, à l'amour vous auriez pu vous rendre?

PHILONOÉ.

    En vain j'ai voulu m'en défendre.

STÉNOBÉE.

Et qui donc aimez-vous?

PHILONOÉ.

              Un héros que les dieux
Ont fait des conquérans l'exemple glorieux.

Estimé dans la paix, redouté dans la guerre,
Il est, et la terreur et l'amour de la terre.
Si pour chercher à vaincre il court dans les hasards,
A ses premiers efforts ses ennemis se rendent;
Et s'il aime, il n'est point de cœurs qui se défendent
De ses premiers regards.

STÉNOBÉE.

Ah! c'est Bellérophon.

PHILONOÉ.

C'est lui, je le confesse;
Ne condamnez point ma tendresse.
Quand mille exploits fameux parlent pour un amant
Peut-on résister un moment?
Après avoir vaincu deux nations guerrières,
Bellérophon amène en ces lieux fortunés
Les Amazones prisonnières,
Et les Solymes enchaînés.
Il possède mon cœur, je puis tout sur son âme.
Reine, favorisez une si belle flamme.

SCÈNE III.

STÉNOBÉE, ARGIE.

STÉNOBÉE.

Et je croyais qu'aucune ardeur
N'eût jamais enflammé son cœur?

ARGIE.

Un cœur qui paraît invincible,
Peut être un temps sans se laisser charmer;
Mais on a beau se défendre d'aimer,
Le moment vient d'être sensible.

STÉNOBÉE.

C'en est fait, l'outrage est trop grand.

Si ses cruels refus faisaient tort à ma gloire,
    Au moins il m'était doux de croire
Que mon cœur soupirait pour un indifférent
Mais il aime, et c'est là ce qui me désespère :
    Un autre a fait ce que je n'ai pu faire.

Venez, haine, vengeance, et versez dans mon cœur
    Votre poison le plus funeste ;
  Vous ne sauriez m'inspirer trop d'horreur
    Pour un ingrat que je déteste.
    Suivons, suivons ce désespoir ;
    Il faut, pour venger mon outrage,
    Qu'Amisodar serve ma rage ;
Son art dans les enfers lui donne tout pouvoir.
Il en peut évoquer quelque monstre effroyable
Qui porte le ravage et la flamme en ces lieux.
Il m'aime, et si sur lui je veux jeter les yeux....

ARGIE.

Le roi vient, contraignez l'ennui qui vous accable.

SCÈNE IV.

LE ROI, STÉNOBEE, ARGIE, suite.

LE ROI.

Contre Bellérophon j'ai fait jusqu'à ce jour
    Ce que Prétus pouvait attendre.
    De l'aveugle zèle d'un gendre.
Vous vouliez, comme lui, qu'il pérît dans ma cour.
    D'abord, sans connaître son crime,
J'abandonnai sa tête aux rigueurs du sort.]
    Prétus croyait sa perte légitime,
    C'était assez pour résoudre sa mort ;
Mais enfin il est temps de vous ouvrir mon âme,
Après qu'il s'est rendu l'appui de mes états,

Je dois me conserver son bras.
Ma fille est l'objet de sa flamme ;
Aujourd'hui de ma main elle attend un époux,
C'est lui que je choisis.

STÉNOBÉE.

Ciel ! que me dites-vous ?
Choisir Bellérophon ! et qui l'aurait pu croire ?

LE ROI.

Ses exploits l'ont rendu digne de cette gloire.

STÉNOBÉE.

Songez-vous que Prétus vous demanda sa mort ?

LE ROI.

Les dieux ne m'ont point fait l'arbitre de son sort.

STÉNOBÉE.

Quoi ! vous soutenez un coupable ?

LE ROI.

Quoi ! votre haine est implacable ?

ENSEMBLE.

Ah ! cessez de vous obstiner.

LE ROI.

Malgré votre jalouse envie,

STÉNOBÉE.

Malgré vos soins pour lui sauver la vie,

ENSEMBLE.

Il mérite { le prix / la mort } que je lui veux donner.

(On entend des timbales et des trompettes.)

STÉNOBÉE.

A ce bruit éclatant je connais qu'il s'avance.
Je ne vous dis plus rien ; mais vous devez songer
Que si vous négligez le soin de ma vengeance,
Je suis reine et puis me venger.

(Après que Sténobée est sortie, on voit entrer une troupe d'Amazones et de Solymes, enchaînés, dont ceux qui les conduisent portent les armes. La marche que cette troupe fait sur le théâtre est une espèce de triomphe pour Bellérophon, qui entre après que les Amazones et les Solymes ont passé devant le roi, et pris leur place.)

SCÈNE V.

LE ROI, BELLÉROPHON, troupe d'AMAZONES ET DE SOLYMES.

(Six hommes en amazones chantant, six femmes en amazones chantant, pages de la suite des Amazones, quatorze Solymes chantant, un Solyme dansant seul, quatre Amazones dansant, quatre Solymes dansant, quatre hommes armés dansant.)

LE ROI.

Venez, venez goûter les doux fruits de la gloire,
Qui, dans tout l'univers, vous fait tant de jaloux.

BELLÉROPHON.

Seigneur, quand on combat pour vous,
N'est-on pas sûr de la victoire?

LE ROI.

Après avoir rangé deux peuples sous mes lois,
 Prince, votre rare vaillance
 Demeurerait sans récompense,
Si ma fille n'était le prix de vos exploits.
 Vous l'aimez, elle vous aime ;
 Soyez heureux, j'y consens.

BELLÉROPHON.

Ah! Seigneur, puis-je encor me connaître moi-même?

LE ROI.

La valeur obtient tout des cœurs reconnaissans.
 Un héros que la gloire élève,
 N'est qu'à demi récompensé ;
 Et c'est peu si l'amour n'achève
 Ce que la gloire a commencé.

BELLÉROPHON.

Surpris de tant d'honneurs, je ne puis que me taire.
Quel service assez grand pouvait les mériter ?
  J'eusse été trop téméraire
  Si j'eusse osé m'en flatter,
 Moi qu'un frère a chassé d'Epire,
Où mon père Glaucus avait donné la loi.

LE ROI.

Être l'appui de mon empire,
C'est mériter assez d'y régner après moi.
Qu'aucun ne garde ici des sujets de tristesse :
  A vos captifs je rends la liberté.

BELLÉROPHON aux Amazones et aux Solymes.

  Faites tous voir votre allégresse,
  En sortant de captivité.

(Le roi et Bellérophon étant sortis, ceux qui ont conduit les Amazones et les Solymes leur ôtent les fers, et rendent l'épée aux unes, et la lance aux autres.)

AMAZONES.

Quand un vainqueur est tout brillant de gloire,
  Qu'il est doux de porter ses fers !

SOLYMES.

Celui qui nous soumit commande à la victoire,
  Il soumettra tout l'univers.

TOUS.

Disons cent fois ce qu'on ne peut trop dire :
Heureux qui vit sous son empire !

(Les Amazones et les Solymes commencent ici leurs danses et chantent ensuite les paroles suivantes, dont chaque couplet se chante après une entrée)

AMAZONES ET SOLYMES.

  Faisons cesser nos alarmes,
  Goûtons les biens que rend la liberté :

TRAGÉDIE.

  Celui dont chacun craint les armes,
A fait finir notre captivité.
   Un sort si plein de charmes
Met notre gloire enfin en sûreté.

  Rompons le cours de nos larmes,
Nos déplaisirs ont assez éclaté :
  Celui dont chacun craint les armes,
A fait finir notre captivité.
   Un sort si plein de charmes
Met notre gloire enfin en sûreté.

ACTE II.

Le théâtre représente un jardin délicieux, au milieu duquel paraît un berceau en forme de dôme, soutenu à l'entour de plusieurs termes. Au travers du berceau on découvre trois allées, dont celle du milieu est terminée par un superbe palais en éloignement; les deux autres finissent à perte de vue.

SCÈNE PREMIÈRE.

PHILONOÉ, DEUX AMAZONES.

PHILONOÉ.

Amour, mes vœux sont satifaitss ;
Il m'est doux de porter tes chaînes,
Et j'oublie aujourd'hui les peines.
Qui de mon cœur avaient troublé la paix.
  Cruelles inquiétudes,
   Soupirs languissans,
Si j'ai souffert vos tourmens les plus rudes,
Je n'ai pas trop payé les douceurs que je sens.

Ire AMAZONE.

Les douceurs que l'Amour fait trouver dans ses chaînes,
Aux plus heureux amans ont coûté des soupirs.

IIe AMAZONE.

Les plaisirs qui n'ont point commencé par les peines,
Ne sont jamais de vrais plaisirs.

PHILONOÉ.

Chantez, chantez la valeur éclatante
Du plus grand des héros :
Si la Lycie est triomphante,
C'est à lui qu'elle doit sa gloire et son repos.

Ire AMAZONE.

Que de lauriers sur une seule tête !
Avec lui la victoire a peine à respirer.

IIe AMAZONE.

De l'univers entier il eût fait la conquête,
Si son grand cœur n'eût su se modérer.

ENSEMBLE.

Chantons, chantons la valeur éclatante
Du plus grand des héros :
Si la Lycie est triomphante,
C'est à lui qu'elle doit sa gloire et son repos.

SCÈNE II.

BELLÉROPHON, PHILONOÉ, AMAZONES.

BELLÉROPHON.

Princesse, tout conspire à couronner ma flamme,
Tout s'apprête pour mon bonheur.
Sentez-vous les plaisirs qui règnent dans mon âme ?
Et les mêmes transports charment-ils votre cœur ?

PHILONOÉ.

L'Amour qui nous unit par de si douces chaînes,

TRAGÉDIE.

A dès long-temps uni tous nos désirs.
A vos soupirs cent fois j'ai mêlé mes soupirs ;
    Et si j'ai partagé vos peines,
    Je dois partager vos plaisirs.

BELLÉROPHON.

Qu'un si doux aveu doit me plaire !
Qu'il rend mon destin glorieux !

PHILONOÉ.

Quand ma bouche pourrait se taire,
L'Amour ferait parler mes yeux.

ENSEMBLE.

Que tout parle à l'envi de notre amour extrême :
    A ses transports abandonnons nos cœurs,
Et pour goûter toujours de nouvelles douceurs,
    Disons-nous cent fois, *je vous aime*.

PHILONOÉ voyant Sténobée.

Prince, adieu ; mon devoir m'appelle auprès du roi.
Je vous laisse le soin d'entretenir la reine.

BELLEROPHON.

Quel cruel supplice pour moi !

SCÈNE III.

STÉNOBEE, BELLÉROPHON, ARGIE.

STÉNOBÉE.

Ma présence ici te fait peine,

BELLÉROPHON.

Il est vrai, je frémis, lorsque je vous revoi :
Quel destin ennemi vous amène en Lycie ?
Y venez-vous chercher à troubler mon repos ?
    Vous m'avez fait bannir d'Argos,
Ne verrai-je jamais votre haine adoucie ?

STÉNOBÉE.

S'il te souvient des maux que je t'ai faits,
Qu'il te souvienne aussi de ma tendresse extrême :
Ne me reproche point, ingrat, que je te hais,
    Ou reproche-moi que je t'aime.
J'ai tâché de te perdre, et j'ai cru le vouloir;
J'ai suivi les transports d'une aveugle vengeance :
Mais plus à mon amour j'ai fait de violence,
    Plus sur mon cœur il a pris de pouvoir;
Et je ne t'ai jamais haï qu'en apparence.

BELLÉROPHON.

Vous m'avez, sans relâche, accablé de malheurs ;
Je n'ai point reconnu l'amour dans vos fureurs.
Si l'amour quelquefois s'abandonne à la rage,
Il est toujours amour, même quand il outrage.
Mais vous, toujours constante à me persécuter,
Vous n'avez épargné ma gloire ni ma vie ;
    Et je ne dois rien écouter
    De ma plus mortelle ennemie.

SCÈNE IV.

STÉNOBÉE, ARGIE.

STÉNOBÉE.

Tu me quittes, cruel! arrête, il fuit, hélas !
Mon amour voit sa honte, et n'en profite pas.
Vous ne sauriez guérir le mal qui me tourmente,
    Faible retour d'un impuissant dépit :
Des mépris d'un ingrat ma flamme se nourrit ;
Elle devrait s'éteindre, et devient plus ardente.
    L'amour trop heureux s'affaiblit ;
    Mais l'amour malheureux augmente.

ARGIE.

Quoi! vous pourrez toujours souffrir
Qu'on vous brave, qu'on vous dédaigne?

STÉNOBÉE.

Non, il faut dans son sang que mon amour s'éteigne :
Perdons tout, faisons tout périr.

SCÈNE V.
STÉNOBÉE, AMISODAR, ARGIE.

STENOBÉE.

Vous me jurez sans cesse une amour éternelle.
Croirai-je, Amisodar, croirai-je vos sermens?
Me serez-vous assez fidèle
Pour ne refuser rien à mes ressentimens?

AMISODAR.

Lorque l'amour vous asservit mon âme,
Votre insensible cœur devrait se contenter
De ne pas répondre à ma flamme.
Pourquoi me faire encore l'outrage d'en douter?
Vos froideurs, votre indifférence,
Me touchent moins que cette offense :
Je meurs pour vos divins appas,
Et viens vous demander, pour toute récompense,
Que vous n'en doutiez pas.

STÉNOBÉE.

Bellérophon m'a fait une mortelle injure,
Le roi la connaît et l'endure ;
Il le choisit pour gendre au lieu de le punir.
Troublons l'hymen qui se prépare,
Par une vengeance barbare,
Dont le seul souvenir
Fasse trembler tout l'avenir.

AMISODAR.

Je puis de la nuit infernale
Faire sortir un monstre furieux ;
Mais vous-même tremblez d'exercer en ces lieux
Une vengeance si fatale.
Préparez-vous à voir nos peuples alarmés,
Et nos villes tremblantes.
Le monstre couvrira de torrens enflammés
Nos campagnes fumantes,
Et nos champs ne seront fumés
Que des restes affreux des victimes sanglantes.

STÉNOBÉE.

Que ce spectacle sera doux
A la fureur qui me transporte !
Hâtez-vous, hâtez-vous
De servir mon courroux ;
Faites ouvrir la terre, et que le monstre en sorte.
Hâtez-vous, hâtez-vous
De servir mon courroux.

AMISODAR.

Jusqu'au fond des enfers je vais me faire entendre.
Fuyez, Reine, fuyez ;
Vos yeux seront trop effrayés
De l'horreur qu'en ces lieux mes charmes vont répandre.

SCÈNE VI.
AMISODAR.

Que ce jardin se change en un désert affreux.

(Le jardin disparaît, et l'on voit, en sa place, une espèce de prison horrible, taillée dans les rochers, et percée à perte de vue, avec plusieurs chaînes, cordages et grilles de fer qui la remplissent de toutes parts.)

Noirs habitans du séjour ténébreux,
P'our m'écouter, dans vos demeures sombres,
Redoublez, s'il se peut, le silence des Ombres.
Et vous, à me servir employés tant de fois,
Ministres de mon art, accourez à ma voix.

(Quatre magiciens et quatre magiciennes paraissent, et témoignent, en dansant, l'ardeur avec laquelle ils se préparent a servir Amisodar. Apres cette entrée, d'autres magiciens, au nombre de quatorze, viennent faire avec lui la scene suivante.)

SCÈNE VII.

AMISODAR, MAGICIENS.

(Quatorze magiciens chantant, un sorcier dansant seul, quatre autres sorciers dansant, quatre sorcieres dansant.)

MAGICIENS.

Parle, nous voilà prêts; tout nous sera possible.

AMISODAR.

Faites sortir un monstre horrible.
Pour l'évoquer, employez l'Achéron,
Le Cocyte, le Phlégéton;
Faites que votre voix dans tout l'enfer résonne :
C'est moi qui vous l'ordonne.

(Les magiciens se jettent ici contre terre, pour l'évocation.)

MAGICIENS.

Par ce pressant commandement,
Promptement, promptement,
Que le Ténare s'ouvre,
Que l'Enfer se découvre ;
Cocyte, Phlégéton, il nous faut du secours;
Pour nous entendre, arrêtez votre cours.

AMISODAR.

Poursuivez. Que pour moi votre pouvoir éclate.

Par Cerbère et la triple Hécate,
Parlez, pressez, appelez à grand bruit,
Et la Mort et la Nuit.

(Les magiciens se jettent de nouveau contre terre.)

MAGICIENS.

Nuit, Mort, Cerbère, Hécate, Erèbe, Averne,
Noires filles du Styx, que la fureur gouverne,
Entendez nos cris, servez-nous,
Nous travaillons pour vous.

AMISODAR.

Le charme est fait, les monstres vont paraître;
La terre s'ouvre et me le fait connaître.
Rendons aux sombres déités
Les honneurs que de nous elles ont mérités.

(La terre s'ouvre, et on voit sortir trois monstres qui s'élevent au-dessus de trois bûchers ardens, l'un en forme de dragon, l'autre de lion, et le dernier de bouc. Trois des magiciens montent dessus; après quoi les quatre qui ont déjà dansé, font une nouvelle entrée avec les quatre magiciennes, pour marquer leur joie de ce que le charme a réussi. Leur danse étant finie, les trois magiciens qui sont sur les monstres, chantent alternativement les paroles suivantes, avec les autres magiciens.)

MAGICIENS.

La terre nous ouvre
Ses gouffres profonds;
L'enfer se découvre.
Chantons, triomphons;
On voit l'onde noire
Pour nous s'arrêter.
Victoire, victoire, victoire;
Nous avons la gloire
De tout surmonter.
Triomphe, victoire,
Triomphe, victoire,

Nous avons la gloire
De tout surmonter.

Non, non, rien ne peut nous résister.

AMISODAR.

Un monstre seul causerait plus d'effroi ;
Il faut unir ces trois monstres ensemble.
Par un charme plus fort et plus digne de moi,
Faisons qu'un seul corps les assemble.
Pour en venir à bout, descendons aux enfers ;
Les gouffres nous en sont ouverts.

(Tout s'abîme, et la terre s'ouvre.)

ACTE III.

Le théâtre représente le vestibule du temple fameux où Apollon rendait ses oracles, dans la ville de Patare. Ce temple paraît d'abord fermé, dans le fond, et ne s'ouvre que lorsque la cérémonie commence à paraître.

SCÈNE PREMIÈRE.

STÉNOBÉE, ARGIE.

ARGIE.

Que vous faites couler et de sang et de larmes
Dans ces tristes climats !
Tout tremble, tout est en alarmes,
On voit régner partout l'image du trépas ;
Et le monstre, animé par la force des charmes,
Marque de mille morts la trace de ses pas.

STÉNOBÉE.

Lieux désolés et remplis de carnage,
Campagnes où le monstre a semé tant d'horreur,

BELLÉROPHON,

Ne me reprochez point ma jalouse fureur,
Dont votre embrâsement est le fatal ouvrage :
L'amour désespéré, qui règne dans mon cœur,
　　Vous venge assez de ce ravage.

ARGIE.

Quoi! vous ne goûtez point la secrète douceur
　　D'avoir troublé l'hymen qui vous outrage?

STÉNOBÉE.

Impuissante vengeance ! inutile secours !
De quoi peux-tu servir, quand on aime toujours ?
Les plus cruels transports que la fureur inspire,
　　Consolent m al un amour outragé :
Ce malheureux amour, après s'être vengé,
N'en fait pas moins sentir son tyrannique empire.
Impuissante vengeance ! inutile secours !
De quoi peux-tu servir, quand on aime toujours !

SCÈNE II.

LE ROI, STÉNOBÉE, ARGIE.

LE ROI.

　Que de malheurs accablent la Lycie !
Si le ciel lui gardait de si funestes coups,
Avant qu'il fît sur elle éclater son courroux,
　　Que ne m'a-t-il ôté la vie ?
Je ne vois en tous lieux que des marques d'effroi,
　　Que des objets qui m'épouvantent,
　　Et je partage, comme roi,
　　Les maux que mes sujets ressentent.

STÉNOBÉE.

　Quand vous voyez vos peuples abattus,
Reconnaissez du ciel la justice suprême.
Vous n'avez pas vengé l'injure de Prétus,

TRAGÉDIE.

Il la venge lui-même.
Bellérophon victorieux
Cause tous les malheurs dont votre cœur soupire;
C'est contre lui seul que les dieux
Ont envoyé le monstre furieux
Qui désole tout votre empire.
Que sa valeur en délivre ces lieux,
Puisque son crime vous l'attire.

SCÈNE III.

LE ROI, BELLÉROPHON.

BELLEROPHON.

Vous venez consulter l'oracle d'Apollon?

LE ROI.

Je viens lui demander ce qu'il faut que j'espère;
De mes états c'est le dieu tutélaire :
Il écoute ma voix quand j'implore son nom.

BELLÉROPHON.

Ce dieu qui chérit la Lycie,
Dans ses malheurs voudra la secourir;
Et l'encens qu'en ces lieux vous lui venez offrir,
Rendra du ciel la colère adoucie.
Mais quand le monstre immole à sa fureur
Tout le sang qu'il trouve à répandre,
Verrai-je, sans rien entreprendre,
Que par lui, dans ces lieux, tout soit rempli d'horreur?

LE ROI.

Ah! Prince, songez-vous que trois monstres ensemble
Sont unis dans ce monstre affreux?
A son aspect il n'est rien qui ne tremble;
De sa brûlante haleine il pousse mille feux.

BELLÉROPHON.

Ces trois monstres unis n'ont rien qui m'épouvante.
Plus le combat coûte au vainqueur,
Plus la victoire est éclatante,
Et c'est ce qui flatte un grand cœur.

SCÈNE IV.

LE ROI, PHILONOÉ, BELLÉROPHON.

PHILONOÉ.

Seigneur, à votre voix je viens joindre la mienne;
Aux vœux que vous offrez je viens mêler mes pleurs,
Et demander au ciel que la Lycie obtienne
La fin de ses malheurs.

LE ROI.

Contre le monstre qui les cause,
Bellérophon veut employer son bras :
Consentirez-vous qu'il s'expose ?

PHILONOÉ.

Ah! vous-même, Seigneur, vous n'y consentez pas;
Souffrirez-vous qu'il courre où la mort est certaine ?

BELLÉROPHON.

On court à la victoire, en s'exposant pour vous,
Croyez-en l'ardeur qui m'entraîne.
Hélas! sans la frayeur dont la Lycie est pleine,
Je serais déjà votre époux.

PHILONOÉ.

Espérons tout des dieux; un violent orage
Amène quelquefois le calme le plus doux.

LE ROI.

Le temple s'ouvre, entrons; et par un juste hommage,
Méritons que le ciel apaise son courroux.

(Le sacrificateur paraît avec ses ministres, et un grand nombre de peuples qui entrent dans le temple en dansant.)

SCÈNE V.

LE ROI, BELLÉROPHON, PHILONOÉ, LA PYTHIE, SACRIFICATEUR, MINISTRES du temple, CHŒUR DE PEUPLES.

(Le grand sacrificateur, quatre hommes portant des haches, quatre hommes portant des buires, huit sacrificateurs, quatre enfans assistant au sacrifice, quatre prêtresses, Apollon, six flûtes de la suite du sacrifice, huit assistans du sacrifice.)

CHŒUR DE PEUPLES.

Le malheur qui nous accable
Demande un dieu favorable ;
Entends-nous, grand Apollon !
Par la défaite du serpent Python,
Par l'éclat de la gloire,
Qui suivit ta victoire,
Viens nous secourir.
Hâte-toi, sauve-nous, ou nous allons périr.

SECONDE ENTRÉE.

Nos soupirs te font connaître
Le malheur qui les fait naître ;
Entends-nous, grand Apollon !
Par la défaite du serpent Python,
Par l'éclat de la gloire
Qui suivit ta victoire,
Viens nous secourir.
Hâte-toi, sauve-nous, ou nous allons périr.

SACRIFICATEUR.

Reçois, grand Apollon, reçois ce sacrifice ;
Fais que le ciel nous soit propice.

CHŒUR DE PEUPLES.

D'un cœur soumis nous t'adressons nos vœux,
  Ecoute un peuple malheureux.

SACRIFICATEUR, versant du vin sur la tête de la victime.

Par ce vin répandu fais cesser nos alarmes;
  Arrête le cours de nos larmes.
Tu vois quel triste sort nous accable aujourd'hui;
  Prête-nous ton appui.
Vous qu'à me seconder un zèle ardent anime;
Avancez : il est temps d'immoler la victime.

(Les ministres du temple s'avancent auprès du sacrificateur, et immolent la victime.)

CHŒUR DE PEUPLES.

Dieux, qui connaissez nos malheurs,
Laissez-vous toucher de nos pleurs.

SACRIFICATEUR, montrant le cœur de la victime.

Espérons; je ne vois que signes favorables;
Nos vœux au ciel doivent être agréables.

(Il jette le cœur et les entrailles dans le feu.)

CHŒUR DE PEUPLES.

Après un augure si doux,
Tâchons de mériter que les dieux soient pour nous.

(Le peuple danse à l'entour du feu, et chante ensuite ce premier couplet.)

Montrons notre allégresse,
Ne parlons plus de chagrin;
Renonçons à la tristesse,
Nos malheurs vont prendre fin.
Quand le ciel est propice à nos vœux,
  Bannissons l'ennui qui nous presse,
  Nous allons tous être heureux.

(Le peuple continue sa danse, et chante le second couplet.)

Le ciel veut qu'on espère,
Il adoucit son courroux :
Notre hommage a su lui plaire,
Tout s'est déclaré pour nous.
Bannissons les soupirs de ces lieux ;
Ne craignons plus rien de contraire,
Nos maux ont touché les dieux.

SACRIFICATEUR.

Tout m'apprend qu'Apollon dans nos vœux s'intéresse ;
Redoublez à l'envi vos marques d'allégresse.

(Le peuple commence une nouvelle danse à l'entour du feu, et chante les paroles qui suivent.)

CHŒUR DE PEUPLES.

Assez de pleurs
Ont suivi nos malheurs ;
De notre zèle
Vois l'ardeur fidèle.
C'est en toi seul que notre espoir est mis ;
Viens de nos maux arrêter les atteintes :
Finis nos plaintes,
Calme nos craintes,
Fléchis pour nous les destins ennemis :
L'Amour languit, troublé de nos alarmes,
Rappelle ici tous ses charmes,
Toi que ses traits ont tant de fois soumis.
Un monstre affreux
Nous rend tous malheureux.
Fais de sa rage
Cesser le ravage.
C'est en toi seul que notre espoir est mis ;
Viens de nos maux adoucir les atteintes :
Finis nos plaintes,
Calme nos craintes,

Fléchis pour nous les destins ennemis :
L'Amour languit, troublé de nos alarmes :
Rappelle ici tous ses charmes,
Toi que ses traits ont tant de fois soumis.

SACRIFICATEUR.

Digne fils de Latone et du plus grand des dieux,
Parle, et daigne régler le destin de ces lieux.

(L'autel qui a paru, s'enfonce, et la Pythie sort de son antre, les cheveux épars; en même temps on entend de grands éclats de tonnerre : le temple tremble, et on le voit tout brillant d'éclairs.)

LA PYTHIE.

Gardez tous un silence extrême ;
Apollon vous entend, et va parler lui-même :
Son approche déjà fait briller les éclairs.
Entendez résonner le sifflement des airs,
Ecoutez le bruit du tonnerre,
Voyez trembler et le temple et la terre.
Il va paraître, je le voi ;
A son aspect frémissez comme moi.

(La Pythie se penche vers la terre, tandis qu'Apollon paraît en statue d'or, et prononce l'oracle qui suit.)

APOLLON.

« Que votre crainte cesse ;
» Un des fils de Neptune apaisera pour vous
« Le céleste courroux.
» Pour l'en récompenser, il faut que la princesse
» Le prenne pour époux. »

(La Pythie s'enfonce dans l'antre d'où elle est sortie ; Apollon disparaît et le peuple se retire.)

LE ROI, à Bellérophon et à Philonoé.

Vous l'avez entendu, je n'ai rien à vous dire ;
Je plains vos déplaisirs ; comme vous j'en soupire ;

Mais rien n'est préférable au repos de ces lieux :
Soumettons-nous aux dieux.

SCÈNE VI.
BELLÉROPHON, PHILONOÉ.

BELLÉROPHON.

Dans quel accablement cet oracle nous laisse !

PHILONOÉ.

Ah ! cruelle surprise !

BELLÉROPHON.

O funeste revers !
Quoi ! je vous perds, belle princesse !

ENSEMBLE.

Hélas ! n'avons-nous eu le destin favorable,
Que pour mieux ressentir le coup qui nous accable ?

BELLÉROPHON.

Mes vœux allaient être contens.

PHILONOÉ.

Jamais sort n'eût été plus heureux que le nôtre.

ENSEMBLE.

Qui croirait que deux cœurs, si tendre et si constans ?
Ne fussent pas destinés l'un pour l'autre ?

BELLÉROPHON.

Vous ne serez donc point à moi ?
Quel prix d'une ardeur si fidèle !

PHILONOÉ.

N'y pensons plus.

BELLÉROPHON.

Quoi ! vous pourrez, cruelle,
Engager ailleurs votre foi ?

PHILONOÉ.

Brisez, brisez une fatale chaîne.
Quand j'ai reçu l'hommage de vos vœux,
Je croyais que le ciel consentirait sans peine

Que l'hymen nous rendît heureux;
Et je n'attendais pas l'oracle rigoureux
Qui nous sacrifie à sa haine.

BELLÉROPHON.

Non, non, quoi qu'il ait ordonné,
On ne verra jamais que mon amour s'éteigne.
Je n'examine point ce qu'il faut que je craigne
De l'oracle fatal qui vient d'être donné.
Que le destin, jaloux d'une flamme si belle,
Me porte encor des coups plus rigoureux;
Au moins je puis être fidèle,
Si je ne saurais être heureux.

PHILONOÉ.

Se peut-il que le ciel, contre un amour si tendre,
Exerce toutes ses rigueurs?

BELLÉROPHON.

De ses ordres cruels l'amour doit-il dépendre?

ENSEMBLE.

Aimons-nous, malgré nos malheurs;
Ce n'est pas au destin à séparer les cœurs.

ACTE IV.

Des rochers fort hauts et fort escarpés, couverts de sapins et d'autres arbres solitaires, font la décoration de cet acte. Au fond du théâtre paraît un rocher de la même hauteur, et garni des mêmes arbres; il est percé par trois grottes, au travers desquelles on découvre un paysage à perte de vue.

SCÈNE PREMIÈRE.

AMISODAR.

QUEL spectacle charmant pour mon cœur amoureux!
Ces morts de tous côté étendus dans les plaines,

Me sont de sûrs garans de la fin de mes peines ;
Tout périt pour me rendre heureux.
Fontaines, tarissez ; embrâsez-vous, montagnes ;
Brûlez, forêts ; séchez, campagnes ;
Toutes les horreurs que je voi,
Sont autant de sujets de triomphe pour moi.
Quand on obtient ce qu'on aime,
Qu'importe, qu'importe à quel prix ?
Que tout l'univers surpris
Condamne l'amour extrême
Qui coûte tant de sang, de larmes et de cris :
Quand on obtient ce qu'on aime,
Qu'importe, qu'importe à quel prix ?

SCÈNE II.

ARGIE, AMISODAR.

ARGIE.

Il faut, pour contenter la reine,
Rendre le monstre à l'éternelle nuit.
Bellérophon, au désespoir réduit,
S'apprête à le combattre, et sa perte est certaine :
Mais cette prompte mort finit trop tôt sa peine.
Quand un fatal oracle est contraire à ses vœux,
S'il ne souffre long-temps, il n'est point malheureux.
Puisqu'un fils de Neptune épouse la princesse,
Laissez vivre l'ingrat dans ses jaloux transports.
Voir aux mains d'un rival l'objet de sa tendresse,
C'est tous les jours endurer mille morts.

AMISODAR.

Le laisser vivre ! ô Dieux ! que faut-il que je pense ?
Je vois pour lui la reine s'alarmer,

Lorsque sa mort est prête à remplir sa vengeance :
Est-ce le haïr ou l'aimer ?

ARGIE.

Montrez que votre cœur ne cherche qu'à lui plaire ;
Pourquoi pénétrer dans le sien ?
Quand l'objet aimé parle, un amant doit tout faire,
Et n'examiner rien.

AMISODAR.

Non, non, que mon rival périsse ;
Est-ce à moi d'empêcher qu'il ne perde le jour ?

ARGIE.

Il faut faire à la reine encor ce sacrifice,
Ou renoncer à votre amour.

VOIX derrière le théâtre.

Tout est perdu, le monstre avance ;
Sauvons-nous, sauvons-nous.

AMISODAR.

Le monstre approche, éloignez-vous.

ARGIE.

Ciel, contre sa fureur, embrasse ma défense !

SCÈNE III.

UNE NAPÉE et UNE DRIADE.

ENSEMBLE.

Plaignons, plaignons les maux qui désolent ces lieux ;
Les pleurs qu'ils font couler devraient toucher les dieux.

DRIADE.

Il n'est plus d'herbe dans les plaines.

NAPÉE.

Il n'est plus d'eau dans les fontaines.

DRIADE.

Tout périt.

NAPÉE.

Tout tarit.

DRIADE.

Quel excès d'ennuis!

NAPÉE.

Quelles peines!

ENSEMBLE.

Plaignons, plaignons les maux qui désolent ces lieux;
Les pleurs qu'ils font couler devraient toucher les dieux.

SCÈNE IV.

DIEUX DES BOIS, UNE NAPÉE et UNE DRIADE.

DIEUX DES BOIS.

Les forêts sont en feu, le ravage s'augmente;
Ce n'est partout qu'épouvante et qu'horreur.

NAPÉE ET DRIADE.

Du monstre, comme vous, nous sentons la fureur?
Voyez cette plaine brûlante.

DIEUX DES BOIS.

Hélas! que sont-ils devenus
Ces bois dont nous faisions nos retraites tranquilles?

NAPÉE ET DRIADE.

Ces eaux qui serpentaient dans ces plaines fertiles,
Ces eaux, hélas! ne coulent plus.

DIEUX DES BOIS.

Que de tristes alarmes!

NAPÉE ET DRIADE.

Que de sujets de larmes!

TOUS.

Pour adoucir le ciel qui voit tant de malheurs,
Joignons nos soupirs et nos pleurs.

SCÈNE V.

LE ROI, BELLÉROPHON.

LE ROI.

Ah! Prince, où vous emporte une ardeur trop guerrière?
En vain à cent périls on vous a vu courir,
En vain votre grand nom rempli la terre entière ;
Vous cherchez un combat où vous allez périr.

BELLÉROPHON.

Je ne vais point combattre un monstre redoutable,
Pour remplir de mon nom l'univers étonné ;
    Je vais, amant infortuné,
    Finir un sort trop déplorable.
    Cent fois, jusqu'à ce triste jour
J'ai hasardé ma vie en cherchant la victoire,
    Ce que j'ai fait, animé par la gloire,
Ne le pourrai-je faire, animé par l'amour?

LE ROI.

    Suivre un amour trop téméraire,
C'est vous livrer vous-même au plus funeste sort.

BELLÉROPHON.

Accablé de malheurs, puis-je craindre la mort?

LE ROI.

Ménagez votre vie, elle m'est toujours chère :
    Par ces aimables nœuds
Que je vous destinais avec mon diadême.
    Par la princesse même,
Accordez, accordez quelque chose à mes vœux.
Je vais faire à Neptune offrir un sacrifice :
    Allons savoir ses volontés ;
    Peut être il nous sera propice.

TRAGÉDIE.

BELLÉROPHON.

En vain, Seigneur, vous me flattez,
Puisqu'à son fils vous devez la princesse ;
Au moins, en combattant, laissez-moi faire voir
Que mon amour méritait sa tendresse.

LE ROI.

Ah, que je crains pour vous ce fatal désespoir !
Adieu ! quand le péril ne vous peut émouvoir,
Je dois vous cacher ma faiblesse.

(On commence à voir ici tout le paysage de l'enfoncement du théâtre remplie de feu et de fumée, pour marquer le dégât que fait la Chimère dans le pays.)

SCÈNE VI.

BELLÉROPHON.

Heureuse mort, tu vas me secourir
Dans mon malheur extrême !
Je cours m'offrir au monstre, assuré de périr ;
Mais je m'en fais un bien suprême.
Quand on a perdu ce qu'on aime,
Il ne reste plus qu'à mourir.

(On voit ici Pallas dans un char de nuages, du côté droit, et en même temps paraît un autre char vide, qui descend jusques sur le théâtre, du côté gauche.)

SCÈNE VII.

PALLAS dans son char, BELLÉROPHON.

PALLAS.

Espère en ta valeur, Bellérophon, espère ;
Pallas, descend du ciel pour t'offrir son secours.

BELLÉROPHON.
Déesse, en vain tu prends soin de mes jours,
Quand la mort seule peut me plaire.
PALLAS.
Ton sort est marqué dans les cieux :
Viens, monte dans ce char, et t'abandonne aux dieux.

(Bellérophon monte dans le char, et est élevé sur le cintre avec Pallas. Cependant on entend le peuple qui exprime sa désolation par ces vers.)

CHŒUR DE PEUPLES derrière le théâtre.
Quelle horreur! quel triste ravage!
Le monstre redouble sa rage!

(Pendant qu'on entend les cris des peuples épouvantés, la Chimère paraît au fond du théâtre; et en même temps Bellérophon, monté sur Pégase, fond du haut de l'air, et après un premier combat avec la Chimère, il se sauve dans les airs, et traverse le théâtre.)

CHŒUR DE PEUPLES, derrière le théâtre, pendant le combat de Bellérophon.
Un héros s'expose pour nous;
Dieux, soutenez son bras, et conduisez ses coups.

(Bellérophon fond une seconde fois sur la Chimère au milieu du théâtre, et après qu'il a disparu un moment, en s'élevant sur le cintre, il paraît pour la troisieme fois sur le devant du théâtre, attaque de nouveau la Chimère, la blesse à mort et se sauve en l'air, faisant son vol en rond; et après trois tours, on le voit se perdre dans les nues : cependant la Chimère tombe morte entre les rochers, ce qui donne lieu à la joie que marque le peuple par les vers suivans.)

CHŒUR DE PEUPLES derrière le théâtre.
Le monstre est défait, quelle gloire!
Bellérophon remporte la victoire!

ACTE V.

Le théâtre représente une grande avant-cour d'un palais qui paraît élevé dans la gloire; on y monte par deux grands degrés, qui forment les deux côtés de cette décoration en ovale, et qui sont enfermés par deux grands bâtimens d'architecture, d'une hauteur extraordinaire. Les deux degrés, et les galeries qui les environnent, sont remplis des peuples de la Lycie, assemblés en ce lieu pour y recevoir Bellérophon, que Pallas doit y ramener après la défaite de la Chimère.

SCÈNE PREMIÈRE.

LE ROI, PHILONOÉ, CHŒUR DE PEUPLES.

LE ROI.

Préparez vos chants d'allégresse,
Peuples; c'est en ce lieu, que pour notre bonheur,
Pallas doit ramener un illustre vainqueur
Que le ciel pour époux destine à la princesse.
 Enfin nos vœux ont réussi :
Un oracle confus faisait notre infortune;
 Mais cet oracle est éclairci,
 Bellérophon est le fils de Neptune.
Pour nous le déclarer, dans son temple, à nos yeux,
 Ce dieu des mers vient de paraître ;
Lui-même, pour son sang, a daigné reconnaître
  Ce héros glorieux.
D'une nymphe jalouse, il craignit la colère;
Et quand Bellérophon reçut de lui le jour,
Il voulut que Glaucus feignît d'être son père.
Il revient triomphant ; célébrez son retour.

CHŒUR DE PEUPLES.

Viens, digne sang des dieux, jouir de ta victoire,
   Chacun est charmé de ta gloire;
   Et pour chanter tes grands exploits,
   Nous allons tous joindre nos voix.

LE ROI.

Et toi, ma fille, abandonne ton âme
   Aux transports de ta flamme.
Bellérophon t'est donné pour époux.

PHILONOÉ.

   Après tant de rudes alarmes,
   Pouvons-nous trop goûter les charmes
     D'un changement si doux?

LE ROI.

Qu'il est grand ce héros, qui ne voit point d'obstacles
Que le sort contre lui ne forme vainement!

PHILONOÉ.

Pour tout vaincre, il suffit qu'un héros soit amant;
La valeur et l'amour font toujours des miracles.

TOUS DEUX.

La valeur et l'amour font toujours des miracles.

CHŒUR DE PEUPLES.

O jour pour la Lycie à jamais glorieux,
Où le sang de nos rois s'unit au sang des dieux!

SCÈNE II.

LE ROI, STÉNOBÉE, PHILONOÉ, ARGIE,
CHŒUR DE PEUPLES.

LE ROI.

Venez-vous partager l'allégresse publique?
   Enfin pour nous le ciel s'explique,
Neptune a reconnu Bellérophon pour fils.

STÉNOBÉE.

Je sais tout. Dieux cruels, vous l'avez donc permis?

LE ROI.

Bellérophon cause t-il cette plainte?

STÉNOBÉE.

C'est lui seul, il est vrai, qui fait mon désespoir.
Du plus ardent amour j'eus pour lui l'âme atteinte;
Et pour toucher son cœur j'ai manqué de pouvoir.
   Toujours l'ingrat dédaigna ma tendresse;
Prête à le voir enfin épouser la princesse,
J'ai voulu renverser vos odieux projets.
Amisodar m'aimait, j'ai fait agir ses charmes;
Et le monstre pour lui remplissant tout d'alarmes,
N'a versé que pour moi le sang de vos sujets.

LE ROI.

Le traître! qu'on l'arrête.

STÉNOBÉE.

               Il s'est mis par sa fuite
   A couvert de votre poursuite;
Mais il traîne avec lui son crime et son amour.

LE ROI.

Quoi! le ciel souffre encor que vous voyiez le jour?

STÉNOBÉE.

J'ai prévenu tout ce que peut sa haine:
   La justice que je me rends,
Me fait par le poison mettre fin à ma peine.
Je le sens déjà qui coule de veine en veine;
Déjà le jour se cache à mes regards mourans.
Vous, de qui la rigueur m'a toujours poursuivie,
   Avec ses plus funestes traits,
  Dieux inhumains, j'abandonne la vie;
     Êtes-vous satisfaits?

Et toi, cruel Amour, reçois une victime
Que tu cherchais à t'immoler ;
Je meurs pour expier le crime
Des feux dont tu m'as fait brûler.
Je n'ai pu m'affranchir de ton barbare empire,
Qu'en renonçant au jour ;
Vois mes derniers soupirs, impitoyable Amour :
J'expire.

PHILONOÉ.

Quel excès de fureur!

LE ROI.

Sa mort en est le prix ;
Mais oublions et son crime et sa peine :
Voici Bellérophon que Pallas nous ramène,
Son triomphe doit seul occuper nos esprits.

(On voit Pallas dans un char, et Bellérophon avec elle. Tandis qu'elle descend, le peuple marque sa joie par le son des timbales, des trompettes et de tous les autres instrumens.)

SCÈNE III.

PALLAS, LE ROI, BELLÉROPHON, PHILO-NOÉ, CHŒUR DE PEUPLES.

PALLAS.

Connaissez le fils de Neptune
Dans ce jeune héros.
A sa seule valeur vous devez le repos
Qui succède à votre infortune :
Pallas le ramène en ces lieux.
C'est lui qui doit épouser la princesse ;
Faites-en tous paraître une entière allégresse,
Et rendez grâce aux dieux.

(Bellérophon descend du char, et Pallas est enlevée sur le cintre.)

TRAGÉDIE.

BELLÉROPHON à Philonoé.

Enfin je vous revois, Princesse incomparable.

PHILONOÉ.

O changement à mes vœux favorable !

TOUS DEUX.

Quel plaisir de voir en ce jour
Le Destin céder à l'Amour !

LE ROI.

Jouissez des douceurs que l'hymen vous prépare.
Vivez heureux, vivez toujours amans ;
Que tous vos momens
Soient doux et charmans,
Et qu'un bonheur sans fin répare
Ce qu'un sort rigoureux vous causa de tourmens.

(On entend ici les timbales, les trompettes et tous les autres instrumens, dont le son se mêle aux acclamations du peuple, qui chante les vers suivans.)

CHŒUR DE PEUPLES.

Le plus grand des héros rend le calme à la terre ;
Il fait cesser les horreurs de la guerre.
Jouissons à jamais
Des douceurs de la paix.

(Neuf Lyciens se détachent et font ici une entrée, après laquelle le peuple chante les deux couplets qui suivent, au même son des timbales, des trompettes et de tous les autres instrumens.)

CHŒUR DE PEUPLES.

Les plaisirs nous préparent leurs charmes,
Ne songeons plus qu'à passer de beaux jours.
Si le ciel nous fit verser des larmes,
Un heureux sort en arrête le cours.
Puisqu'un héros fait cesser nos alarmes,
Cherchons les jeux, les ris et les amours.

Que la paix qui succède à la peine,
Fait aisément oublier les soupirs!
Si le ciel nous soumit à sa haine,
Un heureux sort satisfait nos désirs.
Dans les beaux jours qu'un héros nous ramène,
Cherchons les ris, les jeux et les plaisirs.

THÉTIS ET PÉLÉE,
TRAGÉDIE,

REPRÉSENTÉE POUR LA PREMIÈRE FOIS PAR L'ACADÉMIE ROYALE DE MUSIQUE, EN 1689.

PERSONNAGES.

LA NUIT.
LA VICTOIRE.
SUITE DE LA VICTOIRE.
LE SOLEIL.

PROLOGUE.

Le théâtre représente une nuit.

SCÈNE PREMIÈRE.

LA NUIT dans son char.

Achevons notre cours paisible,
Achevons de verser nos tranquilles pavots;
Mortels, dans votre sort pénible,
Le plus grand bien est le repos.
Goûtez ce calme heureux que le destin vous laisse;
Le jour ne reviendra qu'avec trop de vitesse,
Et mille soins divers
S'empareront de l'univers.

(On entend un bruit de guerre.)

Quel bruit interrompt le silence
De la terre et des cieux?
D'où vient que dans ces lieux
La Victoire s'avance?

SCÈNE II.

LA NUIT, LA VICTOIRE et sa suite.

CHŒUR.

Allons, allons, ne tardons pas,
Un jeune héros nous appelle;
Allons le couronner dans l'horreur des combats;
La Victoire à jamais lui veut être fidèle,
Elle suivra toujours ses pas.

(On commence à voir un peu de clarté.)

PROLOGUE.

LA VICTOIRE.

O Nuit! précipitez votre sombre carrière,
Déjà du dieu du jour un faible éclat nous luit;
　　Cédez à la lumière,
　　Fuyez, fuyez, obscure Nuit.

LA NUIT.

Il n'est pas temps encor que le soleil me chasse.
　　O ciel, par quelle nouveauté
　　Vient-il sitôt prendre ma place,
　　Et faire briller sa clarté?

(La clarté augmente peu à peu.)

CHŒUR.

O Nuit! précipitez votre sombre carrière,
Voyez quel est déjà cet éclat qui nous luit;
　　Cédez à la lumière,
　　Fuyez, fuyez, obscure Nuit.

LA NUIT.

Il faut céder, je ne puis m'en défendre,
　　Un trop grand éclat m'y réduit.
　　Quel prodige doit-on attendre
　　Dans le jour qui me suit?

LA VICTOIRE.

Le temps vous presse trop, vous ne pouvez l'apprendre.

CHŒUR.

Fuyez, fuyez, obscure Nuit.

(La nuit se retire.)

SCÈNE III.

On voit le palais du Soleil qui commence à s'ouvrir.

LA VICTOIRE et sa suite.

LA VICTOIRE.

Du palais du Soleil la barrière éclatante

PROLOGUE.

S'ouvre de moment en moment.
Marquons au dieu du jour, qui remplit notre attente,
Combien à nos regards ce spectacle est charmant.

(Pendant que le palais du Soleil achève de s'ouvrir, la suite de la Victoire en marque sa joie par des danses.)

SCÈNE IV.

LE SOLEIL, LES HEURES, LA VICTOIRE
et sa suite.

LE SOLEIL.

Victoire, tu le vois, j'accomplis ma promesse ;
A suivre tes désirs tu vois que je m'empresse;
L'ordre de l'univers et d'éternelles lois
  N'ont point de pouvoir qui m'arrête :
 Je vais partir plus tôt que je ne dois,
  Pour éclairer la première conquête
  Du fils du plus puissant des rois.

LA VICTOIRE.

Je ne puis te marquer trop de reconnaissance,
Soleil, quand tu réponds à mon impatience ;
Un grand roi m'a prescrit de voler en des lieux
Où son auguste fils, d'un courage intrépide,
  Expose des jours précieux :
Ma course n'est jamais plus prompte et plus rapide,
Que quand je suis les lois d'un roi si glorieux.

LE SOLEIL.

  Pendant quelques momens encore
   Laissons briller l'Aurore,
Et j'entre en ma carrière avec la même ardeur
   Qui possède ton cœur.
  Quel destin aujourd'hui commence!
Quelle brillante gloire aujourd'hui prend naissance :

Que de fameux exploits l'un à l'autre enchaînés,
S'offrent dans l'avenir à mes yeux étonnés!
A ce vainqueur nouveau mille ennemis se rendent,
Mille superbes murs tombent sous son effort.
  Que vois-je! quel illustre sort!
 Il satisfait à tout ce que demandent
Et l'exemple qu'il suit, et le sang dont il sort.

   (Danse de la suite de la Victoire et des Heures.)

CHŒUR.

Préparons, préparons nos palmes immortelles
  Pour tant d'exploits guerriers ;
  Pour des conquêtes si belles
  Préparons tous nos lauriers.

LE SOLEIL dans son char.

Je commence mon cours ; va, pars ainsi que moi,
Victoire ; accordons-nous à servir un grand roi.

   (Le Soleil part et la Victoire s'envole.)

PERSONNAGES.

JUPITER.
NEPTUNE.
MERCURE.
PÉLÉE, roi de Thessalie.
THÉTIS, déesse de la mer.
DORIS, nymphe de la mer.
CYDIPPE, nymphe de la mer.
LES TROIS SYRÈNES.
UN TRITON.
LES MINISTRES DU DESTIN.
LES TROIS EUMÉNIDES.

THÉTIS ET PÉLÉE,

TRAGÉDIE.

ACTE PREMIER.

Le théâtre représente le palais de Thétis.

SCÈNE PREMIÈRE.

PÉLÉE.

Que mon destin est déplorable!
En vain à mes soupirs Thétis est favorable.
    Hélas! Neptune en est charmé.
La crainte que nous cause un dieu si redoutable,
Tient toujours dans nos cœurs ce beau feu renfermé.
Quelles sont tes rigueurs, Amour impitoyable!
Il est encor des maux pour un amant aimé.

SCÈNE II.

PÉLÉE, DORIS, CYDIPPE.

DORIS.

Quoi! je vous trouve seul? Thétis attend Neptune;
Lorsqu'il vient à ses yeux faire briller sa cour,
    Il semble que d'un si beau jour,
        L'éclat vous importune.
La retraite ne plaît qu'à des cœurs pleins d'amour.

PÉLÉE.

Moi, Nymphe, j'aimerais? Non, mon cœur est paisible,
    Non, mon cœur n'est point enflammé.

THÉTIS ET PÉLÉE,

DORIS.

On dit d'un air moins animé,
Que l'on est insensible.

PÉLÉE.

Par le seul mot d'amour vous m'avez alarmé.

DORIS.

C'est en vain qu'un amant tâche de se contraindre,
En vain il cache son ardeur ;
Les efforts qu'il se fait pour feindre,
Trahissent malgré lui le secret de son cœur.
J'ignore quel objet dans votre âme a fait naître
Des feux qui n'osent éclater ;
Mais vous aimez, j'ai su le reconnaître,
Ne cherchez point à m'en faire douter.

PÉLÉE.

J'aimerais, si l'amour sincère
Pouvait s'assurer d'être heureux ;
Mais souvent les plus beaux feux
Trouvent un objet sévère ;
Souvent on préfère
L'amant le moins amoureux.
Neptune aime Thétis, c'est à moi qu'il confie
Ses secrets sentimens ;
Mais ses tourmens
Me font voir sans envie
Le destin des amans.

DORIS.

De quoi peut vous servir une feinte éternelle,
Roi des Thessaliens, fameux par vos exploits ?
Vous aimez, vous serez fidèle,
D'où vient que vous n'osez découvrir votre choix ?
Avec une gloire éclatante,
Vous flatteriez la vanité

D'une fière beauté ;
Avec une flamme constante,
Vous pourrez d'une indifférente
Vaincre la cruauté.
Avec une gloire éclatante,
Avec une flamme constante,
On est aisément écouté.

PÉLÉE.

Vous tâchez vainement d'animer mon courage ;
Quand je serais amant, croirais-je vos discours ?
La crainte est toujours
Le cruel partage
Des tendres amours.

DORIS.

L'espoir est toujours
Le charmant partage
Des tendres amours.

PELEE ET DORIS.

La crainte } est toujours
L'espoir }
Le charmant } partage
Le cruel }
Des tendres amours.

SCÈNE III.

THÉTIS, DORIS, PÉLÉE, CYDIPPE, NYMPHES
de la suite de Thétis.

DORIS.

Déesse, avec plaisir nous allons voir la fête
Que le dieu des eaux vous apprête.

THETIS.

J'espère qu'en ce jour votre amitié pour moi,

Vous fera partager l'honneur que je reçoi.
(On voit venir de loin les Syrènes, et on entend leur musique.)
Mais nous voyons déjà les Syrènes paraître,
Nous entendons leurs doux concerts ;
Préparons-nous à voir bientôt le maître
Des vastes mers.

SCÈNE IV.

THÉTIS, DORIS, PÉLÉE, LES SYRÈNES, NYMPHES de la suite de Thétis, **NÉRÉIDES** qui accompagnent les Syrènes.

LES SYRÈNES.

Nos chants harmonieux forcent tout à se rendre,
Nous disposons des cœurs à notre gré ;
Dès que nos voix se font entendre,
Notre triomphe est assuré.

(Danse des Néréides.)

LES SYRÈNES à Thétis.

Prenez d'aimables chaînes.
Que nos chansons ne soient pas vaines
Pour la première fois.
Est-il des rigueurs inhumaines
Pour un fidèle amour annoncé par nos voix ?

SCÈNE V.

NEPTUNE, THÉTIS, PÉLÉE, TRITONS et **FLEUVES** de la suite de Neptune, **DORIS, SYRÈNES, NÉRÉIDES.**

CHŒUR de Tritons et de Fleuves.

Empressons-nous à plaire au dieu des ondes ;
Il adore Thétis, adorons ses beaux yeux :

Les Amours descendrons dans nos grottes profondes,
Ils règnent jusques dans ces lieux.

NEPTUNE à Thétis.

Voyez, belle Déesse,
Voyez toute ma cour vous marquer son transport ;
Je vous soumets par ma tendresse
Tout ce qui m'est soumis par les ordres du sort.
Jupiter m'enleva le plus noble partage ;
Mais l'empire des mers où je donne la loi,
Sur l'empire des cieux doit avoir l'avantage,
Quand vous régnerez avec moi.

THÉTIS.

Je doute que du sort la suprême puissance
M'ait destinée à cet honneur ;
Mais je reçois vos soins avec reconnaissance,
C'est le seul sentiment qui dépend de mon cœur.

NEPTUNE.

Je me flatte que ma constance
Doit m'attirer une autre récompense :
Aimez, aimez à votre tour,
C'est l'amour seul qui peut payer l'amour.

(Danse des divinités de la mer.)

CHŒUR de toutes les divinités.

Tout reconnaît l'Amour, tout se plaît dans ses chaînes,
Tout cède à ses lois souveraines ;
Mais il n'est rien dans l'univers
Qui lui soit plus soumis que l'empire des mers.

UN TRITON.

C'est dans nos flots que Vénus prit naissance,
Nous fûmes les premiers sous son obéissance ;
La mère d'amour fit sur nous
L'essai de ses traits les plus doux.

NEPTUNE aux divinités de la mer.
Je suis content de votre zèle,
Il ne saurait mieux éclater.

(à Thétis.)

Je vous quitte, aimable immortelle,
Songez à la grandeur où vous pouvez monter;
Mais songez encor plus à mon amour fidèle.

(Neptune sort avec les divinités de la mer.)

SCÈNE VI.
THÉTIS PÉLÉE.

PÉLÉE.

Je viens de soutenir le spectacle fatal
Des hommages pompeux que vous rend mon rival :
Pour me payer d'une peine si dure,
Vos plus tendres regards ne me sont-ils pas dus ?
Parlez, ou que du moins un soupir me rassure
Contre les soins que l'on vous a rendus.

THÉTIS.

Perdez une crainte importune;
Je viens d'apprendre encor que mes faibles attraits
Vous donnent un rival plus puissant que Neptune,
Et mon cœur est à vous plus qu'il n'y fut jamais.

PÉLÉE.

Ah ! Jupiter est ce rival terrible !

THÉTIS.

C'est lui qui va m'offrir des soupirs superflus.

PÉLÉE.

Quoi ! Jupiter pour vous est devenu sensible ?
Ma peine était trop faible, et rien n'y manque plus.
Daignez me pardonner ma crainte et mes alarmes :
Si j'en croyais les troubles que je sens,

TRAGÉDIE.

Je me plaindrais de l'excès de vos charmes,
Lorsqu'ils me font des rivaux si puissans.

THÉTIS.

Vous remportez des victoires nouvelles,
 Quand je fais des amans nouveaux;
 Si mes conquêtes sont trop belles,
 Vos triomphes en sont plus beaux.

PÉLÉE.

Je ne suis qu'un mortel, c'est en vain que j'espère;
 Ces dieux empressés à vous plaire,
 Me font sentir trop vivement,
  Que je suis un téméraire
  D'oser être votre amant.

THÉTIS.

Dans l'empire d'amour on tient le rang suprême,
  Dès que l'on sait charmer;
  Un mortel qui se fait aimer
  Est égal à Jupiter même.
Dans l'empire d'amour on tient le rang suprême,
  Dès que l'on sait charmer.

PÉLÉE.

Lorsque j'obtiens de vous un si doux sacrifice,
O ciel! dans quels malheurs il faut que je languisse!
J'espérais que l'hymen finirait mon tourment;
 Mais tout s'oppose à cet espoir charmant.
Plus vous m'aimez, plus je sens le supplice
  D'être aimé vainement.

THÉTIS ET PÉLÉE.

  Faut-il que tout s'unisse
  Contre de si beaux feux?
  Hélas! quelle injustice!
Les plus tendres amours sont les plus malheureux.

THÉTIS.

Redoublons, s'il se peut, notre ardeur mutuelle,
Par notre amour tâchons à surmonter
La fortune cruelle.

THÉTIS ET PÉLÉE.

Aimons, c'est le seul bien qu'on ne peut nous ôter.

ACTE II.

Le théâtre représente un rivage de la mer.

SCÈNE PREMIÈRE.

DORIS, CYDIPPE.

CYDIPPE.

Vous suivez un penchant trop flatteur et trop doux,
Je doute que Pélée ait de l'amour pour vous,
Son feu, s'il vous aimait, craindrait moins de paraître,
Ses soins seraient plus empressés ;
Il vous tient des discours douteux, embarrassés :
L'amour par ses regards ne se fait point connaître ;
On l'aperçoit bien mieux
Dans votre bouche et dans vos yeux.

DORIS.

Non, j'aime trop pour m'y pouvoir méprendre.
Des soins toujours craintifs, un timide embarras,
Sont les effets de l'amour le plus tendre ;
C'est en soupirant tout bas
Qu'il se fait le mieux entendre.

CYDIPPE.

On croit facilement qu'on inspire les feux

TRAGÉDIE.

Que l'on ressent soi-même ;
On se flatte sitôt qu'on aime,
Et tout paraît amour à des yeux amoureux.

DORIS.

Pélée aime en secret, tout marque sa tendresse ;
A quel objet ses vœux pourraient-ils être offerts ?
Il voit souvent Thétis ; mais le soin qui le presse
Est de servir le dieu des mers :
Il n'est pas son rival auprès d'une déesse.
Tout semble déclarer
Que c'est moi qu'il adore ;
Mais j'en crois mieux encore
Mon cœur qui m'en ose assurer.

CYDIPPE.

Ne serai-je point trop sincère,
Si je vous avertis
D'un secret qui doit vous déplaire ?
J'ai vu dans un lieu solitaire
Pélée entretenir Thétis :
Le hasard seul n'eût pu les y conduire.
Sans entendre leurs voix, je sus assez m'instruire
De leurs mutuelles amours ;
Par leurs regards j'entendis leurs discours.

DORIS.

Il aimerait Thétis ? Ciel ! cet affreux supplice
Serait-il réservé pour ma secrète ardeur ?
Mais je la vois ; pour lire dans son cœur,
Je veux employer l'artifice.

SCÈNE II.
THÉTIS, DORIS, CYDIPPE.

DORIS.

Déesse, venez-vous sur ce bord écarté

Rêver aux conquêtes brillantes
    Que fait votre beauté?
THÉTIS.
Ce qui peut les rendre charmantes
N'est que la seule vanité.

Les dieux ont peu d'amour, on ne doit point attendre
Que leur cœur tout entier s'en laisse posséder;
    Ces amans sont aisés à prendre,
    Et difficiles à garder.
DORIS ET CYDIPPE.
Un tendre amour doit avoir l'avantage
    Sur un rang éclatant ;
    Le plus glorieux hommage
    Est celui d'un cœur constant.
DORIS.
Quelquefois un mortel me jure
Qu'il est touché du pouvoir de mes yeux ;
    Si j'en étais bien sûre,
    Je le préférerais aux Dieux.
THÉTIS.
Et quel est cet amant? l'amitié vous engage
A me laisser entrer dans un secret si doux.
DORIS.
Pélée a pris des soins.... Vous changez de visage ?
    Pourquoi vous troublez-vous ?
THÉTIS.
J'ignorais qu'il fût dans vos chaînes;
Avec bien du mystère il a conduit ses feux.
DORIS.
    L'amour discret cache ses peines
    A l'objet même de ses vœux.

Mais je vois Mercure descendre,
Je crois que sans témoins vous le voulez entendre.

SCÈNE III.

THÉTIS, MERCURE.

MERCURE.

Jupiter attiré par vos divins appas,
    Va paraître ici-bas.

Quand Neptune vous rend les armes,
Ce triomphe pour vous est trop peu glorieux ;
    L'Amour devait à tant de charmes
La conquête d'un dieu maître des autres dieux.

THÉTIS.

Je sais que Jupiter tient tout sous son empire,
    Que les dieux révèrent ses lois ;
    Mercure, on n'a rien à me dire
    Sur le respect que je lui dois.

SCÈNE IV.

THÉTIS.

Tristes honneurs, gloire cruelle,
    Ah! que vous me gênez!
Triste honneurs, gloire cruelle,
Pourquoi m'êtes-vous destinés ?

Mon amant n'est qu'un infidèle ;
Dieux! quel trouble saisit tous mes sens étonnés !
Le perfide trahit une flamme si belle !
    Hélas ! mes jours infortunés
Vont couler dans l'horreur d'une peine éternelle.
    Tristes honneurs, gloire cruelle,
    Pourquoi m'êtes-vous destinés ?

Vous qu'en ces lieux l'Amour appelle,

Retournez dans le ciel que vous abandonnez,
Laissez-moi m'occuper de ma douleur mortelle ;
A de trop justes pleurs mes yeux sont condamnés.
    Tristes honneurs, gloire cruelle,
    Pourquoi m'êtes-vous destinés ?

SCÈNE V.
THÉTIS, PÉLÉE.

PÉLÉE.

Enfin je vous revois, quel bonheur pour ma flamme !
    Que ces momens me semblent doux !

THÉTIS.

Allez chercher Doris, elle a touché votre âme ;
Je sais que votre cœur se partage entre nous.

PÉLÉE.

    O ciel, que vous entends-je dire ?
Quoi ! lorsqu'à votre hymen vous souffrez que j'aspire...

THÉTIS.

Non, ingrat ; non, perfide, il n'y faut plus penser.
    Mon hymen t'eût comblé de gloire,
    Mais il te plaît d'y renoncer
    Par une trahison si noire.
Non, ingrat ; non, perfide, il n'y faut plus penser.

PÉLÉE.

Ah ! quels noms pleins d'horreur me faites-vous entendre ?
Quel traitement, grands Dieux ! et l'amour le plus tendre
    Peut-il se l'être attiré ?

THÉTIS

    Ton crime est trop assuré,
    Tu ne saurais t'en défendre.
En vain des plus grands dieux j'avais touché le cœur ;
Je te sacrifiais leur majesté suprême,

Et j'eusse encor voulu que Jupiter lui-même
  Eût eu plus de grandeur.
Tu me fais cependant la plus cruelle injure,
  Tu brûles pour d'autres appas.
  Quel destin est le mien? Hélas!
C'est le sort d'une ardeur trop fidèle et trop pure,
  De trouver toujours des ingrats.

PÉLÉE.

  Le croyez-vous, belle Déesse?
Quoi! vous m'aimez, et de votre tendresse
  J'ignorerais le prix!
  Quoi! vous m'aimez, et j'aimerais Doris!
  Le croyez-vous, belle Déesse?
Ah, pour vous détromper d'un soupçon qui me blesse,
J'irais même à vos yeux, l'accabler de mépris.

THÉTIS.

Ne crois point m'éblouir par une fausse adresse.

(On voit des éclairs, et on entend le tonnerre.)

Mais je puis me venger; ces éclairs que je voi,
  Ce tonnerre qui gronde,
  M'annoncent le maître du monde;
Je saurai me forcer à recevoir sa foi.
Mon cœur s'est engagé sur l'apparence vaine
  Des feux que tu feignis pour moi;
Et je veux l'en punir, en m'imposant la peine
  D'en aimer un autre que toi.

PÉLÉE.

Et moi je vais le voir ce rival redoutable :
Pour attirer sur moi sa haine impitoyable,
  Mon amour va se découvrir;
    Je vous parais coupable,
    Je ne cherche plus qu'à mourir.

THÉTIS ET PÉLÉE,

THÉTIS.

Ah! que dis-tu? Fuis sa présence;
Quitte des lieux pleins de danger.

PÉLÉE.

Si je vous ai pu faire une mortelle offense,
C'est au tonnerre à vous venger.

THÉTIS.

Éloigne-toi, le bruit redouble;
Je ne puis plus te voir ici sans trouble.

PÉLÉE.

A me chasser vos efforts seront vains,
Si je ne vois finir votre injustice extrême.

THÉTIS.

Va, fuis; te montrer que je crains,
C'est te dire assez que je t'aime.

(Jupiter descend du ciel.)

SCÈNE VI.

JUPITER, THÉTIS.

JUPITER.

Déesse, dans ces lieux mon amour me conduit
Avec tout l'éclat qui me suit;
Pour d'autres beautés moins charmantes
J'ai souvent emprunté des formes différentes :
Mais il faut que mes soins soient plus dignes de vous;
Il faut qu'à vos attraits mon hommage réponde;
Et c'est comme maître du monde
Que je veux être à vos genoux.

THÉTIS.

Permettez que mon cœur prenne peu d'assurance
Sur des soins trop flatteurs que je n'attendais pas;

TRAGÉDIE.

Je sais quels sont mes appas
Et quel est votre constance.

JUPITER.

Il est vrai que jusqu'à ce jour
J'ai pris pour cent beautés un inconstant amour ;
Mais votre gloire en deviendra plus belle,
Lorsqu'à vos charmes seuls mes vœux seront offerts ;
Et vous triompherez de tant d'objets divers,
En me rendant fidèle.

Rien n'est plus doux que d'arrêter
    Un cœur volage ;
  C'est un avantage
Dont vous devez vous flatter.

THÉTIS.

Rien n'est capable d'arrêter
    Un cœur volage ;
  C'est un avantage
Dont on ne peut se flatter.

ENSEMBLE.

Rien n'est { plus doux que / capable } d'arrêter
    Un cœur volage ;
  C'est un avantage
Dont { vous devez vous / on ne peut se } flatter.

JUPITER.

Vous refusez de croire
Que mon cœur pour jamais soit sous votre pouvoir ;
Vous ignorez encor quelle est votre victoire,
  Hé bien, vous allez le savoir.

  Changez-vous, lieux rustiques,
  En jardins magnifiques,

Et vous, peuples divers,
Venez en un instant, et traversez les airs.

SCÈNE VII.

Le théâtre change, et représente des jardins; dans le même temps on voit paraître quatre troupes des quatre peuples les plus différens et les plus éloignés les uns des autres qui fussent connus du temps des fables. La première est de Grecs, la seconde de Perses, la troisième d'Éthiopiens, et la quatrième de Scythes.

JUPITER, THÉTIS, MERCURE, Troupes des quatre peuples.

JUPITER.

Vous qui de tous les lieux que le soleil éclaire,
Par mes ordres puissans accourez à la fois;
 Peuples, qui sous diverses lois
N'avez rien de commun que l'ardeur de me plaire,
 Soyez attentifs à ma voix.
Vos vœux ne seront point désormais légitimes,
Je ne recevrai point d'encens ni de victimes,
Si le nom de Thétis n'est joint avec le mien :
Sans cet aimable nom, je n'écoute plus rien.

Thétis a su charmer le maître du tonnerre,
 Et le plus grand des immortels;
 Il faut que sur toute la terre
 Elle partage ses autels.

CHŒUR.

Thétis a su charmer le maître du tonnerre,
 Et le plus grand des immortels;
 Il faut que sur toute la terre
 Elle partage ses autels.

(Les Grecs et les Perses rendent leurs hommages à Thétis par des danses.)

CHŒUR des Grecs et des Perses.

  Aimez, Déesse,
  Tout vous en presse,
  Rendez heureux
  Jupiter amoureux.
Un dieu puissant reçoit nos vœux sans cesse,
Et de ce dieu vous recevez les vœux.
  Aimez, Déesse,
  Tout vous en presse;
  Rendez heureux
  Jupiter amoureux.
De vos désirs si la gloire est maîtresse,
La gloire même approuvera vos feux.
  Aimez, Déesse,
  Tout vous en presse,
  Rendez heureux
  Jupiter amoureux.

(Danse des Éthiopiens et des Scythes)
CHŒUR des quatre peuples.

Que toutes nos voix se confondent
Pour chanter de Thétis les triomphans appas;
  Que tout les célèbre ici-bas,
  Que les cieux mêmes nous répondent :
Le souverain des Dieux veut à tout l'univers
  Vanter la gloire de ses fers.

(On entend une tempête qui s'élève.)
CHŒUR des peuples.

  Quel bruit soudain nous épouvante!
  Quelle tempête! quelle horreur!
Les vents sont déchaînés, et l'onde menaçante
  Répond aux vents avec fureur.

(Neptune paraît sur la mer.)

SCÈNE VIII.

JUPITER, NEPTUNE, MERCURE, PEUPLES.

NEPTUNE.

De quels chants odieux retentit ce rivage?
Jupiter sait-il bien que c'est moi qu'il outrage,
A-t-il quitté les cieux pour braver mon courroux,
En m'enlevant l'objet de mes vœux les plus doux?

JUPITER.

Oui, j'adore Thétis, et n'en fais point mystère;
Vous, si vous m'en croyez, Neptune, épargnez-vous
Les impuissans transports d'une vaine colère.

(Jupiter sort suivi des peuples.)

SCÈNE IX.

Neptune sort de la mer, et la tempête continue.

NEPTUNE, MERCURE.

NEPTUNE.

Me croit-il donc soumis à ses commandemens?
    Quoi! me croit-il sous son obéissance?
Ah! dans le juste éclat de mes ressentimens,
Mon bras se servira de toute sa puissance;
    Je confondrai les élémens:
J'exciterai mes flots, et par leur violence
Je causerai partout d'affreux débordemens;
Et sur la terre entière exerçant ma vengeance.
    J'ébranlerai ses fondemens.

MERCURE.

S'il faut que Jupiter s'obstine
Dans l'amour dont il est blessé,
Je vois d'une affreuse ruine
    L'univers menacé.

Songez à prévenir les maux que j'appréhende,
L'intérêt commun le demande.

NEPTUNE.

Ne croyez point m'intimider :
Non, non, que Jupiter se rende ;
J'ai prévenu ses feux, c'est à lui de céder.

MERCURE.

Une puissance plus grande
Entre vous peut décider ;
Consultez le Destin, le Destin vous commande,
Son arrêt doit vous accorder.
La fin de vos débats ne peut être plus prompte,
Vous saurez qui des deux doit obtenir Thétis.

NEPTUNE.

J'y consens ; au Destin nous nous rendons sans honte,
Il nous tient tous assujétis.

ACTE III.

Le théâtre représente le temple du Destin.

SCÈNE PREMIÈRE.

LES MINISTRES DU DESTIN.

UN DES MINISTRES.

O Destin! quelle puissance
Ne se soumet pas à toi!
Tout fléchit sous ta loi ;
Tes ordres n'ont jamais trouvé de résistance.
O Destin! quelle puissance
Ne se soumet pas à toi!

UN DES MINISTRES.

Malgré nous tu nous entraînes
Où tu veux,
C'est toi qui nous amènes
Tous les événemens heureux ou malheureux.
Tu les a liés entre eux
Avec d'invisibles chaînes ;
Par des moyens secrets
Ton pouvoir les prépare,
Et chaque instant déclare
Quelqu'un de tes arrêts.

CHŒUR.

O Destin ! quelle puissance
Ne se soumet pas à toi !
Tout fléchit sous ta loi ;
Tes ordres n'ont jamais trouvé de résistance.
O Destin ! quelle puissance
Ne se soumet pas à toi !

UN DES MINISTRES.

C'est en vain qu'un mortel pleure, gémit, soupire,
Un Dieu voudrait en vain t'opposer sa fierté,
Rien ne change les lois qu'il te plaît de prescrire.
Ton inflexible dureté
Fait la grandeur de ton empire ;
Ton inflexible dureté
En fait la majesté.

SCÈNE II.

LES MINISTRES DU DESTIN, PÉLÉE.

PÉLÉE.

Ministres du Destin, je viens pour vous apprendre
Que dans ces lieux Neptune va se rendre,

Neptune vient vous consulter;
Quel spectacle plus doux peut jamais vous flatter!

CHŒUR.

O Destin! quelle puissance
Ne se soumet pas à toi?
Tout fléchit sous ta loi,
Tes ordres n'ont jamais trouvé de résistance.
O Destin! quelle puissance
Ne se soumet pas à toi?

UN DES MINISTRES.

Les Dieux ont partagé le monde,
Et leur pouvoir est différent;
Mais ton vaste empire comprend
Les cieux, l'enfer, la terre et l'onde.
Les Dieux ont partagé le monde,
Mais tu réunis tout sous un pouvoir plus grand.

PELÉE.

Daignez aussi sur mes peines secrètes,
Des arrêts du Destin être les interprêtes.

CHŒUR.

Nous ne répondons point aux mortels curieux,
L'oracle du Destin n'est que pour les grands Dieux.

(Les Ministres sortent.)

SCÈNE III.

PÉLÉE.

Ciel! en voyant ce temple redoutable,
De quel frémissement je me sens agité!
C'est ici qu'il est arrêté
Si je dois être heureux ou misérable.
Cet ordre, quel qu'il soit, doit être exécuté:

Mais l'avenir impénétrable
Le cache encor' dans son obscurité.
Quel doute insupportable!
Qu'un amant est tourmenté!

Inflexible Destin, dans tes lois éternelles,
N'as-tu suivi qu'un aveugle hasard?
Hélas, n'as-tu point eu d'égard
Pour les amans fidèles?
Non, non, je tâche en vain à flatter mes ennuis;
Par l'état où tu me réduis
Je reconnais déjà l'effet de tes caprices.
Et n'exerces-tu pas toujours
Tes plus cruelles injustices
Sur les plus fidèles amours?

SCÈNE IV.
PÉLÉE, DORIS.

DORIS.

Ou je me trompe, ou c'est votre tendresse
Qui dans ces lieux vous amène avec nous.
A l'arrêt du Destin votre cœur s'intéresse;
Mais je crains qu'il ne donne une aimable déesse
A quelque Dieu plutôt qu'à vous.

PÉLÉE.

Je ne crains ni n'espère.
L'avenir qui m'est préparé
Saura toujours me plaire;
Et le Destin peut faire
Ses arrêts à son gré.

DORIS.

Je connais votre flamme.
C'est en vain que vous déguisez.

PÉLÉE.

Plus vous voulez pénétrer dans mon âme,
Plus vous vous abusez.

(Il sort.)

SCÈNE V.

DORIS.

Je ne le vois que trop, mes feux sont méprisés ;
J'ai cru que l'on m'aimait, j'ai pris des espérances
Sur de trop faibles apparences.
Ciel ! quelle honte pour mon cœur,
D'être tombé dans une erreur si vaine !
Et quelle peine
De renoncer à cette douce erreur !

Mais que sert ma plainte impuissante ?
Il faut punir et se venger.
Que par ses maux l'ingrat ressente
Dans quels maux il m'a su plonger ;
Il faut punir et se venger.
Tout ce que la fureur présente
Est permis pour se soulager ;
Il faut punir et se venger.

SCÈNE VI.

NEPTUNE, DORIS, suite de Neptune.

NEPTUNE.

Qu'on ne me suive plus ; allez, que l'on m'attende,
Je veux que sans témoins cet oracle se rende.

SCÈNE VII.

NEPTUNE.

Cédez pour quelque temps, importune grandeur,
Cédez au tendre Amour qui règne dans mon cœur.
Moi, que les vastes mers reconnaissent pour maître,
Je viens en tremblant reconnaître
Un plus grand pouvoir dans ces lieux;
L'Amour qui m'y réduit sait abaisser les dieux,
Sa force contre nous affecte de paraître.
Cédez pour quelque temps, importune grandeur,
Cédez au tendre Amour qui règne dans mon cœur.

SCÈNE VIII.

NEPTUNE, MINISTRES DU DESTIN.

UN DES MINISTRES.

Dieu de la mer, quel sujet vous amène?

NEPTUNE.

Mon amour pour Thétis cause toute ma peine;
Jupiter vient troubler mes feux;
Prononcez qui de nous verra remplir ses vœux.

UN DES MINISTRES.

Destin, un grand Dieu te demande
Quel succès tu veux qu'il attende;
Dans tes secrets il cherche à pénétrer;
Daigneras-tu les déclarer?

(Le ministre est saisi tout à coup d'une espèce d'enthousiasme, et il continue.)

Qu'un respect plein d'épouvante
Fasse tout trembler,
L'avenir va se révéler.

Que tout l'univers ressente
Un respect plein d'épouvante,
Le Destin est prêt à parler.

CHŒUR.

Qu'un respect plein d'épouvante
Fasse tout trembler,
L'avenir va se révéler.

Que tout l'univers ressente
Un respect plein d'épouvante,
Le Destin est prêt à parler.

(On entend une voix qui sort du fond du temple.)

ORACLE.

Écoutez, Dieu de l'onde,
Tout ce que le Destin permet qu'on vous réponde.
L'époux de la belle Thétis
Doit être un jour moins grand, moins puissant que son fils;
Tout le reste est caché dans une nuit profonde.

NEPTUNE.

Ah! quel oracle je reçoi!
Quel arrêt menaçant! quelle funeste loi!

ACTE IV.

Le théâtre représente un lieu désert au bord de la mer.

SCÈNE PREMIÈRE.

JUPITER, DORIS.

JUPITER.

Dans quel étonnement votre discours me jette!
Thétis pourrait brûler d'une flamme secrète?
Neptune à Jupiter est-il donc préféré?

DORIS.

Non; un simple mortel, Pélée est adoré.
Je viens de voir encor ces deux amans ensemble;
Ils se cherchent partout, et se trouvent toujours.

JUPITER.

Quoi! lorsque sous mes lois il n'est rien qui ne tremble,
Un mortel oserait traverser mes amours?

DORIS.

Thétis vient en ces lieux, et vous pouvez vous-même
  Vous éclaircir dans cet instant.

SCÈNE II.

JUPITER, THÉTIS.

JUPITER.

Déesse, expliquez-vous sur le sort qui m'attend.
Jupiter ne veut point que sa grandeur suprême
Lui fasse auprès de vous un mérite éclatant;
Il ne veut s'en servir qu'à prouver qu'il vous aime,
  En vous le soumettant.

THÉTIS.

Neptune, ainsi que vous, prétend à ma tendresse;
Il est le dieu des mers, j'en suis une déesse,
  Je dois redouter son courroux:
Il ne m'est pas permis de choisir entre vous.

JUPITER.

 Tant d'égards, tant de prévoyance,
 Sont des effets d'indifférence;
 Ces timides ménagemens
 Ne sont pas faits pour les amans.

THÉTIS.

 Vous savez quelle est ma fortune,
Le Destin m'a soumise au maître de la mer.

JUPITER.

Si vous aimiez Jupiter,
Vous craindriez moins Neptune.
Mais, que me veut Protée? Il le faut écouter.

SCÈNE III.
JUPITER, THÉTIS, PROTÉE.

PROTÉE à Jupiter.

Neptune m'a chargé de venir vous apprendre
Qu'à l'hymen de Thétis il cesse de prétendre,
Qu'il n'a plus le dessein de vous la disputer.

JUPITER.

Quel bonheur imprévu vient ici me surprendre?
Ah! ma reconnaissance aura soin d'éclater:
Dis-lui qu'il en doit tout attendre.

SCÈNE IV.
JUPITER, THÉTIS.

JUPITER.

Rien n'est donc plus contraire au succès de mes vœux;
Vous m'opposiez un obstacle qui cesse.
Mais, que vois-je, Thétis? Quelle sombre tristesse,
Dans le moment que tout cède à mes feux?
Pour m'assurer de tout, ce trouble doit suffire.
Un fidèle rapport...

THÉTIS.

Quoi! qu'a-t-on pu vous dire?

JUPITER.

Que Pélée en secret...

THÉTIS.

Non, ne le croyez pas;

Non, si son cœur soupire,
C'est pour d'autres appas;
Non, ne le croyez pas.

JUIPTER.

Je vois que vous êtes coupable,
Vous vous justifiez d'un air trop empressé :
Votre cœur s'est donc abaissé
Aux vœux d'un mortel méprisable?
Lorsque je soupirais pour vous,
Je rendais seulement son triomphe plus doux;
Sous une trompeuse apparence,
Vous imposiez à cet amour fatal,
Qui tenait Jupiter sous votre obéissance.
Non, je n'aurai pas trop de toute ma puissance
Pour punir à mon gré mon odieux rival.

THÉTIS.

Ciel! que viens-je d'entendre?
Est-ce là cet amour si soumis et si tendre?

JUPITER.

Par de cruels mépris vous osez m'irriter;
Et vous avez recours à mon amour extrême,
Quand ma fureur est prête d'éclater.
Tremblez; c'est cet amour lui-même
Que vous avez à redouter.

SCÈNE V.

THÉTIS.

Quelle horreur m'environne, et quel effroi me glace!
Quels abîmes de maux s'ouvrent devant mes yeux!
Hélas, c'est mon amant que Jupiter menace.
Quels traits peut nous lancer le souverain des dieux!
Ah! je le vois déjà, je le vois qui prépare

TRAGÉDIE.

Ses plus terribles coups.
Trop funestes appas, pourquoi m'attirez vous,
Sous le doux nom d'amour, cette haine barbare,
Et cet implacable courroux.

SCÈNE VI.
THÉTIS, PÉLÉE.

THÉTIS.

Ah! Pélée, apprenez tous les malheurs ensemble ;
Jupiter sait enfin nos secrètes amours.
Vous dirai-je encor plus? Ciel! je frémis je tremble ;
Jupiter menace vos jours.

Quoi! de votre péril la funeste nouvelle
Ne vous inspire pas d'effroi?

PÉLÉE.

Jupiter en fureur ne peut rien contre moi,
Vous êtes immortelle.

THÉTIS.

Si vous ne craignez pas pour vous,
Craignez du moins pour une amante ;
Peut-on vous porter des coups
Que mon âme ne ressente?

PÉLÉE.

Que votre tendresse est charmante,
Et que mon trépas sera doux !
L'ennemi qui nous tourmente,
Lui-même en sera jaloux.

THÉTIS.

Craignez du moins pour une amante,
Si vous ne craignez pas pour vous.

Quel serait mon destin? Vous cesseriez de vivre,
Et moi je ne pourrais recourir au trépas.

THÉTIS ET PÉLÉE,

Si je pouvais vous suivre,
Je ne me plaindrais pas.

THÉTIS ET PELÉE.

Hélas ! de quelles flammes
Nous perdons les douceurs !
Quel amour enchantait nos âmes ?
Quel amour unissait nos cœurs !
Hélas ! de quelles flammes
Nous perdons les douceurs !

THÉTIS.

Mais quel bruit plein d'horreur trouble mes sens timides !
Tous les vents rassemblés frémissent dans les airs.

PÉLÉE.

Je vois sortir des enfers
Les cruelles Euménides.

THÉTIS.

Ah ! c'en est fait, je vous perds.

SCÈNE VII.

Les Vents arrivent en faisant des espèces de tourbillons autour de Pélée, avec des actions menaçantes.

THÉTIS, PÉLÉE, LES TROIS EUMÉNIDES, LES VENTS.

UNE EUMÉNIDE.

Pélée, il faut aller sur ce rocher funeste,
Où, dans un tourment éternel,
Gémit le fameux criminel
Qui déroba le feu céleste.

Partez, Vents, et l'emportez
Dans ces lieux si redoutés.

(*Les Vents vont pour enlever Pélée.*)

TRAGÉDIE.

THÉTIS.

Accablez-moi plutôt des plus affreuses peines.
Arrêtez, cruels, arrêtez.

LES EUMÉNIDES.

Déesse, vos larmes sont vaines,
Vos cris ne sont point écoutés ;
Les lois de Jupiter sont des lois souveraines,
Il faut suivre ses volontés.

(Les Vents vont encore pour enlever Pélée)

THÉTIS.

Arrêtez, cruels, arrêtez.

PÉLEE à Thétis.

Laissez-moi d'un rival devenir la victime ;
Puisqu'un tendre amour est un crime,
Quels rigoureux tourmens n'ai-je pas mérités !

UNE EUMÉNIDE.

Vents, ne différez plus, obéissez, partez.

(Les Vents enlèvent Pélée.)

SCÈNE VIII.

THÉTIS.

Quoi ! toute la nature
A ce spectacle affreux ne frémit-elle pas ?
Soleil, retourne sur tes pas,
Plonge-nous pour jamais dans une nuit obscure ;
Dieux immortels, unissez-vous
Contre un tyran qui nous opprime tous.

ACTE V.

La décoration est la même que dans l'acte précédent.

SCÈNE PREMIÈRE.
JUPITER, MERCURE.

MERCURE.

N'en doutez point, Neptune à sa flamme renonce ;
Sur l'oracle qu'ici je vous ai rapporté,
J'ai voulu du Destin apprendre la réponse.
   Par mes avis il l'avait consulté.

JUPITER.

Quel oracle cruel! que je suis agité !

J'ai puni mon rival ; Thétis ambitieuse
Aurait pu l'oublier après quelques soupirs :
Mais d'un fils trop puissant la naissance odieuse
   Serait l'effet de mes désirs.
    Mon trouble est extrême,
   Vous m'entraînez tour à tour,
    Trop charmant amour,
  Doux attraits du rang suprême.
Hélas! faut-il que dans mon cœur,
Dans le cœur de Jupiter même,
L'amour balance la grandeur?

MERCURE.

Le cœur de Jupiter n'est fait que pour la gloire,
L'amour n'y peut long-temps disputer la victoire.

JUPITER.

  Non, il ne la dispute plus ;
C'en est fait, ces nœuds sont rompus.

TRAGÉDIE.

Pour monter sur ce trône où le ciel me révère,
　　J'en fis tomber mon père;
Un fils ambitieux le vengerait sur moi:
Je connais les désirs qu'un si beau rang inspire;
　　Mon propre exemple doit suffire
　　　Pour me remplir d'effroi.

　　Mais quel souvenir me retrace
　　Des charmes trop doux et trop chers?
Ma grandeur disparaît, tout son éclat s'efface;
Faudra-t-il succomber et rentrer dans mes fers?

SCÈNE II.

JUPITER, MERCURE, THÉTIS.

THÉTIS.

Du souverain des dieux j'implore la clémence:
　　Rendez-vous aux tourmens affreux
　　　Dont j'éprouve la violence;
S'ils étaient moins cruels, j'aurais moins d'espérance
　　De toucher un cœur généreux:
　　Plus vous aimez, plus ma constance
　　Doit fléchir un cœur amoureux.
　　Rendez-vous aux tourmens affreux
　　Dont j'éprouve la violence;
Épargnez seulement les jours d'un malheureux.
J'accepte pour supplice une éternelle absence,
　　N'est-il pas assez rigoureux?
　　Rendez-vous aux tourmens affreux
　　Dont j'éprouve la violence.

SCÈNE III.
JUPITER, MERCURE, THÉTIS, DORIS.

DORIS à Jupiter.

Un juste repentir m'agite et me tourmente ;
J'ai troublé deux amans dans leur flamme innocente,
J'ai poussé votre bras, et j'ai conduit vos traits :
Que ne puis-je du moins par ma douleur pressante
    Réparer les maux que j'ai faits ?

THÉTIS ET MERCURE.

    Que votre haine cesse,
    Laissez-vous émouvoir.

MERCURE.

La gloire vous en presse.

THÉTIS.

L'amour même, l'amour vous en fait un devoir.

JUPITER.

    Vents, partez, et que la déesse.
Revoie en ce moment l'objet de sa tendresse.

                      (Doris sort.)

THÉTIS.

Ah ! quel généreux retour !
Quel bonheur pour mon amour !

SCÈNE IV.
JUPITER, MERCURE, THÉTIS, PÉLÉE ramené
par les Vents.

THÉTIS à Pélée.

Pélée à mes soupirs Jupiter a fait grâce ;
De son plus fier courroux sa bonté prend la place.

PÉLÉE à Jupiter.

Maître de l'univers, quels autels, quel encens,
Acquitteront jamais nos cœurs reconnaissans ?

JUPITER.

Votre amour est content, un doux succès le flatte :
Mais il faut que ma gloire en ce beau jour éclate ;
Je veux que votre hymen se célèbre à mes yeux,
  Je veux que ce lieu s'embellisse,
 Et qu'une fête y réunisse
Les dieux les plus puissans de la terre et des cieux.

(Le théâtre change, et représente l'appareil du festin des noces de Thétis et de Pélée. Les Dieux célestes sont placés de tous côtés sur des nuages, et les Dieux terrestres sont en bas.)

SCÈNE V.

JUPITER, THÉTIS, PÉLÉE, troupe de Dieux célestes, troupe de Dieux terrestres.

JUPITER.

Écoutez-moi, troupe immortelle ;
Quand l'amour à Thétis me fis rendre des soins,
  Une flamme si belle
 Eut tous les mortels pour témoins.
Mais j'ai sacrifié mon amour à ma gloire :
Je cède à mon rival ce que j'aime le mieux ;
  Je veux avoir tous les dieux
 Pour témoins de ma victoire.

DIEUX DU CIEL.

Célébrons tous, par des concerts charmans,
Du souverain des dieux le triomphe suprême.

DIEUX DE LA TERRE.

 Célébrons le bonheur extrême
  De deux parfaits amans.

DIEUX DU CIEL.

Quels honneurs Jupiter ne doit-il pas attendre ?

DIEUX DE LA TERRE.

Que ces heureux amans sont charmés en ce jour !

THÉTIS ET PÉLÉE.

DIEUX DU CIEL.

Qu'il est beau de vaincre l'amour!

DIEUX DE LA TERRE.

Qu'il est doux de s'y rendre!

DIEUX DU CIEL ET DE LA TERRE.

Célébrons tous, par des concerts charmans,
Du souverain des dieux le triomphe suprême ;
Célébrons le bonheur extrême.
De deux parfaits amans.

FLORE.

Tous vos vœux sont satisfaits ;
Amans, ne changez jamais.
Une flamme contente
N'en doit pas être moins ardente ;
L'amour ne vous rend pas heureux.
Pour vous rendre moins amoureux.
Que toujours les Zéphyrs et Flore.
Vous trouvent à leur retour,
Plus charmés encore
D'un mutuel amour.

POMONE.

Quittez le reste de la terre,
Volez, Amours, dans ces beaux lieux ;
Vos traits y sont victorieux,
Et du trident et du tonnerre.
Quittez le reste de la terre,
Volez, Amours, dans ces beaux lieux.

CHŒUR DE TOUS LES DIEUX.

Vivez heureux, tendres amans.
Vivez, vivez heureux, oubliez vos tourmens.
Un beau nœud vous unit, jouissez de ses charmes ;
Vous les avez payés par toutes vos alarmes.
Du sort des plus grands dieux ne soyez point jaloux,
Ils ont peu de plaisirs, s'ils n'aiment comme vous.

ÉNÉE ET LAVINIE,

TRAGÉDIE,

REPRÉSENTÉE POUR LA PREMIÈRE FOIS PAR L'ACADÉMIE ROYALE DE MUSIQUE, EN 1690.

PERSONNAGES.

LA FELICITÉ.
LES BERGERS DE THESSALIE.
ENCELADE, chef des Titans.
LES TITANS.

PROLOGUE.

Le théâtre représente un vallon qui s'étend entre Ossa, Pélion et quelques autres des principales montagnes de la Thessalie.

SCÈNE PREMIÈRE.

LA FÉLICITÉ qui descend du ciel, **BERGERS** de Thessalie.

CHŒUR de Bergers assis sur des rochers et des gazons.

Descendez, descendez, Divinité charmante ;
Faites chez les humains briller tous vos appas :
    Déjà tout enchante,
    Tous rit ici-bas.
Descendez, descendez, Divinité charmante,
Faites chez les humains briller tous vos appas.

LA FÉLICITÉ descendue du ciel.

Rendez grâces, Mortels, au maître du tonnerre,
Le ciel est le séjour qui me fut destiné ;
    Le sort même avait ordonné
Que je fusse toujours inconnue à la terre :
Cependant Jupiter, par des ordres plus doux,
Veut que je me partage entre les dieux et vous.
    Que tous vos cœurs d'intelligence
    Célèbrent ses dons à jamais ;
    Jupiter veut que ses bienfaits
    Égalent sa puissance.

CHŒUR.

    Que tous nos cœurs d'intelligence
    Célèbrent ses dons à jamais ;
    Jupiter veut que ses bienfaits
    Égalent sa puissance.

PROLOGUE.

Une éternelle paix,
Une heureuse abondance
Vont désormais
Combler notre espérance.
Jupiter veut que ses bienfaits
Égalent sa puissance.

(Danse des Bergers.)

LA FÉLICITÉ.

Amours, si les soupçons, les craintes inquiètes
Doivent troubler tous les lieux où vous êtes,
Fuyez, fuyez; je ne vous permets pas
D'entrer dans ces heureux climats.
Mais s'il se peut que les ris et les grâces,
Que les plaisirs marchent seuls sur vos traces,
Venez, Amours, tendres Amours, venez
Embellir ces lieux fortunés.

(Aux Bergers.)

Aimez, aimez sans répandre de larmes,
L'Amour n'aura pour vous que de douces langueurs;
Quand il est sans alarmes,
Il n'en touche pas moins les cœurs;
Il n'a pas besoin de rigueurs
Pour redoubler ses charmes.

CHŒUR.

Aimons, aimons sans répandre de larmes,
L'Amour n'aura pour nous que de douces langueurs;
Quand il est sans alarmes,
Il n'en touche pas moins les cœurs,
Il n'a pas besoin de rigueurs
Pour redoubler ses charmes.

LA FÉLICITÉ.

Quand vos hautbois, quand vos musettes
Font de votre bonheur retentir ces retraites,

Jusques dans vos amours
Mêlez toujours
L'auguste nom du dieu qui vous fait de beaux jours.

CHŒUR.

Quand nos hautbois, quand nos musettes
Font de notre bonheur retentir ces retraites,
Jusques dans nos amours
Mêlons toujours
L'auguste nom du dieu qui nous fait de beaux jours.

SCÈNE II.

LA FÉLICITÉ, BERGERS de Thessalie, troupe de Titans.

CHŒUR des Titans.

Troublons, troublons les odieux hommages
Que Jupiter reçoit des peuples insensés,
Il doit à leur erreur ses plus grands avantages.
Troublons, troublons les odieux hommages,
Troublons les vœux qui lui sont adressés.

CHŒUR des Bergers.

Quelle rage vous inspire,
Titans que prétendez-vous ?

CHŒUR des Titans.

Nous allons renverser l'empire
Que vous révérez tous.

LA FÉLICITÉ.

O ciel ! se peut-il qu'on menace
Un pouvoir qui jamais ne peut être détruit ?
Je reconnais à cette aveugle audace,
Encelade qui vous séduit.
Dans un abîme affreux c'est lui qui vous entraîne.
Téméraires, vous courez

PROLOGUE.

A votre perte certaine;
Malheureux, vous périrez.

CHŒUR des Bergers.

Ah! fuyons loin de ces rebelles;
Loin de ces lieux précipitons nos pas,
Craignons de voir les attentats
De leurs mains criminelles.

SCÈNE III.

ENCELADE, TITANS.

ENCELADE.

Il faut exécuter des projets éclatans,
Allons, combattons, il est temps;
Attaquons Jupiter au milieu de sa gloire;
Il n'est que cette victoire
Qui soit digne des Titans.
C'est à notre valeur à nous faire une route
Vers ce trône élevé que l'univers redoute:
Entassons, entassons
Ces rochers et ces monts.

CHŒUR des Titans.

Entassons, entassons
Ces rochers et ces monts,
Soutenons ces masses pesantes,
Avançons, ne succombons pas:
Ranimons de nos bras
Les forces languissantes.
Entassons, entassons
Ces rochers et ces monts.

ENCELADE.

Achevons le peu qui nous reste,
Nous voyons de plus près la demeure céleste,

PROLOGUE.

Bientôt nous allons y toucher;
Jupiter est vaincu, puisqu'on peut l'approcher.

(On entend le tonnerre.)

CHŒUR.

Quel bruit, quels éclats de tonnerre!

ENCELADE.

Quoi! fiers Titans, vous vous laissés troubler?
Si par ce vain murmure on impose à la terre,
Ce n'est pas à vous à trembler.

CHŒUR.

De ce bruit redoublé quelle est la violence!
Arrête, Dieu puissant, nous cédons à tes coups.
La foudre, ô ciel! de toutes parts s'élance,
Nos monts se renversent sur nous.
Nous périssons. O fatale vengeance!
O trop redoutable courroux!

PERSONNAGES.

JUNON.
VÉNUS.
LATINUS, roi d'une partie de l'Italie, fils de Faunus, petit-fils de Picus et de Circé.
AMATA, femme de Latinus.
LAVINIE, fille de Latinus et d'Amata.
ÉNÉE, prince Troyen, fils de Vénus.
TURNUS, roi des Rutules, peuple d'Italie, fils d'une sœur d'Amata.
ILIONÉE, confident d'Énée.
CAMILLE, confidente de Lavinie.
L'OMBRE DE DIDON.
Peuples Latins.
Soldats Rutules.
Soldats Troyens.
Prêtres de Janus.
FAUNES ET DRIADES.
Troupe d'hommes et de femmes qui célèbrent la fête de Bacchus.
DEUX CYCLOPES.
LES GRACES ET LES PLAISIRS.

ÉNÉE ET LAVINIE,

TRAGÉDIE.

ACTE PREMIER.

Le théâtre représente le temple de Janus, dont les portes sont ouvertes à cause que l'on est en temps de guerre, et qu'il n'y a encore qu'une trêve entre Énée et Turnus. On voit dans le fond du temple la statue de Janus, au pied de laquelle sont enchaînées la Discorde, la Haine, la Fureur et la Guerre.

SCÈNE PREMIÈRE.

ÉNÉE, ILIONÉE.

ILIONEE.

Enfin, voici le jour qui donne à la princesse
Ou vous, ou Turnus pour époux ;
Le roi va choisir entre vous :
Chassez cette sombre tristesse,
Vous pouvez vous livrer à l'espoir le plus doux.

ENEE.

Non, ne me flatte point d'une espérance vaine
Les Troyens ne sont plus, Ilion est détruit ;
Étranger en tous lieux, chef d'un peuple qui fuit,
Les plus grands dieux m'accablent de leur haine,
Et je pourrais ici voir la fin de ma peine !
De mes tendres soupirs je recevrais le fruit,
Malgré l'heureux Turnus appuyé par la reine !
Non, ne me flatte point d'une espérance vaine ;
Non, je connais trop bien le sort qui me poursuit.

ILIONÉE.

Vous êtes sûr du moins que ces rives heureuses
Termineront enfin tant de courses douteuses;
   Mille oracles en sont garans :
Quand vous ne seriez pas l'époux de Lavinie,
   Un autre hymen dans l'Ausonie.
   Fixerait les Troyens errans.

ÉNÉE.

Si je n'obtenais pas ce que mon cœur adore,
Si d'un objet charmant il fallait m'arracher,
   Ah! serait-il encore
   Des biens qui pussent me toucher?

ILIONÉE.

Aimez, aimez sans esclavage,
   Un grand courage,
   Quoiqu'il soit amoureux,
Se rend le maître de ses vœux.

ÉNÉE ET ILIONÉE.

Peut-on aimer }
Aimez, aimez } sans esclavage;
   Un grand courage,
   Dès qu'il est }
   Quoiqu'il soit } amoureux,
N'est plus }
Se rend } le maître de ses vœux.

ILIONÉE.

Vous brûlez d'une ardeur nouvelle;
Pouvez-vous répondre d'un cœur
Qui ne fut pas toujours fidèle?
Il n'est que la première ardeur
Que l'on puisse croire éternelle.

ÉNÉE.

Je prenais pour un tendre amour

Quelques feux languissans qui naissaient dans mon âme :
　　Mais le nouveau feu qui m'enflamme,
M'apprend que je n'ai point aimé jusqu'à ce jour.

SCÈNE II.

ÉNEE, LAVINIE, ILIONÉE, CAMILLE.

ÉNÉE.

Daignez vous arrêter, Princesse trop charmante :
Tournez les yeux sur moi, j'attends ici mon sort ;
J'attends dans un moment ou la vie ou la mort.
Quel moment, juste ciel! mon cœur s'en épouvante ;
Après mille périls qui n'ont pu le troubler,
　　C'est aujourd'hui qu'il commence à trembler.

LAVINIE.

　　Il est vrai que ce jour mérite
　　Tout le trouble qui vous agite.
　　Vous allez savoir si les dieux
Vous accordent enfin un asile en ces lieux ;
　Si d'un destin trop cruel et trop rude,
　　Vous avez fléchi le courroux.

ÉNÉE.

Je vais savoir si je dois être à vous ;
　　C'est toute mon inquiétude.
　　Le ciel promet qu'en ces climats
　　Je verrai ma course finie ;
　　Mais il ne m'assure pas
　　De l'hymen de Lavinie,
Et tout le reste est pour moi sans appas.
　　Souffrez que mon amour extrême
　　Cherche mon destin dans vos yeux ;
　　Ils me l'apprendront mieux

ÉNÉE ET LAVINIE,

Que les oracles même
Que j'ai reçu des dieux.

LAVINIE.

Mes yeux n'ont rien à vous apprendre ;
C'est au roi de choisir entre Turnus et vous.

ÉNÉE.

Si j'obtenais un regard tendre,
Que le présage en serait doux !
Le choix que les dieux vont faire,
Se réglera sur vos vœux ;
Tous les dieux doivent se plaire
A rendre vos jours heureux.
Parlez, nommez l'amant que votre cœur préfère.

LAVINIE.

Non, il serait trop dangereux
De prévenir le choix d'un père.

ÉNÉE.

O Vénus ! ô mère d'amour !
Croirai-je encor que je vous dois le jour ?
Tous les cœurs des humains sont sous votre puissance,
Mes plus ardens soupirs vous demandent un cœur
Où vous avez vous-même attaché mon bonheur :
Cependant je n'en puis vaincre l'indifférence.
Par mes tourmens, par ma langueur,
J'implore en vain votre assistance.
O Vénus ! ô mère d'amour !
Croirai-je encor que je vous dois le jour ?

(On entend un bruit d'instrumens qui annonce le roi)

LAVINIE.

J'entends que le roi vient, l'heure fatale arrive.

ÉNÉE.

Vous ne rassurez point mon âme trop craintive.

LAVINIE.
Prince, si dans ce jour le choix m'était permis,
Vous pourriez reconnaître
Que Vénus a toujours favorisé son fils.
ÉNÉE.
Ah ciel! se pourrait-il?....
LAVINIE.
Je vois le roi paraître.

SCÈNE III.

LE ROI, LA REINE, LAVINIE, ÉNÉE, TURNUS, ILIONEE, CAMILLE, prêtres de Janus, soldats Troyens, soldats Rutules, peuples Latins.

LE ROI.
Vous qui dans les combats fûtes si redoutés,
Nobles rivaux, qui consentez
A terminer une guerre cruelle,
Je vais dans ce grand jour prononcer entre vous;
De Lavinie enfin je vais nommer l'époux :
Puisse mon choix produire une paix éternelle!
O Janus! c'est à toi de nous rendre la paix.
Retiens captives désormais
La guerre, la fureur, la discorde et la haine;
Retiens-les à tes pieds sous une même chaîne.
CHŒUR.
O Janus! c'est à toi de nous rendre la paix.
LE GRAND-PRÊTRE DE JANUS.
Avant que de régner dans les cieux pour jamais
Tu soumis ces climats à ta loi souveraine;
Tu te fis un empire à force de bienfaits.
Dans un profond repos tu commandais sans peine
A des cœurs satisfaits.

Ramène un temps si doux, ramène,
De ce siècle innocent les tranquilles attraits.

CHŒUR.

O Janus! c'est à toi de nous rendre la paix.

(Danse des peuples, qui demandent à Janus le retour de l'âge d'or, dont on a joui pendant qu'il a régné en Italie.)

Jours heureux, jours pleins de charmes,
Recommencez votre cours.
Vous qui couliez sans alarmes,
Revenez, aimables jours.

LE ROI.

Ministres de Janus, vous que de ses mystères
  Il a rendus dépositaires,
Pour marque de la paix, fermez l'auguste lieu
  Habité par le Dieu.

(Les prêtres ferment les portes avec cérémonie.)

LE GRAND-PRÊTRE.

Que l'on garde un profond silence,
Le roi va déclarer son choix.
Si les Dieux aux humains refusent leur présence,
Ils daignent leur parler par la bouche des rois.

(Dans ce moment les portes du temple se brisent d'elles-mêmes avec un grand bruit; tout le temple paraît en feu; les quatre figures enchaînées aux pieds de Janus s'envolent.)

CHŒUR.

Quel bruit affreux se fait entendre!
Quel spectacle est offert à nos yeux étonnés!
  Charmante paix que nous osions attendre,
  Est-ce ainsi que vous revenez!

(Junon descend du ciel.)

SCÈNE IV.

JUNON, LE ROI, LA REINE, LAVINIE, ÉNÉE, TURNUS, etc.

JUNON dans son char.

Pourquoi ces vains apprêts d'une paix qui m'offense?
Pourquoi ces vœux que vous m'offrez?
Courez, Roi des Latins; et vous, Turnus, courez
Où vous appelle ma vengeance;
Chassez, chassez tous deux des bords Ausoniens
Les perfides Troyens.
Que d'un peuple odieux ce méprisable reste,
Erre encor sur toutes les mers;
Qu'il devienne à tout l'univers
Un exemple effrayant de la haine céleste;
Et qu'un sort, toujours plus funeste,
Lui fasse regretter mille tourmens soufferts.

SCÈNE V.

LE ROI, LA REINE, LAVINIE, ÉNÉE, TURNUS, etc.

LE ROI.

Qu'ai-je entendu? quel excès de colère!
Les dieux connaissent-ils ces transports furieux?
Ne songeons plus au choix que j'allais faire;
Sortons, quittons ces lieux.

ENEE.

Craignez moins de Junon la fureur ordinaire;
J'ai d'autres dieux pour moi qui partagent les cieux.

LE ROI.

Sortons, ne songeons plus au choix que j'allais faire;
Nous devons ce respect à la reine des dieux.

ÉNÉE ET LAVINIE,

SCÈNE VI.
LA REINE, TURNUS.

ENSEMBLE.

Triomphons, triomphons, tout nous est favorable;
Accablons les Troyens, ne les épargnons plus:
  Par une vengeance implacable,
Réparons les momens que nous avons perdus.

ACTE II.

Le théâtre représente un bois consacré à Faunus, père du roi. On voit un petit temple rustique, au milieu duquel est la statue du dieu.

SCÈNE PREMIÈRE.
LAVINIE, CAMILLE.

LAVINIE.

Toi qui souvent nous marques ta présence
  Dans ce bois qui t'est consacré,
Faunus, toi dont mon père a reçu la naissance,
Permets à mes soupirs de troubler le silence
  De ce séjour si révéré.

Le destin contre moi s'est enfin déclaré;
Du malheur qui m'attend j'ai l'entière assurance;
  Reçois la triste confidence
Des secrètes douleurs d'un cœur désespéré.
Permets à mes soupirs de troubler le silence
  De ce séjour si révéré.

TRAGÉDIE.

CAMILLE.

Pourquoi dans ce lieu solitaire
Venez-vous de vos pleurs entretenir le cours?
Si Junon poursuit toujours
Le héros qui sait vous plaire,
La déesse des amours
N'est pas un faible secours.

LAVINIE.

Ah! que peut-il attendre
Du secours de Vénus?
Elle a causé les maux qui vinrent me surprendre;
Je l'aime, je le plains, et ne puis rien de plus.
Ah! que peut-il attendre
Du secours de Vénus?
Lorsque du haut des cieux Junon vient de descendre,
Pour armer contre lui mon père avec Turnus,
L'objet d'une flamme si tendre
N'a pour lui que ces pleurs que tu me vois répandre,
Et qui lui sont même inconnus.
Ah! que peut-il attendre
Du secours de Vénus?

CAMILLE.

En vain Junon impitoyable
D'une guerre nouvelle a donné le signal;
Le roi paraît plus favorable
A ce héros qu'à son rival.

LAVINIE.

Hé puis-je douter que la reine
Dans un parti cruel à la fin ne l'entraîne?
Non, je ne verrai plus l'objet de mon amour,
Mes yeux vont être chaque jour
Les malheureux témoins d'une injuste vengeance;
Turnus me vantera sa barbare valeur,

Et peut-être obtiendra ma main pour récompense
D'avoir su me percer le cœur.

SCÈNE II.

LE ROI, LAVINIE, CAMILLE.

LE ROI.

Ma fille, je ne puis renoncer qu'avec peine
A l'espoir de la paix dont j'osais me flatter ;
Peut-être que le ciel n'approuve point la haine
Que Junon a fait éclater.
Dans le doute où je suis, j'ai recours à mon père ;
Son oracle souvent me conduit et m'éclaire,
Et je viens pour le consulter.

Habitant redoutable
De ces antres et de ces bois,
Toi pour qui l'avenir n'a rien d'impénétrable,
Toi qu'oblige le sang à m'être favorable,
Tu peux seul dissiper le trouble où tu me vois ;
Daigne faire entendre ta voix.

SCÈNE III.

LE ROI, LAVINIE, CAMILLE, FAUNES et DRIADES.

CHŒUR de Faunes et de Driades.

Quittons nos demeures sauvages,
Sortons de nos antres secrets,
Écoutons, écoutons le dieu de ces forêts.
De l'obscur avenir il perce les nuages,
Écoutons, écoutons le dieu de ces forêts.

L'ORACLE DE FAUNUS.

Les amours vont bientôt ramener parmi vous

TRAGÉDIE.

La paix qu'ils en avaient bannie ;
Le ciel suivra les vœux de Lavinie
Sur le choix d'un époux.

LE ROI.

Ma fille, tu le vois, nos frayeurs étaient vaines ;
La fureur de Junon n'a qu'un faible pouvoir.

LAVINIE.

Eussions-nous osé dans nos peines
Nous flatter d'un si doux espoir ?

(Danse des Faunes et des Driades, qui marquent leur joie d'une oracle si heureux.)

DEUX DRIADES ET UN FAUNE.

L'Amour prend pour une offense
Le désespoir des amans.
Peut-il manquer de puissance
Pour payer tous leurs tourmens ?
Un amant qui persévère,
Trouve enfin un heureux jour.
Son bonheur est nécessaire
Pour la gloire de l'Amour.

CHŒUR.

Aimons, tout est fait pour aimer,
Tout doit se laisser enflammer :
Rendons-nous à des lois souveraines.
Toujours l'Amour est le plus fort ;
Tous les cœurs ont un même sort,
Ils sont tous destinés à ses chaînes.
Contre l'Amour et ses appas
On rend d'inutiles combats ;
Il vaut mieux s'épargner mille peines.
Toujours l'Amour est le plus fort ;
Tous les cœurs ont un même sort,
Ils sont tous destinés à ses chaînes.

ÉNÉE ET LAVINIE,

LE ROI à Lavinie.

Puisqu'aux vœux de ton cœur les dieux seront propices,
Entre tes deux amans il faut que tu choisisses ;
C'est à toi de régler le sort qui les attend,
Délibère à loisir sur ce choix important.

SCÈNE IV.

LAVINIE, CAMILLE.

LAVINIE.

D'où me vient un bonheur qui passe mon attente ?
Du sort qui m'accablait que devient le courroux ?
Quoi ! je puis par mon choix voir ma flamme contente ?
Ciel, Oracle, Destin, dont la douceur m'enchante,
   M'est-il permis de m'assurer sur vous ?

CAMILLE.

  La fortune est toujours volage,
  Sa haine n'est pas sans retour.
  De longs malheurs sont le présage
  Des biens qui viennent à leur tour.

LAVINIE.

Je cède aux doux transports où l'Amour me convie ;
Grands Dieux ! de quel plaisir mon cœur est pénétré !
Un aimable héros, en secret adoré,
Recevra de ma main le bonheur de sa vie ;
   Il eût pu le devoir au roi,
Mais que j'aime à penser qu'il tiendra tout de moi !

LAVINIE ET CAMILLE.

  Qu'il est doux de pouvoir soi-même
  Régler le sort de ce qu'on aime !
    Qu'il est doux de pouvoir
  Régler le sort de ce qu'on aime,
    Et combler son espoir !

LAVINIE.

Mais quelle est ma frayeur mortelle!
Une obscure vapeur s'élève des enfers.
Quels fantômes sortis de la nuit éternelle,
    Osent paraître dans les airs!

    (On entend une symphonie effrayante.)

LAVINIE.

Où suis-je? quel est mon effroi!
Dieux! justes Dieux! quel spectacle terrible!
   Dérobons-nous, s'il est possible....

SCÈNE V.

LAVINIE, L'OMBRE DE DIDON.

L'OMBRE.

Arrête, Lavinie, arrête; écoute-moi.

Je fus Didon, je régnai dans Carthage.
Un étranger, rebut des flots et de l'orage,
De ma prodigue main reçut mille bienfaits.
L'Amour en sa faveur avait séduit mon âme;
Par une feinte ardeur il augmenta ma flamme,
    Et m'abandonna pour jamais.

LAVINIE.

Ah! quelle trahison!

L'OMBRE.

         Mon désespoir extrême
   Arma mon bras contre moi-même,
Ma mort ne put toucher mon indigne vainqueur.

LAVINIE.

Le perfide! l'ingrat!

L'OMBRE.

        Cet ingrat! ce perfide!

C'est ce même Troyen pour qui l'Amour décide
Dans le fond de ton cœur.

(L'Ombre disparaît)

SCÈNE VI.

LAVINIE.

Quel funeste discours ! quelle image effrayante !
Confuse, interdite, tremblante,
Je ne me connais plus, je meurs ;
Je succombe sous tant d'horreurs.

Une amante si généreuse
Voit son amour payé du plus cruel trépas !
Que ne te dois-je point, ô Reine malheureuse !
Qui jamais m'eût fait voir, hélas !
Le précipice affreux qui s'ouvrait sous mes pas ?

SCÈNE VII.

ÉNÉE, LAVINIE.

ÉNÉE.

De nos destins nouveaux le Roi vient de m'instruire,
Votre choix désormais est notre unique loi.
Belle Princesse, apprenez-moi
Si dans mon cœur l'oracle doit produire
Tout le plaisir que j'en reçoi.

LAVINIE.

J'ignore quel bonheur l'oracle vous annonce ;
Mais des ordres du sort si vous êtes content,
Turnus doit du moins l'être autant.

ÉNÉE.

Quel coup mortel ! quelle réponse !

J'avais cru tantôt entrevoir
D'une faible pitié la première apparence ;
Vos regards adoucis, un aimable silence,
Quelques mots échappés me permettaient l'espoir.
 Me suis-je fait une vaine chimère ?
Par un songe trop doux l'Amour m'a-t-il flatté ?
J'ai cru facilement vous trouver moins sévère,
Mes tendres soins l'avaient bien mérité.

LAVINIE.

Vous n'avez mérité que mon indifférence ;
 Si j'ai paru vous donner jusqu'ici
  De faibles sujets d'espérance,
Je veux les oublier ; oubliez-les aussi.

SCÈNE VIII.

ÉNÉE.

Implacable Junon, est-ce votre colère,
Qui de l'objet que j'aime excite les rigueurs ?
Avez-vous usurpé l'empire de ma mère ?
 Disposez-vous des cœurs ?

Je sais que sans pitié vous pouvez mettre en cendre
De superbes remparts dont vos Grecs sont jaloux ;
Je sais que sur les mers votre bras peut s'étendre,
Que les vents et les flots servent votre courroux :
Mais du moins en aimant je croyais ne dépendre
  Que d'un pouvoir plus doux.

 Triomphez, Déesse inhumaine,
Je n'avais point encor fléchi sous votre haine ;
  Mais vous m'aviez su réserver
 Le seul malheur que je ne puis braver.

ACTE III.

Le théâtre représente les jardins d'un palais que Circé a bâti, et qu'elle a laissé à Latinus, son petit-fils.

SCÈNE PREMIÈRE.
LA REINE, TURNUS.

LA REINE.

Puisque ma fille encor ne suit pas mon attente,
Non, il n'est rien que je ne tente.
Bacchus est aujourd'hui célébré parmi nous;
Il ne voit les Troyens que d'un œil de courroux.
  Tournons contre eux les fureurs qu'il inspire :
Peut-être aidera-t-il lui-même nos transports ;
Peut-être ferons-nous que le peuple conspire
  A les chasser tous de ces bords.
La princesse paraît, je vous laisse avec elle,
  La fête de Bacchus m'appelle.

SCÈNE II.
LAVINIE, TURNUS, CAMILLE.

TURNUS.

Princesse, est-il donc vrai que vos vœux si long-temps
Entre Enée et Turnus puissent être flottans?

LAVINIE.

  Souffrez avec moins de colère
  Que je ne précipite rien;
    Le choix que je dois faire

TRAGÉDIE.

Règle le sort des états de mon père,
Et décide du mien.

TURNUS.

Ne me trompez point, inhumaine;
Je ne connais que trop quel est votre embarras.
Non, vous ne délibérez pas :
Ce n'est point votre choix qui vous tient incertaine;
Vous tremblez seulement à nous le déclarer.
Et plus vous y sentez de peine,
Plus je vois quel amant vous voulez préférer.

LAVINIE.

Si mon choix était fait, quelle raison secrète
M'obligerait de le cacher?

TURNUS.

Ah! pourriez-vous ne vous pas reprocher
L'injure que vous m'auriez faite?
Je suis du sang dont vous sortez;
Je vous aimai dès l'âge le plus tendre.
Mes vœux sont les premiers qu'on vous ait fait entendre,
Et vos fers sont les seuls que mon cœur ait portés.
Ne redoutez-vous point une honte éternelle,
En nommant un Troyen inconnu dans ces lieux,
Qui peut-être pour d'autres yeux
Brûla souvent d'une flamme infidèle?
Vous vous troublez!

LAVINIE.

Seigneur....

TURNUS.

Ce trouble que je voi
M'apprend ce qu'il faut que j'espère.
Vous voyez, malgré vous, tout le prix de ma foi;
Et vous rougissez de colère,
Quand la raison vous parle trop pour moi.

LAVINIE.

Elle parle pour vous, Seigneur, je le confesse;
Mais elle peut parler aussi pour un rival.
Par le choix qu'entre vous le juste ciel me laisse
    Il vous met dans un rang égal.

TURNUS.

    Ne cherchez point à nous confondre ;
De mon sincère amour vous devez vous répondre.
Mon sort sans votre hymen est assez glorieux ;
    Je n'aime en vous que l'éclat de vos yeux.
    Mais mon rival, après tant de naufrages,
      Cherche un asile en ces climats.
Le rang qui vous attend est l'objet des hommages
    Qu'il feint de rendre à vos appas.

LAVINIE.

Des vœux intéressés n'ont guère de puissance.
Si par de feints soupirs on prétend m'imposer,
Je saurai démêler un dessein qui m'offense.

TURNUS.

    Vous saurez vous le déguiser.
    En vain je répandrais des larmes,
    Votre choix est prêt d'éclater ;
    Vous allez me donner les armes
    Dont j'ai besoin contre vos charmes :
    Heureux si j'en puis profiter !

SCÈNE III.

LAVINIE, CAMILLE.

LAVINIE.

Quelle superbe plainte a-t-il osé me faire ?
    Quel est ce fier emportement ?

CAMILLE.

Quand vous blâmez Turnus, j'entends facilement
Ce que vous cherchez à me taire;
Vous me vantez un rival plus charmant.
Il faut nommer Turnus, c'est un choix nécessaire
En vain l'amour en ordonne autrement.

LAVINIE.

Permets encor que mon cœur délibère;
Permets du moins que ce choix se diffère.
Éteindre son amour, immoler son amant,
Est-ce l'ouvrage d'un moment?

CAMILLE.

Vous avez entendu la reine de Carthage,
Et contre cet ingrat vous manquez de courage?

LAVINIE.

Mais savons-nons si Junon dans ce jour
N'a pas, pour m'effrayer, formé cette ombre vaine?
Défions-nous de sa cruelle haine.

CAMILLE.

Défiez-vous plutôt de votre amour.

LAVINIE.

Quand mon amant aurait été volage,
Dois-je par ma rigueur venger d'autres appas
Qui n'ont su plus long-temps mériter son hommage?
Dois-je punir un outrage
Qui ne me regarde pas?

CAMLLLE.

Les inconstans, les infidèles,
Sont criminels envers toutes les belles.
Il ne faut point que l'empire amoureux
Ait jamais d'asile pous eux.

LAVINIE.

Ne me presse point tant; Turnus est plus sincère,

ÉNÉE ET LAVINIE,

Turnus sait mieux aimer, je le connais trop bien.
Pourquoi l'infidèle Troyen
Sait-il mieux l'art de plaire?

CAMILLE.

Un amant qui sait peu charmer,
Quelquefois à force d'aimer,
Peut devenir aimable;
Mais un volage amant
Devient plus haïssable,
Plus il était charmant.

LAVINIE.

Hé bien! nommons Turnus, sortons d'incertitude:
Puisse Énée à jamais sentir un coup si rude!
D'où vient qu'en sa faveur mon faible cœur combat?
Prêtez-moi du secours, ô Styx! ô rives sombres!
Laissez encor sortir vos ombres
Pour m'animer contre un ingrat.

CAMILLE ET LAVINIE.

Ah! quel tourment, quand la raison commande
Ce que l'Amour ne permet pas!
Trop cruelle raison, hélas!
Est-ce à toi qu'il faut qu'on se rende?
Peut-on, charmant Amour, mépriser tes appas,
Ah! quel tourment, quand la raison commande
Ce que l'Amour ne permet pas.

CHŒUR qu'on entend derrière le théâtre.

Suivons tous le dieu qui nous appelle,
Suivons tous ses aimables lois;
C'est lui seul dans la troupe immortelle
Qui peut donner tous les biens à la fois.

LAVINIE.

Quelles sont ces voix éclatantes?

TRAGÉDIE.

CAMILLE.

Ignorez-vous d'où part ce bruit confus?
On célèbre aujourd'hui la fête de Bacchus,
La reine conduit les Bacchantes.

SCÈNE IV.

LA REINE, LAVINIE, troupe qui célebre la fête de Bacchus.

CHŒUR.

Chantons Bacchus et ses bienfaits.
Quels fruits ont plus d'attraits
Que les fruits dont il se couronne?
Les plaisirs ne quittent jamais
L'aimable cour qui l'environne;
La raison fuit dès qu'il l'ordonne,
Et laisse les humains en paix.
Chantons Bacchus et ses bienfaits.

(Danse de Bacchantes.)

UN HOMME DE LA FÊTE.

Heureux les lieux où sa présence
Répand mille appas!
Heureux les climats
Qui lui donnèrent la naissance

CHŒUR.

Heureux les lieux où sa présence!
Répand mille appas!

LA REINE.

Les Troyens détestent la Grèce;
Elle a produit Bacchus, il la comble de biens.
Allons, que chacun s'empresse
A poursuivre les Troyens.

(La fureur saisit toute la troupe,)

TOM. V.

CHŒUR.

Cherchons en tous lieux nos victimes ;
Cherchons les Troyens, hâtons-nous.
Que l'exil les disperse tous,
Que le fer punisse leurs crimes ;
Qu'ils périssent dans les abîmes
   De la mer en courroux.
Toi, qui contre nous les animes,
Par des fureurs si légitimes ;
Bacchus, tu dois être jaloux.
D'égaler Junon par tes coups.

LA REINE.

Quoi! ma fille, à nos yeux vous demeurez tranquille,
De toute notre ardeur l'exemple est inutile!
   Toi qui par des transports puissans
    Te rends le maître des âmes,
   Descends dans son cœur, descends ;
Inspire-lui la haine que je sens,
Et la fureur dont tu m'enflammes.
   Descends dans son cœur, descends.

(Danse des Bacchantes furieuses autour de Lavinie)

LAVINIE.

Où suis-je ? ô ciel! dans les murs de Carthage
   Qui m'a pu soudain transporter ?
J'y vois les feux allumés par la rage
   D'une amante que l'on outrage ;
   Je la vois s'y précipiter,
   J'entends ses cris. Dieux! elle expire
En nommant un ingrat insensible à sa mort.
C'est en vain qu'en ces lieux ton lâche cœur aspire
   A me faire un semblable sort.
Va, perfide Troyen, cherche une autre conquête.

TRAGÉDIE.

Reine, écoutez; écoutez tous :
Je chosis....

LA REINE.

Déclarez un choix digne de vous.
Parlez, qui vous arrête?

LAVINIE.

Je choisis Turnus pour époux.

CHŒUR.

Que nos cris d'allégresse
 Percent jusqu'aux cieux,
Nous sommes victorieux.
Chantons, chantons sans cesse,
Nous sommes victorieux;
Que nos cris d'allégresse
 Percent jusqu'aux cieux.

LA REINE.

Allons trouver le roi; suivez mes pas, Princesse.
Il lui faut annoncer un choix si glorieux.

ACTE IV.

Palais de Circé.

SCÈNE PREMIÈRE.

ÉNÉE, ILIONÉE.

ILIONEE.

Où courez-vous? quel soin vous presse?

ENEE.

Je cherche partout la princesse.
Je veux lui reprocher son choix;
Je veux la voir pour la dernière fois.

ILIONÉE.

En vain pour se venger on se plaint d'une ingrate;
Son triomphe en est plus beau.
D'un amour méprisé la vengeance n'éclate
Que par un amour nouveau.

ÉNÉE.

Non, jaimerai toujours l'ingrate qui m'outrage;
Je sens trop que l'amour m'engage :
Je me dois épargner le triste et vain effort
Que je ferais pour sortir d'esclavage;
Je ne puis obtenir de mon faible courage
Que d'avoir recours à la mort.

ILIONÉE.

Vous voyez la surprise où ce discours me jette;
L'amour peut-il réduire un héros au trépas?
Non, non, d'un autre soin votre cœur s'inquiète;
Vous regrettez une sûre retraite
Que nous trouvions en ces climats.

ÉNÉE.

Je vois tous les malheurs dans le coup qui m'accable.
Je perds l'unique objet qui me paraît aimable;
Je perds l'asile heureux promis à mes travaux.
Cependant l'amour seul rend mon sort déplorable.
Un amant misérable
Est insensible à d'autres maux.

ILIONÉE.

Des malheureux Troyens perdez-vous la mémoire?
Oublierez-vous un si cher intérêt?
Écoutez leurs soupirs et la voix de la gloire.

ÉNÉE.

Ah! ciel! la princesse paraît.

SCÈNE II.
ÉNÉE, LAVINIE.

ÉNÉE.

Me cherchez-vous, cruelle?
Venez-vous insulter à ma douleur mortelle?
Ah! laissez-moi mourir,
Laissez-moi disposer de mon dernier soupir.
Que dis-je? non, venez, venez répondre
Aux reproches qui vous sont dus;
Je veux en mourant vous confondre
Sur l'injuste choix de Turnus
Mes transports... mon amour... je sens que je m'égare;
Il règne en mon esprit un désordre fatal.
Hélas! est-il bien vrai que votre cœur barbare
Me sacrifie à mon rival?

LAVINIE.

Vous prenez un soin inutile
D'étaler à mes yeux une feinte douleur;
Pourvu que dans ces lieux vous trouviez un asile,
Qu'un autre hymen vous fasse un sort tranquille,
Ma perte est un faible malheur.

ÉNÉE.

Ah! que ne puis-je à vos yeux même
Porter ailleurs mes soupirs et ma foi!
Pourquoi feindrais-je ici ce désespoir extrême?
Que pourrais-je espérer, tout est perdu pour moi.
Si mon cœur savait feindre, ingrate,
Il feindrait bien plutôt un calme qu'il n'a pas;
Je vous déroberais ma douleur qui vous flatte,
Vous ne jouiriez point de mon cruel trépas.

LAVINIE.

L'Amour sur votre cœur n'a pas tant de puissance.

ÉNÉE ET LAVINIE,

Didon avait su l'embrâser;
Vous vîtes cependant sa mort avec constance.

ENEE.

De ce crime odieux cessez de m'accuser.
Didon par ses bienfaits me prévenait sans cesse,
Et ma reconnaissance imita la tendresse;
Sensible à son amour plutôt qu'à ses appas,
Je lui donnais un cœur qui ne se donnait pas.
Il fallut cependant, pour me séparer d'elle,
Des ordres absolus du souverain des dieux.
Ah! que ne souffrait-il que je fusse fidèle!
Que ne me laissait-il éloigné de vos yeux!

LAVINIE.

Se peut-il que pour moi votre cœur soit sincère?

ÉNÉE.

Hélas! en pouvez-vous douter?

LAVINIE.

Non, non, qu'il ait plutôt l'ardeur la plus légère,
C'est ce que je dois souhaiter.

ÉNEE.

D'où vient que je vous vois à vous-même contraire?
Ciel! quel trouble secret semble vous agiter?

LAVINIE.

Hélas! si vous m'aimiez, que je serais à plaindre!

ÉNEE.

Parlez, expliquez-vous, rien ne vous doit contraindre.

LAVINIE.

Qu'aurais-je fait, grands Dieux! Turnus serait nommé,
Et vous seriez aimé!

ENEE.

Qu'entends-je? pourquoi donc par un choix si funeste?

LAVINIE.

Les enfers contre vous ont fait parler Didon;

TRAGÉDIE.

Une fureur divine, hélas! a fait le reste,
    Et d'un amant que je déteste,
    Elle a su m'arracher le nom.

ÉNÉE.

D'une aveugle fureur désavouez l'ouvrage.

LAVINIE.

Ma raison l'approuvait, et je l'ai dit au roi.
Ma gloire, des sermens, la reine, tout m'engage
    A suivre une cruelle loi.

ÉNÉE.

Que mon âme à la fois est troublée et ravie!
Quel excès de plaisir! quel excès de douleur
    Vient agiter mon cœur!
  En vous perdant je vais perdre la vie;
J'apprends que vous m'aimez, dans ce fatal instant;
Je meurs plus malheureux, et je meurs plus content.

LAVINIE.

Soupçons dont j'ai suivi l'injuste violence,
D'où vient que vous osiez attaquer l'innocence
    D'un amant digne de mon choix?
Que n'ai-je cru mon cœur qui prenait sa défense!
Ah! lorsqu'un tendre amour nous tient sous sa puissance,
    Il faut n'écouter que sa voix.

ÉNÉE ET LAVINIE.

    Je cède à ma douleur extrême.

ÉNÉE.

Je souffre tous les maux dont on peut soupirer.

LAVINIE.

Je cause tous les maux qui nous font soupirer.

ÉNÉE.

Je vais perdre à jamais le seul objet que j'aime.

LAVINIE.

Du bien qui m'attendait, je me prive moi-même.

ÉNÉE ET LAVINIE.

O mort! de nos tourmens venez nous délivrer.
O mort! unissez-nous, on va nous séparer.

LAVINIE.

Je vois Turnus, il faut que je l'évite.

ÉNÉE.

Laissez-moi lui parler, dérobez lui vos pleurs ;
Puisque je suis aimé, ce que mon cœur médite
Peut réparer tous nos malheurs.

SCÈNE III.

ÉNÉE, TURNUS.

ÉNÉE.

Seigneur, vous cherchez Lavinie ;
Permettez qu'un moment j'ose arrêter vos pas. .
On a fait choix de vous, et la guerre est finie.
Je sais trop que dans les combats
Le sang de nos sujets ne se doit plus répandre.
Mais je puis encore prétendre
Que le fer à la main, aux yeux de nos soldats ,
Nous terminions seuls nos débats.

TURNUS.

Préféré par l'objet que j'aime,
Je sais que je pourrais ne pas prendre la loi
De votre désespoir extrême :
Mais à la gloire aussi je sais ce que je doi ;
J'accepte le combat, et j'obtiendrai du roi,
Qu'il en soit l'arbitre suprême.
Cependant, Seigneur, redoutez
Un rival qui sur vous a déjà l'avantage.

ÉNÉE.

La victoire que vous vantez
N'est pas pour vous peut-être un si charmant présage.

(On entend une harmonie très douce.)

SCÈNE IV.

ÉNÉE.

J'entends d'agréables concerts ;
Une clarté plus pure
Se répand dans les airs ;
Un nouveau charme embellit la nature,
Et pare l'univers.
C'est Vénus qui descend : tout me fait reconnaître
La déesse de la beauté ;
Et quelle autre divinité
Peut annoncer ainsi qu'elle est prête à paraître ?

SCÈNE V.

VÉNUS qui est descendue des cieux, accompagnée de Nymphes, de Grâces, de Plaisirs et de deux Cyclopes, ÉNÉE.

ÉNÉE.

Déesse, à qui je puis donner des noms plus doux,
Mère des amours et ma mère,
Quel destin, quelle loi sévère
M'a si long-temps fait languir loin de vous ?
Votre fils malheureux aimait sans espérance,
Vous avez dans les pleurs laissé couler ses jours ;
Que ne m'accordiez-vous du moins votre présence,
Si vous ne vouliez pas m'accorder du secours ?

VÉNUS.

Mon fils, connais mieux ma tendresse :

Tu ne vois pas toujours ce qui fait mon pouvoir;
En possédant le cœur d'une aimable princesse,
  Penses-tu ne me rien devoir?
Quand l'épouse du dieu qui lance le tonnerre,
Arme contre tes jours et le ciel et la terre,
Apprends ce que j'oppose à toutes ses fureurs:
  Je te donne les cœurs.
J'ai fait plus: ton rival a des armes fatales
  Teintes dans les eaux infernales,
Et je t'apporte ici des armes que Vulcain
Vient de forger pour toi d'une immortelle main.

ÉNÉE.

Pour vous marquer l'excès de ma reconnaissance,
 Tous mes discours seraient trop languissans;
  Servez-vous de votre puissance,
Dans le fond de mon cœur lisez ce que je sens.

VÉNUS.

 Cyclopes, donnez-lui les armes,
Qui de son ennemi rendrons le sort douteux;
Et vous, Grâces, Amours, versez sur lui les charmes,
Qui d'un aimable objet redoubleront les feux.

  (Danse des Grâces et des Plaisirs.)

UN PLAISIR.

Que tes dons sont charmans, Déesse de Cythère!
  Trop heureux qui les peut recevoir!
La beauté soumet tout dès qu'elle se fait voir;
  C'est régner que de plaire.
Que tes dons sont charmans, Déesse de Cythère!
Quand on a des appas, que l'on a de pouvoir!

CHŒUR.

Que tes dons sont charmans, Déesse de Cythère!
Quand on a des appas, que l'on a de pouvoir!

TRAGÉDIE.

VÉNUS.

A peine Jupiter en lançant le tonnerre,
 Peut s'attirer les respects de la terre;
  Sans effort deux beaux yeux
  Se les attirent mieux.

CHŒUR.

A peine Jupiter en lançant le tonnerre,
 Peut s'attirer les respects de la terre;
  Sans effort deux beaux yeux
  Se les attirent mieux.

VENUS.

Dieux, Mortels, c'est à moi qu'il faut que tout se rende;
Je ne veux pour encens que de tendres soupirs;
 Les honneurs que Vénus vous demande
 Sont les plus doux plaisirs.

UN PLAISIR.

Suivons tous, adorons une puissance aimable.
Transports délicieux, nous nous livrons à vous.
 Adorons, suivons tous
 Une puissance aimable.
 Ah! quel bonheur pour nous,
 Qu'un empire inévitable
 Soit un empire si doux!

CHŒUR.

Suivons tous, adorons une puissance aimable.
Transports délicieux, nous nous livrons à vous.
 Adorons, suivons tous
 Une puissance aimable.
 Ah! quel bonheur pour nous,
 Qu'un empire inévitable
 Soit un empire si doux!

ACTE V.

Temple de Junon.

SCÈNE PREMIÈRE.

LAVINIE.

Quel triste sort dans ce temple m'amène :
Pourquoi faut-il que j'y suive la reine ?
Ici tout reconnaît la maîtresse des dieux,
   Qui nous hait et qui nous accable.
   Turnus serait peu redoutable,
Sans le secours qui lui vient de ces lieux.

Peut-être le combat en ce moment commence,
Peut-être en ce moment Enée est en danger.
   Justes Dieux ! prenez sa défense :
Ah ! pourriez-vous ne le pas protéger !

Qu'ai-je dit ? où m'emporte une ardeur téméraire ;
Dans le temple où je suis, quels vœux ai-je formés ?
   Vœux trop ardens, tenez-vous renfermés ;
Vous pourriez de Junon redoubler la colère.

Hélas ! quand pour moi seule il expose ses jours,
Quand je vois de sa mort l'image menaçante,
   Il faut encor qu'une timide amante
Ne puisse de ses vœux lui prêter le secours.

SCÈNE II.

LA REINE, LAVINIE.

LA REINE.

Ma fille, triomphons ; j'ai fait un sacrifice

Qui nous promet un heureux sort.
Du plaisir que je sens partagez le transport.
Il n'en faut point douter, Junon nous est propice,
Et l'on va du Troyen nous annoncer la mort.

LAVINIE.

Sa mort! ah! je frémis!

LA REINE.

Quelle est cette surprise!
Quoi! contre un ennemi le ciel nous favorise,
Et j'entends vos soupirs, je vois couler vos pleurs!

LAVINIE.

Puisque ma flamme s'est trahie,
Je ne vous cache plus mes mortelles douleurs;
Avec cet ennemi je vais perdre la vie.

LA REINE.

Qu'entends-je? ah! rougissez de cet indigne amour.

LAVINIE.

Contentez-vous qu'il m'en coûte le jour.
Chère ombre, qui déjà peut-être
Dans ces funestes lieux erres autour de moi,
Je dois, en te suivant, récompenser ta foi,
Que j'ai su si mal reconnaître.
Je vais, ou te venger des crimes que j'ai faits,
Ou m'unir à toi pour jamais.

SCÈNE III.

LA REINE, LAVINIE, CAMILLE.

LA REINE.

Hélas! quel est ce trouble, et que dois-je en attendre?
Parle, quel est l'arrêt que le sort vient de rendre?

CAMILLE.

Ah! que ne pouvez-vous à jamais l'ignorer!
Sous le fer ennemi Turnus vient d'expirer.

LA REINE.

O présages trompeurs! ô destin trop contraire!

CAMILLE.

Le superbe Troyen va se rendre en ces lieux.

LA REINE.

Fuyons un vainqueur odieux;
Déesse, a-t-il enfin surmonté ta colère?

SCÈNE IV.

LE ROI, ÉNÉE, LAVINIE, ILIONÉE, CAMILLE,
soldats Troyens, peuples Latins.

LE ROI.

Ma fille, tu vois le vainqueur;
Pour prix de sa victoire, il a droit sur ton cœur :
Mais pour ne vous unir qu'avec d'heureux présages,
Je veux que ses hommages
De Junon, s'il se peut, fléchissent la rigueur.

ÉNÉE.

Il ne me suffit pas que sa colère cesse,
Mon bonheur le plus grand dépend de la princesse.
(à Lavinie.)
Votre cœur avec moi daigne-t-il partager
Les doux transports que ressent ma tendresse?

LAVINIE.

Prince, vous ne devez songer
Qu'à fléchir la déesse.

ÉNÉE.

Redoutable Junon, je viens à vos genoux,

Par des respects profonds, expier ma victoire ;
Ce jour donne à mon nom une nouvelle gloire,
Et dans ce même jour je me soumets à vous.
Consentez au repos où le destin m'appelle,
Après tant de travaux si longs et si cruels ;
    La haine des immortels
    Ne doit pas être immortelle.

LE ROI.

Espérons, espérons le succès le plus doux,
Le ciel ouvre à nos yeux ses barrières brillantes ;
    On ne voit point les marques menaçantes
    Qui nous annoncent son courroux.

SCÈNE V.

JUNON dans les cieux, **LE ROI, ÉNÉE, LAVINIE**, etc.

JUNON

Invincible guerrier, Junon vient vous apprendre
Qu'à vos heureux destins elle daigne se rendre ;
Ma haine contre vous n'a que trop combattu :
Il n'est rien qu'à la fin la vertu ne surmonte,
    A Vénus tout cède sans honte,
Et vous avez pour vous Vénus et la vertu.

                  (Junon disparaît)

ÉNÉE ET ILIONÉE.

Souveraine du ciel, quelle reconnaissance
    Ferons-nous paraître à tes yeux ?

LE ROI ET LAVINIE.

    Une sincère obéissance
Est l'encens le plus doux que reçoivent les dieux.

SCÈNE VI.

LE ROI, LAVINIE, ÉNÉE, ILIONÉE, CAMILLE,
soldats Troyens, peuples Latins.

LE ROI.

Vous, qu'un autre ciel a vu naître,
Troyens, pour votre roi venez me reconnaître,
Venez à mes sujets vous unir pour toujours.
Vénus vous a conduit sur ces rives aimables ;
  Attirez-nous des regards favorables
    De la déesse des amours.

CAMILLE ET ILIONÉE.

Quel bonheur va combler ces lieux !
En faveur de son fils Vénus y doit répandre
    Ses bienfaits les plus précieux.
      Ses dons, sans se faire attendre,
      Sauront flatter nos désirs.
L'amour heureux n'en sera pas moins tendre ;
      Tous les soupirs
  Naîtront au milieu des plaisirs.

CHŒUR.

Quel bonheur va combler ces lieux !
En faveur de son fils Vénus y doit répandre
    Ses bienfaits les plus précieux.
      Ses dons, sans se faire attendre,
      Sauront flatter nos désirs.
L'amour heureux n'en sera pas moins tendre ;
      Tous les soupirs
  N'aîtront au milieu des plaisirs.

(Danses des Troyens et des Latins, qui expriment l'union des deux peuples.)

CAMILLE ET ILIONÉE.

On se plaint de l'Amour, on languit, on soupire;
On déteste cent fois son tyrannique empire,
 Et ses tristes engagemens :
 Mais après des peines cruelles,
Quand on reçoit le prix qu'il garde aux cœurs fidèles,
On craint d'avoir souffert de trop légers tourmens.

CHŒUR.

On se plaint de l'Amour, on languit, on soupire;
On déteste cent fois son tyrannique empire,
 Et ses tristes engagemens :
 Mais après des peines cruelles,
Quand on reçoit le prix qu'il garde aux cœurs fidèles,
On craint d'avoir souffert de trop légers tourmens.

FIN DU CINQUIÈME ET DERNIER VOLUME.

TABLE DES MATIÈRES

CONTENUES DANS LE CINQUIEME VOLUME.

Description de l'empire de la Poésie......... 5
Sur la Poésie en général..................... 13
Discours sur la nature de l'Églogue........... 37
Poésies pastorales............................ 65
    Le retour de Climène, pastorale............ 67
    Énone, pastorale........................... 75
    Églogues................................... 83
    Endimion, pastorale....................... 133
Poésies diverses............................. 173
Psyché, tragédie............................. 273
Bellérophon, tragédie........................ 321
Thétis et Pélée, tragédie.................... 367
Énée et Lavinie, tragédie.................... 409

FIN DE LA TABLE DU CINQUIÈME ET DERNIER VOLUME.

www.ingramcontent.com/pod-product-compliance
Lightning Source LLC
Chambersburg PA
CBHW051825230426
43671CB00008B/833